せりかクリティク

Serica Critique

樫尾直樹 編

スピリチュアリティを生きる

[新しい絆を求めて]

せりか書房

スピリチュアリティを生きる——新しい絆を求めて／**目次**

プロローグ

Ⅰ　スピリチュアルな絆をむすぶ

Ⅱ　スピリチュアルな場をつくる

Ⅲ　スピリチュアルな生をいきる

エピローグ

プロローグ

スピリチュアリティ・カフェにようこそ
——日常生活の中のスピリチュアリティを発見しよう

樫尾直樹

会いたいなあと思っていた人に街でばったり出会ったり、たまたま知り合った人とよくよく話してみると自分とおなじことを感じ、考えていることがわかったりして、その不思議に驚いたことはありませんか。

遠い海や陸の向こうで、自分とおなじ思いや価値をもってる人たちがいて、そんな人たちになにか強い絆を感じたことはありませんか。

こうした目に見えないつながりの感覚や意識はこれまで、「偶然」とか「シンクロニシティ」、「ご縁」とか「連帯」といったことばで表されてきましたが、ここではひろく〈スピリチュアリティ〉と呼んでおきたいと思います。

〈スピリチュアリティ〉は、日本語では「霊性」ということばで訳されたりもしますが、どちらかといえば宗教でよく使われてきたことばです。宗教では、神や精霊といった人間を超越した存在や見えない生命力を感じる感覚を〈スピリチュアリティ〉と呼んで、宗教の本質としてその感覚をとても大切にしてきました。しかし、現代世界のように、宗教の社会全体に対する影響力がかなり低くなってきている世俗化した世界では、宗教以外のところで、目に見えないいのちのつながりが感じられる機会が増えていることに気づかされます。宗教を特別扱いしないで、宗教もふくめた日常生活のいろんな場で、目に見えないなにかが働いているのを感じるようになっている、といったほうがいいかもしれません。〈スピリチュアリティ〉は、宗教以外では、私たちの日常生活で一般にもっとも関心の高い医・食・教育の場面で多く観察されますが、私が関心をもっているものを具体的にあげると、たとえば、今年私たちがはじめて経験したサッカー・ワールドカップなどのスポーツやスペクタクル、エコロジーやアート、教育や恋愛、心理療法やセルフヘルプ、そしてニューエイジ／精神世界といったさまざまな場面での人や場所やものとの新しい絆に立ち現れてきていると思われます。

もちろん、こうした感覚は、別に現代世界に限ったことではなく、人類史のいろんな場面で人間が感じてきたことでしょう。しかし、年に何回かだけ家族や仲間とのつながりを確認し新たにしてきた時代とはちがって、現代は、資本主義やメディアが発達して、社会のリズムが速くなるとともに人間の交流や関係もグローバルになったために、世界のイメージが大きな起伏や国境の壁のないフラットなものになってしまっているところに特徴があります。だから、現在、私たちが日常のいろんな場面で、人や場所やものとの目に見えないつながりを感じるのは、こうしたグローバル化や〈フラットランド〉化という世界状況を前提としているのかもしれません。

とはいえ、私たちがそうした世界状況を前提として生きていかなければならないこともまた事実で、私はその事実もひっくるめて、二一世紀の社会の共同性・絆の可能性を、〈スピリチュアリティ〉をキーワードにして考えたいと思います。六、七〇年代のカウンターカルチャーや地域（主義）運動が消費社会化の波の中で脱臼、商品化されたり、宗教的なものへの関心がオウム真理教事件以降疑問視、危険視されている中で、あらためて、人間・社会にとって大切な絆とはなにかを問い直したいと思います。

そこで、本書では、三つの部に、対談、インタビューをふくむ一二本の文章を用意しました。「第Ⅰ部　スピリチュアルな絆をむすぶ」、「第Ⅱ部　スピリチュアルな場をつくる」、「第Ⅲ部　スピリチュアルな生をいきる」の三部です。

第Ⅰ部では、仲間のあいだで分かち合う絆や、自分が自立する過程の孤独の中でむすべぬままに求める絆のスピリチュアリティを描いています。断酒会のひとつ、アルコホーリクス・アノニマスのメンバーは仲間といっしょに酒を断ち続けるための「小さな日々の実践」をとおして、ネット上でパートナーを探す人たちはオンライン上の相手に〈カミ〉を見出しながら、見世物一座で働く人たちは親しく呼びかけながら協同で仕事をする中で、そして、若者は切迫した死のイメージを抱きつつヴィヴィッドな生を夢見ながら、スピリチュアルな絆を求めようとします。

第Ⅱ部では、スピリチュアリティが生まれる場がいかにつくられるかについて語っています。自分自身の生き方を足元から見直すことをとおして、人と人との見えないつながりに気づく〈気づきの場〉をつくっていくことが大切だと各章は主張しています。対談では新しいミュージアムの試みが気づきと学びの場をつくりだすことを議論しています。続く章では、フットボール（サッカー）は地域主義、映画『地球交響曲《ガイア・シンフォニー》』の自主上映団体は〈人と自然〉のつながりを想像する場、そして、〈森のイスキア〉や〈天命庵〉はありのままの自分を肯定する癒しの場、というスピリチュアルな場をつくりだすさまを描いています。

第Ⅲ部では、スピリチュアルな生とはなにか、それはどんな条件のもとで可能なのか、あるいは不可能なのかについて、スピリチュアリティの歴史をふりかえり現在を見据えながら考えています。インタビューでは、死の場面から立ち上がる人間のスピリチュアルな絆を、グローバル化やナショナリズムといった現代の世界状況下でいかにポジティブに語り、生きることができるかについて、アクチュアルな思考が展開されます。続く章では、狭い意味でのスピリチュアルな思想の源流と歴史をふりかえることによって、七〇年代後半以降の現代日本と欧米のニューエイジ運動＝文化とその周辺の動向を明らかにするとともに、スピリチュアリティを濫用し精神を虐待するカルトの登場という、スピリチュアリティの現代的危機状況を強く批判しています。

このように、〈スピリチュアリティ〉をめぐる本書の内容はじつにバラエティに富んでいます。

〈スピリチュアリティ〉というテーマ自体がとても豊かなことを反映しているのでしょう。ただ、本書をきっかけとしてたくさんの方々が日常に埋め込まれた自分なりの〈スピリチュアリティ〉を掘りおこして、いきいきとした充実した人生をおくり死ぬ術とスピリットをみんなでシェアできれば、これ以上うれしいことはありません。見知らぬ人同士が、〈スピリチュアリティ〉や〈スピリチュアルなこと〉について自由に話し合い、お互いに〈スピリチュアル〉な生き方を模索する場。そんな場に本書がなればいいと思ってます。

〈スピリチュアリティ・カフェ〉にようこそ。それでは日常生活の中の〈スピリチュアリティ〉をいっしょに見つけにいきましょう。

I

スピリチュアルな絆をむすぶ

スピリチュアリティは、
人への尊敬と愛とやさしさであり、
その目に見えない絆の感覚によって、
私たちの中の隠れた可能性は開花し成長します。

正直であること、仲間とあること
――「飲まない生き方」を分かち合う共同体へ

葛西賢太

1　正直に語る

ある集会に参加するために、峠道を二時間近く運転した。ほぼ知っている道だったのだが工事で迂回させられ、それでもなんとか無事に会場にたどり着いた。そこまではよかったが、ほっとして疲れがでたのか、駐車場に止めてあった車にこすってしまった。幸いにして（？）オーナーがたまたますぐそばにいた（みんな建物の中に入っていたにもかかわらず！）。彼にわびて連絡先を交換、修理代はぼくに請求してくださいと伝えた。もちろん帰宅してから家族にもわびた。一カ月後ぐらいに請求がきた。

自分のミスであることを認めなかったら、悔いが残っただろう。当て逃げされるというのは嫌なものであるから、彼も冷静ではいられなかったはずだ。ここではそうした道徳的善悪を超えて、口に出すことで自分が得たものもあったように思う。当日の集会でもそのことを話題にした。司会者は本来部外者である私の話題を取り上げ、メンバーたちがそれぞれ感じるところや自身の体験を語ってくれた。「俺だったら黙ってるかも」「ぼくも」「いや、それが不思議なことにちょうど持ち主がいたんですよ。不思議ですよね」「まあ、ここで正直になれなかったら終わりだからね」……やがて、率直であること、正直であること、（状況が許せば）自分の弱さを認め受け入れるというテーマは、私自身の生き方へも向けられていった（さらに正直に告白すれば、正直であることを実行し続けることは難しいといまなお思う）。正直であること、そしてそれが仲間とともにあることにつながるのだということが、改めて実感されたときだった。

さて、「ここで正直になれなかったら終わり」の「ここ」とは？　どのようにして「正直になれる」場所が作り出されるのか。それはどのような場所なのだろうか？　おそらくそれは宗教的な場所であるはずだ。だが、人々がふつうにイメージするような宗教施設や宗教教団とはちょっと違うものになるかもしれない。その場所は、一人一人が自身の「スピリチュアリティ」の開発の主導権と責任を持ちつつ、なおかつ一人ではなく他者とのつながりを大切にしていく場所になるだろう。これから一緒に考えていこう。

2　一人でやる自由を確保すること
——個人タクシーと法人タクシー

急いでいるときには、個人タクシーとタクシー会社の法人タクシーとを区別することなどないかもしれない。しかし、支払う料金の内訳を考えると、個人と法人との違いが浮き彫りになる。個人タクシーをやるのと、法人タクシーの運転手をやるのと、どちらが得だろうか。

タクシー会社の料金には、タクシー会社の事務員の給料込みだ。個人タクシーの場合は、客が払っただけが運転手に入る（厳密には個人タクシー協会で加入する損害保険料などが含まれるが）。そうすると、いろいろ疑問がわいてくる。なぜ事務員の給料まで払わなければならないのか？（タクシー会社の事務員は私のために何をしてくれるのだ？）運転から経理まですべてをひとりが責任を持って運行する個人タクシーの方が、無駄がないし、よいサービスも期待できるのではないだろうか？　行き先に連れて行ってほしいだけなのだから、個人の方がシンプルなのでは？　運転手の立場になれば、一人で仕事ができるから、自分のペースで、気ままにいけるのもいい。これはどうみても個人の方がよいのでは？

結論を出すのは少し早い。目の前にいる個人（運転手）だけを見ず、制度や文脈（タクシー会社）がどのような役割を果たしているか確認しよう。まずは厳しい資格審査がある。個人タクシー事業者になるためには、十年以上の経験や一定年数の無事故無違反が必須である。会計や税務、各種の申告や申請、そして福利厚生といった諸手続をひとりで片づけるのはかなり大変だ。ひとりでは行き届かなかったり忘れたり失敗したりする危険もある。

タクシー会社にいれば運転手自らはそこまでやらずにすむ。個人タクシーは、自分の裁量ですべてできて一見自由が多そうだが、実際にはかなりの作業を努力工夫して達成しなければならない。誰にとっても一日は二十四時間しかないからだ。試算してみよう。八時間睡眠、朝昼晩の食事は計二時間（自分で作れば計三時間はかかるだろう）、その他入浴などの休息や身じたく・トイレなどの時間を二時間。買い物も定期的にしなければならないが、これも急いでも三〇分。掃除や洗濯その他の家事は一時間では済まず、二、三時間を見込まねばならないはずだ。仕事が八時間で済む人はそんなにいないはずだがとりあえず八時間。自宅から近くで十分客が拾えるなら、通勤時間は短くて済むかもしれない。諸事務に二、三時間、たいていの会社員は同じ時間を通勤に費やしているだろう。さて、これだけ引いてみると、残りは二時間ほどである。終わらなければ睡眠時間も削らざるを得ないだろう。会社勤め、つまり制度的分業に支えられているということは、自分の担当業務にとりあえず専念すればよく、それ以外の時間を自分の時間として多く確保できるということだ。

業務そのものだって気ままというわけにはいかない。ちょっとした風邪ならまだしも、入院を要するような大病をしたときに、休めば休んだだけ収入が減る危険もつねに存在している。自分に何の落ち度がなくても、巻き込まれ事故で客がケガをする可能性もないわけではないし、そのときには見舞いや補償の必要が出てくるはずだ。まして、自分自身もケガをして一カ月仕事ができないこともありうる。そのために彼らは個人タクシー協会に加盟し、損害賠償保険などの負担を分け持っている。

というわけで、個人タクシーは運転手ひとりだけで成り立っていけるわけではないし、運転業務だけで成り立っていけるわけではない。個人と法人の違いは、運転手の位置が、また運転業務の割合がどれだけ高いかという、程度の問題なのである。

個人タクシーの事業者になるというのはなかなか大変なことなのだが、それでも目指す人は少なくないらしい。わずかながらもある純益と、自由と、そして誇りを求めて。制度的制約を逃れて、別の制約を受けながらも自己裁量の自由を評価する姿勢は、これからするスピリチュアリティの話と深く関わってくる。

3　個人的スピリチュアリティと制度的共同性

「制度よりも個人」という不等式は、宗教の分野にもけっこう昔からあった。たとえば、二〇世紀初めには、心理学者ウィリアム・ジェイムズが古今東西いろいろな宗教体験を比較した『宗教的経験の諸相』という名著がある（岩波文庫および日本教文社で邦訳あり）。この本の冒頭で彼は宗教を二つに分ける。教会・神学・聖職者が一体となった「制度的宗教」に対置して、個人の体験と神との直接的個人的接続を重視する「個人的宗教」（私たちの言葉で言えば「個人的スピリチュアリティ」）の二つである。

……少なくとも一つの意味において、個人的宗教は神学や教会制度よりも根本的であることがわかるであろう。教会は、ひとたび設立されると、受け売り式に伝統によって存続してゆく。ところが、いかなる教会の開祖も、その力を、最初は、彼らと神との直接の個人的な交わりという事実から得たのである。キリスト、仏陀、マホメットのごとき超人間的な開祖のみならず、キリスト教のすべての宗派の教祖たちも同じことである――してみると、個人的宗教は、それを不完全なものと考えることをやめない人々にとってさえ、やはり根元的なものと思われるはずである。［葛西が改訳と傍点を施した］

いかなる宗教も出発点において個人的な体験「彼らと神との直接の個人的な交わり」があり、それを源泉として「制度的宗教」ができあがっていったとジェイムズはみる。両者を明確に分かつ一線を引くことは難しいのであるが、ジェイムズは「彼らと神との直接の個人的な交わり」を強調することで、「個人的宗教」（「個人的スピリチュアリティ」）を積極的に切り出していることがわかる。

「制度的宗教」に対して私たちが感じるさまざまな疑念や不満と相まって、「個人的スピリチュアリティ」を切り出すジェイムズのような試みはずっと支持されてきた。「制度的宗教」はタクシー会社のように夾雑物《よけいなもの》と見られる。儀式はまさに「儀式的《かたちだけ》」なもの、聖職者は仲介者《おせっかい》、教義はまさしく「ドグマ的《ひとりよがり》」なもの！……わざわざ聖職者にあいだに入ってもらわなくても、神さま仏さまと直接話せばいいのでは？　聖職者っていったって親の跡を継いだだけではないか（神と直接に交わる力をちゃんと授かっているのだろうか）？　邪魔者を介さずに宗教の本質を切り出すことができるならその方がいいはずだ。そして、神学的教義的なささいな対立は乗り越えられ、諸宗教の成果を望ましい形で共有できる、ということになろう。

以上のようなものとして個人的スピリチュアリティを切り出すことには、以下のようなメリットがある。この語は、信仰者にとっては自らの信じるものを他宗教の信者や非信仰者と共有する（かのように語る）ための曖昧かつ微妙な、便利な語である。また非信仰者や他宗教の信者にとっては、宗教性を（あたかも）理解し（たかのように）語るためのこれまた便利な語である。宗派や教派の壁を超えた対話を促すから、医療や心理学や教育などの分野で（「スピリチュアル・ケア」というように）この語が言及されるのである。公立学校で宗教の話をしてはいけないが、「スピリチュアリティ」の話ならＯＫ！（「生きる力」や「こころの教育」なんて言っているし！）「スピリチュアリティ」の語はいうなれば「漂白済みの宗教性」として、公的な文書での使用が許されているのだ。〈spirituality〉の語がタイトルやキーワードに入っている学術論文はどのくらいあるかを、MedlineやPsycINFOなど医学や心理学分野の論文データベースで検索すれば、五千件を超える勢い。一九九八年には、WHO（世界保健機関）憲章の健康定義を改訂してそこに〈spiritual〉という形容を加えるべきだという提案さえなされるようになった。これは保留されたのであるが。

重要なのは「個人的スピリチュアリティ」という考えには、万人が（その信仰の有無如何に関わりなく）何らかの形で体験できるという前提とともに、その体験が一定の真正性をもって語られ（てい）るであろうという前提が含まれていることである。知識上の権威を示すような特徴、たとえば網羅的であるとか体系的であるとかいうことはあまり重要ではなくなる。「父と子と聖霊が三位一体をなす」といった教義上の規定をもれなく間違いなくおさえることよりも、あなた自身が実感をもって超越的な何かを体験したことのほうが、より真正性《authentic》が高いものとして重視される。三位一体の構造は俗人に容易に認識し得ないゆえに真正性が高いとはいえない、それに対して、たとえどんなものであっても、人が個人として実感をもって体験したものは価値あるものとされる。牧師の父親に大いに疑問を感じていた心理学者ユングの場合のように「排便して大聖堂をたたきつぶす神」であってもよい。

一人一人の実感こそが尊重されるというのは、理念としては通りがよい。それゆえに昨今広く支持されているわけだが、先のタクシーの比喩にみるように、「個人的スピリチュアリティ」がそれのみで成り立ちうるかには少々疑問が残る。そのような体験を促し、導き、持続し、再生産させるための共同の場・制度は必要ではないのだろうか。「個人的スピリチュアリティ」が想定する内容は、制度の支えなくしてありうるのだろうか。ユングやジェイムズの場合のように反面教師的であったとしても、批判し克服すべき対象としてでも、宗教制度はなければならないだろう。そこから「個人的スピリチュアリティ」を一人一人が切り出すのだから。

ここからは具体的な話題に切り替える。飲酒に関連して様々な問題を抱えている人が、解決策としての断酒を継続するために集まったAlcoholics Anonymous（以下AAと略記）という断酒の会をとりあげよう。これはメンバーが姓名を伏せて《anonymous》酒による失敗を語り合う「ミーティング」を主たる活動として、一九三五年に成立し、現在に至っているものである。AAは宗教団体ではないが、「個人的スピリチュアリティ」と制度的共同性について考えるのにちょうどよいと思う。

4　アルコールを介して、生き方の見直し

酒の問題は表面に現れた症状にすぎない（問題はもっと深いところにある）

Alcoholics Anonymous

(1) アルコール依存症は不治の病

私たちの社会の伝統では、酒は社交的な場面において潤滑油として機能させられてきた。また飲み物としても身近なところにあった。古来、酒を飲む喜びが語られ、酒をたたえる歌はたくさん語られている。その一方で、飲んで騒いで、場合によっては汚して、人に迷惑をかけたりかけられたりといったことにも、長い歴史がある。ところで、この節で話題にしようと思っているのは、アルコール依存と呼ばれる状態である。飲みだすと止められなくなったり、暴れたり正しい判断ができなくなったり、あるいは、飲んではいけない身体なのだがやめることができなかったりする人たちが、どうやって生きているかということである。

やっかいなことに、アルコール依存は不治の病であるらしい。私が教えてもらった人によると、十年自転車に乗らなくても自転車にまたがったらとにかくこぎ出せるように、十年飲酒しなくとも一口飲んだら元通りなのだという。つまりこの病気に関して医学的な意味での治癒cureはあり得ないし、一定の期間我慢すればあとは放免というわけでもない。たとえば、十年間がんばって断酒した「お父ちゃん」の努力をたたえ、十年間よく耐えたとお祝いでついだ一口が、その十年の努力をリセットしてしまう。飲み方の加減をするどころか、一口飲んでしまえば台無し。生涯断酒の緊張を継続しなければいけないというのは、かなりつらい。今まで当たり前のこととして行ってきたのだから、並大抵のことではやめられないはずだ。

「治ったからもう飲んでもいい（＝飲んでもいいことが治癒）」といった私たちの「常識」は覆された。となれば、あとは、際限ない我慢と自己監視に終始するしかないのだろうか。

(2) 孤独に追い込まれて

アルコール依存の問題は身体病理に限定されない。一つの大きな問題は孤独である。そしてこの問題は、本章のテーマにも関係するので、ちょっと検討してみよう。

すぐ思いつくのは、三種類の孤独である。第一に、アルコール依存の病理に伴う心理的な孤独感や閉塞感である。病が進むにつれ、自分以外のことへの関心が薄れたり、あるいは自分の将来についても関心がなくなったり、他人が自分のことを憎んでいろいろなじゃまをしているように思ったりといったものである。生来もっていた性格がアルコールによって極端に強められ、またそれがさらなる飲酒へとつながるのだろうか。ＡＡメンバーの話を聞く限りこれには相当個人差があるようである。

第二に、酩酊によって引き起こされた問題によって人間関係が悪化することによる社会的な孤独である。飲酒によって周囲に暴力をふるうといういわゆる酒乱の他、飲酒は絶対に許されないような場面（車や機械の運転など）の前に飲んでしまう、際限なく飲んでしまう、ところかまわず寝てしまう、頻繁に失禁するなど、問題はかなり多様である。心身を深く傷つけるようなトラブルや事故を引き起こしてもまた飲んでしまい、飲むために（飲んだことを否定するために）あるいは飲んでの失敗を否定するために嘘をつき、お金がなくても酒を盗んで飲み、職場での信用を失い、職を失い、経済的に追い込まれ、またその過程で配偶者や親族の信頼をも失っていく。追い込まれた心理状態での飲酒によって、心理的にもさらに追いつめられることとなる。

第三に人から自分がどう見えるかを教えてもらえない孤独である。私たちは人から自分がどう見えるかを知りたいと思っているが、それは人に聞くしかない。アルコール依存症の場合、周囲が「これはかなり進んでいる」と思っても、本人は「まだまだ」と軽く考えていたりする。病気がどれくらい悪くなっているかについて、本人と周囲の認識が異なっているのが、周囲との軋轢を引き起こす一因となっているのだが、この軋轢により、ますますアルコール依存症者本人は孤立し、自分がどう見えるかを知ることがますます難しくなるし、それは悪化をくい止めるものがなくなっていくことでもある。

(3) 仲間とならやめられる？　カギは共同性と真正性

さて、どんどん孤独に追い込まれさらに飲むようになっていく悪循環をどうすればよいのだろう。

ＡＡでは、「酒のない生活」を、ただの「際限ない我慢と自己監視に終わる日々」にしないことも可能だという。ただし出てくる結果は、もともと望んでいた確実なる断酒の保証とはちょっと違っている。「治癒 cure はないが、回復 recovery はある」、あるいは「飲まないアル中」という一見矛盾した表現を通して、治癒が困難な病においても、その病とともに生きることすなわち「回復」ならあり得るのだという。「回復」とは、アルコールに依存していた生き方自体が変えられていくことであり、酒を飲まずに生きていける自分へと変わっていくことだというが、「回復」は飲酒欲求から解放された悟りなどではないし、酒を求めないような身体への変容でもない。かろうじて断酒が維持されている「やせ我慢的状態」でもない。握りしめた拳が白くなるほど我慢するようすを、彼らは「ホワイトナックル」と呼び、やせ我慢の反動で元通りになってしまうだけだと戒める。

我慢しないとなると、どうするのだろう？　ＡＡの提唱するやり方は、「仲間と酒をやめる」という方法だ。だが、集まってなにができるのだろう？　仲間と集まって、結局みんなで飲んでしまうのではないか？

創始者たちがＡＡを始めたきっかけは、一人で苦しんでいた段階を超えて、恥ずかしさや罪責感や苦しみを分かち合う仲間との出会いであった。酒をやめたいという気持ちも、飲みたさや禁断症状や、酒を断ち切れない自分の惨めさも含めて、きれいごと抜きに分かち合う「仲間」を見つけたとき、ＡＡの創始者たちは酒を断つことができたのである。それゆえ、ＡＡにおいては、「仲間」という言葉は、単なる仲良しということではなく、ともに酒をやめていくために必須の同行者という特別な意味を帯びている。「仲間」との共同作業がどのようなものとなるのか、説明しよう。

新入りのメンバーは、できる限り多くミーティングに出ることを勧められる。ＡＡの中核となる活動はミーティングである。「毎晩出続けるのがいいよ、毎日どこかのミーティングに出るだけで、夕方寂しくて飲んじゃわなくてすむからね」。月曜日は本町、火曜日は中央町、水曜日は呉服町、木曜日は新町……ミーティングに出る第一の理由は、夕方という「危険な」時間に一人にならないためである。前後に仲間に誘われて、食事にいったり風呂に入ったりすることもある。また個人的な相談事を「先ゆく仲間（先輩のこと）」に長々と聞いてもらったりもする。当然他の「仲間」がどんな人生を送ってきたのかを聞くことにもなる。出で立ちはジーパンにワークシャツというのが多いが、これは合衆国でのやり方にならうものが多いからだろう。「仲間」が集まればコーヒーとたばこ、そして飲酒欲求を軽減するための甘いお菓子は必須。会場の設定と片づけはなるべく皆でする。ミーティングの時間は、このようなよりカジュアルな雰囲気に支えられている。

典型的なミーティングでは、参加者が車座に座り順々に自分の体験を語っていく。発言は、「アル中のケン坊です」との自己紹介に、他の参加者が「ハイ！　ケン坊！」と挨拶を返すところからはじめられる。自分は「アル中」であると最初に確認するわけだ。それに対して「Hi!　ケン坊」（こんちわ！　ケン坊）」と呼び返し、歓迎と認知を示す。ほかならぬ飲酒の問題でＡＡに来たという事実をまずは確認する。

続いて展開する体験談に読者はエモーショナルなにぎやかさを期待するかもしれない。だが、涙ながらに、あるいは拳を振り上げて、あるいは絶叫して断酒を誓うなどということはあまりみかけない。集合沸騰的な「宗教っぽさ」を期待している人もあてがはずれるかもしれない。ある宗教のスローガンにあったような、「修行するぞ！　修行するぞ！　徹底的に修行するぞ！」といった感じではとうていないし、気分がどんどん高揚して「ＡＡって断酒にとても効果がありそう！」と信じ込まされるようなこともないだろう。またそういうものを期待するのは失礼とさえいえるかもしれない。「こうやって俺は断酒した」という誇りと感動に満ちた話というパターンはほとんど見かけないし、またメンバーの間ではそのような話をする人はまだ浅い段階なのだと評される。長年断酒を続けているのに、その人が「俺は成功した」といわないのである。

酒に対する無力こそがテーマであり、断酒団体なのに断酒の失敗談が多いのだ。なぜなら、「仲間」同士の場で、断酒に関し嘘をついたり見栄を張っても仕方がないのだから。小さな嘘でも塗り重ねれば厚くなる。小さな見栄でおりられない高さまで上ってしまうこともある。いつ再飲酒するかわからない弱さを認める正直さが、単に再飲酒をしないことよりも重要で、それが結局は再飲酒をしないためでもある。

過剰な飲酒と、それによる失敗、さらに周囲の人間に迷惑をかけたことがとつとつと語られたり、また現在断酒を継続する中での将来の不安や心の揺れについて語られたりすることが多い。もちろん語り手の人柄や話術が反映されるのだが、語られるのはそれぞれのメンバーの「十八番」であり、他の参加者にとっては何年も聞かされ続けた内容が語られる。

そういう意味でミーティングはかならずしも明るくにぎやかな場ではない。注意深くメンバーの微妙な変化を拾い上げることができなければ、ミーティングは「期待はずれ」で「いつも同じ話」で「つまらない」と誤解してしまうだろう。不器用なほどに徹底して正直であり続け、「意志の弱さ」を認め続けることが奨励されている。「ここで本当のことをいえなかったら終わりだからね」とあるメンバーが語っていたが、ミーティングの直接の目的は断酒ではなく、自分にも他人にも正直でありうる場を確保すること、と考えてよいと思う。

ミーティングの終わり方はさまざまだが、静かに考えたり祈ったりという時間が大事にされている。以下の「平安の祈り」で締めくくられるかたちをよく見かける。

神さま私にお与えください
自分に変えられないものを受け入れる落ち着きを
変えられるものは変えていく勇気を
そして二つのものを見分ける賢さを

「神さま」と唱えるけれども、その「神さま」はもちろんキリスト教やイスラム教の神でなくてかまわない。ＡＡでは「自分で理解した神」という言い方をする。「個人的なスピリチュアリティ」を動員することが求められるのだ。それは、ＡＡの初期において、二つの宗教運動から影響を受けつつ、両者を反面教師として切り出されたものであった。

(4) 宗教的・思想的な源泉・反面教師

二つの宗教運動の影響を受け、それを対極におきながら、

「熱い」禁欲を冷ましてほどほどの禁欲へと変えていったＡＡ。

　第一の影響は、ワシントニアン運動という断酒・禁酒運動からのものである。この運動は一八三四年合衆国のボルチモアで始まった。集団のなかで自らの飲酒体験を告白するというスタイルはすでにこの運動のなかにあった。元大酒飲みが壇上で熱く自らの断酒体験を語るので評判になり、人気のある語り手は講演料だけで生活していけるほどだったという。多くの酒飲みとその家族が感動のうちにメンバーになった。しかしこうした「熱さ」は飲酒の陶酔とほど近いところにあったのか、規模拡大に伴い運動自体の目的も焦点がぼけて曖昧になり、自壊するに至った。

　考えてもみてほしい。毎日のように熱情をもって語り続けることに、人は耐えられるだろうか。聴衆をみて話が脚色されエスカレートしていったりせずに済むだろうか。はなやかな講演に比べて淡々とした本来の日常を満足して味わうことができるだろうか。かくして頂点にあった語り手が再飲酒で身を持ち崩してしまうことも、運動の昂まりに水を差すもう一つの理由であった。

　もう一つの由来はＹＭＣＡ出身のブックマンという人物が始めたオックスフォードグループ（のち道徳再武装 Moral ReArmamentと改称）という運動である。この運動が主眼においていたのは、よく行われていた大集会という形式でなく、一般家庭での集会という親密な場における、祈りや聖書学習や「罪」の告白である。ＡＡ草創期のミーティングはこのグループのなかで行われており、ミーティング前後の短い瞑想の時間などの形でそのときの名残をとどめている。だが、特定の宗教運動の内部にあるということは参加者を制限することにもつながり、酒を断ちたいという気持ちだけを参加要件として、ＡＡは独立をすることとなった。

　ここで、断酒団体と禁酒運動との違いを確認する必要があるだろう。ワシントニアン運動もオックスフォード運動も、いずれも禁酒運動という形態をとり、アルコールを巡る問題を持たない者も関心さえあれば参加して、飲酒の危険や害毒を強調し、道徳的宗教的に立派になるために誰もが酒をやめるべきだと説いた。しかしＡＡのとった立場はそれとは異なる。飲酒によって何らかの問題を起こす人だけが断酒すべきなのであり、それ以外の問題がない人についてはまったくかまわないというものである。宗教的な禁酒運動は、必要以上にまた広範囲に人々の生き方を制約してしまっているが、そこまでしなくてもよいのではないか。個人がそれぞれの事情に応じて対処すべきだとＡＡは考えるのである。

　酒を断つという目的以外の夾雑物をわざわざ背負う必要はない。むしろ、「飲酒によって問題を起こす」という体験の共有に焦点を絞っていくべきである。メンバーになるきっかけはさまざまである。内臓疾患で内科経由でＡＡにつながる人もあれば、明らかな「酒乱」で精神科経由で紹介される人もある。いずれにせよ「メンバーになるために要求されることは、酒をやめたい、という願望だけ」である。ところで、アルコールをめぐる体験―問題―願望の共有という事態の深刻さが、メンバーの「仲間」意識＝制度的共同性と、自らの状況についての真正な告白（＝個人的スピリチュアリティ体験という真正なるもの）を要求することは予想がつくだろう。もちろんそれが簡単にできるわけではない。だからこそ、個人的スピリチュアリティ体験と制度的共同性とが相互に支え合うような仕組みが自然に作られているのだ。

孤独をめぐる考察に戻って考えてみよう。嘘をつくから社会的に孤独になる。だから、正直であることが徹底的に求められる。それによって少なくとも「仲間」とのつながりを保つことができる。同時に自分のことを正直に語ることは、現実に近い自分を語り把握することで、それを自分の変化の足がかりとすることができるという、個人心理的意義もある。

(5) ＡＡは宗教ではない、真正性を重んじる仲間である

この団体の目的は、なによりも「酒のない生活」を協力しあって維持することにあり、それに限定されている。法律上も、宗教法人を規定する諸法の制約を受けていない。ＡＡの「ミーティング」はしばしば教会を会場とするが、それも、たまたま場所を借りているだけである。ＡＡの思想・実践の根幹をなす「十二のステップ」には「神」や「霊性」といった言葉が含まれるが、「ミーティング」の場は宗教的な話題を要求しているわけではない。これはいったいどういうことなのか。断酒という人生の重大事に、淡々とした態度で取り組むＡＡの不思議な雰囲気の一端を、「十二のステップ」を実際に見ることで感じてもらえるだろう。

ここに回復のプログラムとして提示されたステップがある。

一、われわれはアルコールに対して無力であり、生きていくことがどうにもならなくなったことを認めた。
二、われわれは自分より偉大な力が、われわれを正気に戻してくれると信じるようになった。
三、われわれの意志といのちの方向を変え、自分で理解している神、ハイヤー・パワーの配慮にゆだねる決心をした。
四、探し求め、恐れることなく、生き方の棚卸表を作った。
五、神に対し、自分自身に対し、もう一人の人間に対し、

自分の誤りの正確な本質を認めた。
六、これらの性格上の欠点をすべて取り除くことを神にゆだねる心の準備が、完全にできた。
七、自分の短所を変えて下さい、と謙虚に神に求めた。
八、われわれが傷つけたすべての人の表をつくり、そのすべての人たちに埋め合わせをする気持ちになった。
九、その人たち、または他の人びとを傷つけない限り、機会あるたびに直接埋め合わせをした。
十、自分の生き方の棚卸しを実行し続け、誤ったときは直ちに認めた。
十一、自分で理解している神との意識的触れ合いを深めるために、神の意志を知り、それだけを行っていく力を祈りと黙想によって求めた。
十二、これらのステップを経た結果、霊的に目覚め、この話をアルコホーリクに伝え、また自分のあらゆることに、この原理を実践するように努力した。

Alcoholics Anonymous

この「十二のステップ」のすべてを網羅することはまったく考えられていない。一つ一つに集中して丁寧に取り組み、実感をもっていくことが重視されている。ある日にはステップの一をミーティングのテーマとし、無力感というテーマについて話し合う。ステップの四と五は、特に「ヨンゴー」と呼ばれ、特別の意義が与えられている。生き方の棚卸表を作る――これまでやってきたことをまとめて「もうひとりの人間」に聞いてもらう――というものである。「もうひとりの人間」はAAのメンバーでもいいし、家族でもいいし、メンバーでない医師でも弁護士でもいい。秘密が守れ、なおかつこの人なら今までのことを全部話せるという、信頼を置ける「もうひとりの人間」を、AAでは「スポンサー」と呼んでいる。多くの場合は「先ゆく仲間」つまり信頼できる先輩が選ばれる。

まず気づかされるのは、アルコールの問題はもちろんのこと、アルコール以外も含めた問題全体の認識が促されていることだろう。自分自身の生き方や性格、自分が傷つけた人々、これからの生き方、自分を見守る存在などが言及されている。自分は無力で、性格に欠点があり、過ちをおかし、それでこれまで人を傷つけてきたのだと。にもかかわらず、他者（「神」も含む）は自分を受け入れてきてくれたのだと。

これら全体を、全力で一度に徹底的に解決しようという「熱さ」はここにはない。そもそも自分で何とかすることはあきらめざるをえなかったのだ。むしろ大切なのはとりあえず目の前のやれることをやってしまうことである。その先のことは後で考えればよい。「十二のステップ」はそのためのタスクリストとみるのが一番ぴったりくると思う。断酒についても、一生断酒できるかどうかわからないと不安になるかもしれないが、とりあえず「今日一日 One day at a time」飲まずに過ごしてみたらいい、と言い合う。「もう絶対／なにがあっても／一生飲みません！」と誓うのは、明日の自分がよくわからないことを思えば、「徹底して修行するぞ！」に似た、無理な願望にすぎない。コントロールはできないものと割り切り、生涯かけての断酒という見えにくい目標を遠方に掲げつつ、だが日々に実行するのは、「今日一日とりあえず飲まない」という身近で控えめな実践なのだ。そしてその前提として、問題全体を真正《authentic》に認識することが必要とされているのである。

(6) 真正性と共同性

問題を真正《ありのまま》に認識することには二つの意義がある。第一に、自分の現状を正面から見つめること、徹底して事実に直面することが、自分自身のありかたを再構築するために役立つ。ＡＡではこれを「底突き《hitting the bottom》」という。徹底してどん底まで落ちきって生きるか死ぬかにならなければ真剣になれない。周囲の忠告をまったく聞くことができない人が、下り坂で踏みとどまるためには、「これはとんでもないことになっているぞ」と実感するしかない。

第二に、真正性は共同性を生み出す。問題の当事者が、にもかかわらず、問題を認識せず否定してきたのであるから、周囲も手のだしようがなかった。本人の認識が改まれば、ＡＡに蓄積されているきわめて具体的なノウハウを適用するきっかけになり、さらに周囲の手助けの可能性も開けるのである。その意味で、自分の問題を真正に認識し告白することは、自分の弱みをみせることになる一方で、彼／彼女の社会性を再構築させ、ある種の共同性を発現させるという、力を与えてくれる行為でもある。もちろん、秘密を共有することで集団としての絆が強まるという側面もあるだろう。

「仲間」同士が語り合ってそれぞれを掘り下げることで、ふだん見ないことにしていた現実のある側面に自ら光を当てることになる。たとえば、家族の目の前では憎まれ口しかたたけないが、ミーティングでは迷惑をかけて申し訳ない気持ちを素直に表現できる。酒のない人生を続けていく困難さを改めて痛感し、家族や「仲間」の存在と支えをありがたく思う。自分が語り仲間が語るのを聞き、また自分が語るうちに、それまでみえなかった「仲間」や家族や同僚の姿が見えるようになってくる。周囲の見え方が変わるので、そこにおかれる自分自身の見え方も変わり、それが自分が変容しているという実感をもたらす。

一方、自分が希望していたのとは違うかたちで断酒が保たれていることの背後に、（「仲間」や周囲の人々に加えて）見えざる導き手がいるように感じられてくる。神々しいものがわざわざ姿を現す必要はないし、ひょっとしたら存在しなくてもよい。必要なのは、ほかならぬこの自分――無力で、性格に欠点があり、過ちをおかし、それでこれまで人を傷つけてきた――にも、そのような導きが及んでいるらしいと感じられることだ。メンバーはそれを「ハイヤーパワーのお導き」という言葉で表現したりする。この弱く距離のあるつながりが、罪責感やプレッシャーをやわらげて、さらなる自分の掘り下げを支えてくれるのである。

さて、ここにみるAAの「個人的スピリチュアリティ」は、禁酒運動のような拘束から離脱し、個人の問題や個人の感覚に焦点を当てたものだ。ところがこれは、タクシー会社（あるいは個人タクシー協会）という制度が、日々の運転業務を裏から支えるように、AAという組織の共同性によって支えられている。一人で断酒日記を書くのとは違う。「ここで本当のことをいえなかったら終わりだからね」といわれるように、ミーティングは自分にも他人にも正直でありうる場として確保されているのだ。そしてAA全体として、真正に語ることを促し、導き、持続し、再生産させるための共同の場・制度となっている。

あらためて確認しよう。個人的な体験、「神との直接の個人的な交わり」を出発点・源泉として「制度的宗教」が形成されるとジェイムズはみる。AAの場合に置き換えれば、AAの共同性の前提は、真正に語ることとそこから得られる自己変容である。真正性の体験を通して「仲間」と結ばれていくという共同性が導かれる。ところがこれは、「正直に語る場」が制度によって支えられているというもう一つの状況とセットになっている。共同性が真正性を支える場を提供しているのである。その中核にミーティングがおかれている。真正性の追求と共同性の構築とは、分かちがたく結びついているのだ。

このようなAAの共同性の「はかなさ」についてもふれておく必要がある。グループの中で年月を重ねていけば、人が去りグループが消えていくことも見届けることになるだろう。メンバーはいつ再飲酒するかしれず、またアルコールですでに身体を痛めつけてしまっているがゆえに、誰かが入院あるいは他界で欠ける恐れもつねにある。グループははかない、もろいものだ。だからこそかけがえのないものでもある。よくわからないまま参加し続けていたメンバーがやがて「先ゆく仲間」になり、グループへの貢献が自然に要請されるようになる。それは自分のコミットメントの必要性と、自分の貢献可能性に目覚めることでもある。自分のコミットメントによってグループが安定し、グループに支えられる自分が安定し、それが自分自身のコミットメントを支えてくれるようになる。

(7) マクロな共同性——セルフヘルプ文化

ＡＡの「仲間」は、単なる秘密の握りあいや、断酒の工夫についての単なる情報交換や、自分の悩みのカタルシスといったものを超えた、真正性を保持するための共同性である。ＡＡにおける、苦しみや悲しみを集団で共有するという手法は、アルコールの問題に限らず、なんらかの「依存」を共有すると自認する人々にも用いられている。病気のみならず、家族を早くに失った人々、同じ信仰、子どもの年代、共有するものが当事者にとってそれなりにリアリティのあるものであれば、事実上何でも共有できる。それらはひっくるめてセルフヘルプグループ **self-help group** あるいはサポートグループ **support group** とよばれている。

「弱さ」や病気を契機にして、当事者と周囲との関係が開かれる。それだけでなく、病をもつ当事者に触発されたソーシャルワーカーやカウンセラーが自分たちのためのセルフヘルプグループを作りさえする。ＡＡにおける「今日一日 **One day at a time**（とりあえず断酒する）」ということばはさまざまな依存症セルフヘルプグループに広がっている。薬物中毒者用の「十二のステップ」、拒食・過食症に苦しむ人用の「十二のステップ」、禁煙者のための「十二のステップ」などがそれぞれ作られている。また、前合衆国大統領ビル・クリントンは、「変えていく勇気」という言葉をコピーに、大統領選のキャンペーンを押し進めたが、これは、先の「平安の祈り」から引用されたものである。このようにＡＡの警句や「十二のステップ」を共有する文化を、セルフヘルプ文化と呼ぶことができるだろう。これまで検討してきたＡＡの共同性をミクロの共同性と呼ぶなら、これはマクロの共同性と位置づけられるだろう。

セルフヘルプ文化というマクロな共同性は大きく広がっているが、結びつきの実質は、個別の問題を共有するミクロな共同性にある。それゆえに、自分とよく似た人たちだけで結びついたナルシシズムへとつながる危険性もはらんでいる。ミクロな共同性のネットワークがどのように響き合ってこの社会を作っていくか、それは、ミクロな共同性の前提となる真正性の追求にかかっている。そしてそれは特別な技能や、力強いスローガンや、卓越した頭脳、カリスマ的人物によるのではなく、むしろ私たちの小さな日々の実践に依存しているのである。

ネット恋愛のスピリチュアリティ——オンライン上の〈特別な存在〉との交感をめぐって

伊藤雅之

1　「本当の自分」を理解してくれる存在

「あなたの光がないと、私はこの闇のなかから一歩も踏み出すことができない。」

これは、トルストイの言葉でも、ゲーテの詩の一節でもない。テレビドラマ「愛をください」（二〇〇〇年七月～九月、フジテレビ系列にて放映）において、菅野美穂が演じる主人公の遠野李理香が文通相手の長沢基次郎に書いたメッセージである（原作は辻仁成『愛をください』マガジンハウス、二〇〇〇年）。過去に一度だけ会ったことのある二人は、決してお互いを訪ねないこと、絶対に恋愛対象としないこと、誰にもいえない本当の気持ちだけを書くことを条件に、文通を通じて「真実のつきあい」をしようとする。ドラマでは、養護施設で育ち、まわりのすべての人間に不信感をもっていた李理香が、文通相手の基次郎にだけは心を開き、彼との手紙での交流を通じて人間的に成長していく姿を描き出している。

「愛をください」では、この日常の外側にいる、真実を理解してくれる他者とのつながりは、文通相手によって獲得される。私たちのなかには、文通相手に限らなくとも、こうした真の理解者を求めている者は少なくないだろう。日常生活のなかでは、家族にせよ、親しい友人にせよ、たとえ恋人であっても、すべてについて本音を語れるわけではない。「本当の自分」をさらけだせば、少なからざる摩擦が生じることになるだろうし、人を傷つけてしまうかもしれない。万一、本音を伝えたとしても、自分の気持ちを完全に理解してくれることなどほとんどありえないだろう。

この日常を離れたどこか遠くに、現在の自分が抱えている問題や思いをすべて素直に話すことができ、この自分を理解して受け止めてくれる存在がいてくれたら……と思ったことはないだろうか。その特別な存在に対してだけは、「ありのままの自分」をさらけだして、真実のつきあいをしたいと希求したことはないだろうか。私は特定の信仰をもってはいないが、こうした思いを抱いたことがある。最近でも、一番自分のことを分かってくれそうなパートナーに自分の気持ちがうまく伝わらなかったときなどに、「どこかにありのままの自分を理解してくれる存在がいてくれたら……」と漠然とだが思ったりもする。

「あなたの光がないと、私はこの闇のなかから一歩も踏み出すことができない。」――遠野李理香は文通相手に光を求めた。私たちはどこに闇のなかからの解放の手がかりを求めるのだろうか。

人類史上のほとんどの期間、自己と特別な存在との交感は、おもに宗教世界において展開されてきた。一般の人びとにとっての「神」とは、「ありのままの自分」を見守ってくれている存在だったと思われる。いま現在でも、世界中の多くの地域では、この現実は変わらないかもしれない。日本では、遠くで見守ってくれる特別な存在はまた、亡くなった近親者である場合もあるだろう。墓や仏壇に手を合わせるときに、ほかの人にはなかなか言えない本当の気持ちを伝え、自分を見守ってくれるようにお願いしている者が少なくないはずだ。このような、内的成長を助けてくれるような、特別な存在と自己との真摯な〈つながり〉を本章ではスピリチュアルな関係と捉えることにしたい。神、宇宙、大自然、祖国、先祖、特別な人間などと自己とがつながるとき、当事者はスピリチュアリティを感じるのだ。

しかし、現代日本人の多くにとって、闇からの解放を宗教世界に求めるなんて、いまさら現実味はないだろう。宗教といえば「うさんくさい」「こわい」「弱いひとが入る」存在なのだから。それでは、家族や職場や地域共同体との真摯な〈つながり〉を再発見し、これに希望の光を見い出そうというのか。あるいは、人間関係の希薄化した社会システムを変えて、スローライフ運動にでも夢を託すのか。どれも救いの糸口にはなるだろうが、都市の便利さやスピード感になれた私たちにとっては、どうもリアルさに欠けはしないか？　私は正直にいって、この闇のなかから踏み出すための光をどこに求めたらよいのか分からないでいる。

だが、現代社会においても、私の理解では、ある種のスピリチュアリティが独特なかたちで表出してきている。それは、インターネットというテクノロジーを利用したメール交換、オンライン上での見知らぬ他者との交感の場においてである。本章では、恋愛を目的とするネット上のやりとり、いわゆる「ネット恋愛」をテーマとして、人びとの外側とのつながり方やその際に生まれる感情を究明していきたい。また、ネットにおいて「本当の自分」を理解してもらい、特別な存在とつながりたいという希求は、宗教的な場でのスピリチュアリティとどのような関連があるのかについても明らかにしたいと思う。インターネットは、先述した文通よりもはるかに多くの人びとに実践されている日常の外側との新しいつながり方となってきている。この独特のつながり方に、闇からの解放をどの程度期待していいものなのか見極めていきたいと思う。

2　ネット恋愛にみる新しい〈つながり〉のかたち

まずは、ネット恋愛を理解する前提として、日本における恋愛一般の状況を概観することからはじめよう。恋愛自体がある種の宗教性を帯びていると思われるからだ。

(1)　疑似宗教としての恋愛ブーム

「恋愛」という言葉は、英語のLoveの翻訳語として明治期に日本に輸入されたものである。[1] 当時の知識人たちにとって、高尚で神聖な感情として賛美されていたこの概念は、第二次世界大戦後になると恋愛感情に基づく結婚という形態をとって一般の人びとにも広がりはじめた。一九六〇年代には恋愛結婚をした人の数が見合い結婚をした人の数を上回るようになり、この頃には、「恋愛→結婚＝幸せ」という図式が確立された（草柳千早「ネットワーク社会で『恋愛』はどうなる」『アエラムック3　恋愛学がわかる。』朝日新聞社、一九九九年、一二三頁）。一九七〇年代中頃以降になると、結婚をかならずしも前提としない恋愛が社会的に広く認められ、より良い恋愛をすること自体が男女を問わず非常に重要な関心事となる。この「恋愛至上主義」として理解できる新たな価値観は、マスメディアなどの影響を受け、一九八〇年代、九〇年代と進むにつれてさらに顕著となり、現在でも衰える気配はみられない。

恋愛至上主義の広がり、とりわけ若者の恋愛に求める意味役割の拡大は、「恋愛」教とも呼びうる現代的な宗教性の表出としても理解できると思う。なぜなら、恋愛やその結果としての結婚は、多くの現代人にとって人生において最も重要な意味をもち、日常生活の相当なエネルギーをかけてコミットする聖なる対象だからだ。「恋愛」教には、デートスポットという聖地や結婚式という儀礼もあるし、クリスマスイブ、お互いの誕生日、バレンタインデーといった祝祭日まである。さらに、恋愛は、自己と他者の真摯な〈つながり〉を通じて、当事者たちが「自分探し」をし、人間的成長をとげるうえで不可欠な行為であると考えられている。カップルになって、あるいは結婚して数年が経過すると、こうした宗教性はほとんどないかもしれないが、恋愛や結婚に対するあこがれや幻想はある種の宗教性を帯びているように思える。一九六〇年代末から七〇年代前半にかけての学生による安保闘争、全共闘運動が政治性を帯びた疑似宗教だったとするなら、七〇年代後半以降の恋愛をめぐる言説や行為は私的領域において展開する疑似宗教と言っても過言ではないだろう。

しかし、恋愛や結婚が人生においてきわめて重要な意味をもつといっても、その相手を見つける機会のバリエーションはそれ程多くはない。パートナーを見つける場所や方法として挙げられるのは、大学のサークルやバイト先、職場や友人の紹介、合コン、お見合いパーティー、結婚情報センターなどだろう。いずれの場合にも、知り合うきっかけがどこかが異なるだけで、恋愛プロセスにおいて共通する点がある。それは、写真であれ、直接の対面であれ、相手の容姿や外見的な雰囲気に惹かれることから恋愛がスタートする点だ。こうした恋愛とは大きく異なるものが近年発展してきている。それが本章で扱う「ネット恋愛」と呼ばれる、オンライン上の顔も知らない相手とメール交換することにより、文字メッセージによって恋心を発展させる行為である。容姿も分からない、直接話したこともない相手に恋をする……こんなことが現代社会で起こっているのだ。

(2) ネット恋愛とは何か[2]

インターネットによる出会いをテーマにした映画やドラマが、一九九六年頃から公開・放送されたこともあり、ネットによる男女の出会いが社会的に認知されることになった。パソコン通信を通じて、出会ったことのない男女が次第に惹かれ合っていく様子を描いた森田芳光監督の「(ハル)」は、ネット恋愛をテーマとした先駆的な映画といえるだろう。九八年になると、メールのやりとりによって発展した恋物語を描いたアメリカ映画「ユー・ガット・メール」が公開され、日本でも話題となる。同年四月からは、フジテレビ系列で間違いメールがきっかけで生まれたラブストーリーを描いた「WITH LOVE」というドラマが放映された。これらの映画やドラマによって、ネット恋愛がおしゃれで美しい、魅力的な出会いの形態だという好イメージが形成されたようである(井上善友「出会いのメディアとしてのコンピューター・ネットワーク——インターネットを中心に」『成城コミュニケーション学研究』創刊号、一九九九年、五頁)。

しかし一方で、インターネットがきっかけとなった犯罪も多数発生しており、ネットによる出会いにネガティブなイメージをもつ人も多い。携帯電話やパソコンさえあれば誰でも自由にアクセスでき、匿名性を保持できるという特性から、不倫や性行為のみを目的とした利用者も少なくない。世間を騒がすネット犯罪やトラブルはネットの匿名性に大きな原因があるといってよいだろう。例えば、交際を拒否された男性が腹いせに相手の女性の電話番号を卑猥なメッセージとともにネット上に公開し、全国各地から猥褻ないたずら電話がかかってきたという被害がしばしば起こっている（三宅マリ『インターネット・ラブ』サンマーク出版、一九九八年、四二―六〇頁）。ネット犯罪の件数は増加の一途をたどっており、「出会い系サイト＝危険、怪しい」というイメージをもつ人が増えているのが現状だろう。

ネットによる出会いの功罪は別として、ネット恋愛が現代日本において広く知られる現象となってきているのは確かだ。見知らぬ男女がインターネットを通じて知り合い、なかには結婚するカップルまでいるという事実は、一〇年前には想像もつかなかったことである。インターネット上の出会いのきっかけとしては、映画、音楽などの各種テーマの掲示板やメーリングリスト、あるいは、恋愛や結婚を目的にした「出会い系サイト」による出会いもある。いずれの場合においても、インターネット上で出会った二人は、一対一のメール交換やチャットによって、相手の顔も分からぬままに、その親密性を進展させていくことになる。

(3) 出会い系サイトの実態

本セクションでは、ネット恋愛がある程度パターン化しており、多くの人びとが参加する出会い系サイトの実態を検討したい。現在の出会い系サイトは、一九九五年頃にはじまった大手プロバイダや情報ページの出会いのコーナーがその基礎をつくったといわれている。現在活動しているサイトのほとんどが、一九九七年以降に設立されたものである。出会い系サイトは、登録者数の増減や管理人の意図によって常に誕生と消滅を繰り返しているため、その規模について正確なことは分かっていない。少なくとも、数百のサイトが存在し、数百万人以上が参加しているものと考えられる。

参加者は都市部を中心に広がっており、その年齢層は、一〇代後半～三〇代が中心である。出会い系サイトの利用者には、気軽にメル友を探す者から、不倫相手を求める者、さらには真剣に恋愛・結婚のパートナーを探す者まで多様である。ただし、その利用者の性格は、例えば内向性といったタイプで一括りにすることは困難だと考える。ネットをしつつ、コンパにも参加するといったように、出会いの一つの手段としてサイトを利用している場合がほとんどだからだ。出会い系サイトの普及とともに、利用目的に応じたサイトの差別化が起こり、参加者の棲み分けが徐々に進みつつあるのが現状である。

それでは、ここ数年間で急速に発展した代表的な出会い系サイトの一つである「出会いステーション」（http://www.deai-station.com/deai/main.html、一九九九年に成立し、延べ登録者四〇〇万名）を例に挙げて、二人の見知らぬ男女が出会うまでの手順を紹介しよう。

①まず初めに、自分のプロフィール（性格、趣味、好みのタイプなど）をまとめ、そのサイトに登録してＩＤ（会員番号）を取得する。

②つぎに自分の希望するさまざまな条件によって相手のプロフィール検索を行う（ただし、プロフィールの内容は、あくまでも自己申告である）。検索項目は多岐にわたり、年齢（生年月日）、居住地、出身地、身長、血液型、職業、学歴、年収、趣味、離婚歴に基づく絞り込みができる。

③条件による検索やプロフィールを読んで気に入った相手が見つかれば、短いメッセージを添えてメール交換の申し込みをする。一通目のメールは、同サイトが仲介して先方へ渡るというシステムになっている。登録者の男女比のアンバランスによって女性には申し込みが殺到し、登録して一週間もすると少なくとも二〇件～三〇件ぐらいの申し込みメールが届くといわれている。

④メール交換の申し込みに対してＯＫ返事が届けば、サイト管理人に紹介料（「出会いステーション」では一五〇〇円）を支払い、相手のメールアドレスを取得する。ここからは一対一のメール交換のスタートとなる。

この後は二人の当事者に委ねられているが、ある程度の展開パターンは予想可能だ。メール交換によって相手との親密性が増した場合には、メールという「ヴァーチャル」な世界を抜けだして「現実」の世界で対面することになる。その前段階として、お互いの写真をメールで交換したり、電話で直接話したりすることもある。もし、相手の容姿や雰囲気などの印象が、メール上で抱いていたイメージとそれほどかけはなれていなかった場合は、非常に急速に現実世界における交際へと進展することだろう。

しかし、このようなケースは一般的とはいえない。メール交換の段階で相手への過剰な期待や幻想が伴っている場合が多いため、実際に会ったときに、期待と現実との落差の大きさに落胆してメール交換自体が終結する場合が圧倒的に多い。真剣な恋愛・結婚のパートナー探しを目的としたサイトである「インターネット結婚相談所」（http://www.mermaid2.com）が公表しているデータによれば、同サイトを通じてパートナーを見つけた人は、男性会員の五・六％、女性会員の一二・四％であり、男女全体の七・九％となっている。こうした数字をみると、出会い系サイトによる恋人探しは、非常に簡単ではないが、ある程度の実効性があるといえると思う。

3　ネットのむこう側にいる神

現実にはほんのわずかだと予想されるものの、出会い系サイトに登録した人びとの一部には実際に交際がスタートし、さらには結婚にまで進展するケースも存在する。なぜ、どのように、ネットで出会った顔も知らない男女は恋におちるのか。まずは、いくつかの体験談を素描しよう。

(1) ネット恋愛の事例

① 成功例

石田晃さん（仮名、京都府の会社員、三八歳）と水谷聡子さん（仮名、大阪府の学生、三三歳）のケースを紹介しよう（以下は、「出会いステーション」のホームページに掲載されている、同サイトを通じて知り合い、結婚したカップルへのインタビューを私自身がまとめ直したものである）。二人はともに未婚だったが、特別に結婚相手を見つけようと思っていたわけではなく「何となく」「軽い気持ち」で、彼が二〇〇〇年二月末、彼女が三月三日に「出会いステーション」に登録した。

晃さんは、三月五日に聡子さんにメール交換の申込みをするが、彼女のプロフィールにかなりの好感をもったようだ。

とにかく真面目で心の綺麗な女性がいいと思ってました。彼女に申し込んだ理由は、彼女のプロフィールの出だしが印象的で、なおかつあまりにも内容がたくさんあって、真剣に自分を相手に伝えようという気持ちが伝わったから。そして彼女の相手に求める条件が「仕事にほこりをもっていること、誠実、子ども好き、自分を守ってくれる人」など非常に厳しく、逆に言うとその求める条件を彼女自身が兼ね備えていそうな気がしたからです。

これに対して、聡子さんもすぐにOK返事を書くが、晃さんからの初メールの印象は大変よかったという。

申し込みの文章がとても丁寧で誠実さが伝わってくるような内容でした。ちゃんと私をみて選んでくれているという印象をうけました。実は申し込みのメールを見た時にピーンとくるものがありました。他の方からも何通か申し込みメールがきましたが、初めから何か違うものがありました。この人なら何でも話せそう……とか、何でも書けそう……とか、そういうものがありました。

その後二人は、毎日一〜二通のペースでやりとりする。晃さんは三通くらいメール交換してから、聡子さんはメール交換をはじめて一週間後くらいに相手に会ってみたいと思う気持ちになったという。そしてメール交換をはじめて二週間後の三月二〇日に、晃さんはまだ顔も知らない聡子さんにメールでプロポーズをする。彼はそのときの心境をつぎのように語っている。

メールを通じて多くの事を話し合うなかで、何と心の綺麗な純粋な女性だろうと思っていました。「彼女しかいない！」と確信し、結婚したいと思いプロポーズしました。このときは自分の気持ちを相手に伝えるだけで、返事をもらおうとまで思っていませんでした。

顔も知らない相手からプロポーズされた聡子さんの反応はどうだったのだろう。

申し込みされたときはうれしいと思いましたが、とにかくびっくり。結婚を決めるとなるとやはり会ってみないと……という気持ちがありました。メールの内容だけでは「この人だ」と思う気持ちはありましたが、人とメール交換するのははじめてだったので、メールでどれだけお互い分かっているかが不安でした。

二人が実際に会うのは、メール交換スタートから三週間後の三月二六日である。初対面の印象もお互い大変よかったという。晃さんは「ずっと昔から知っているような気がして、とても初めて会ったような気がしなかった」と感じ、聡子さんも「何て優しそうな方だろうという印象でした。不思議と初めてお会いした気がしませんでした。一目見て（結婚を決意した」と語っている。晃さんは三回目のデートだった四月一日に再びプロポーズし、彼女もすぐにＯＫした。メール交換をはじめてから一ヶ月後のことである。

② 失敗例

メール交換が生み出す熱烈さが空回りし、一人だけが盛り上がるとどうなるかは容易に想像できる。『婦人公論』（一九九九年一月二五日号）に掲載されていたケースを紹介しよう。

ある男性は、結婚式場の予約に来て、「○月○日の大安にお願いしたい」と式場を申し込もうとした。仮予約の段階になり、新婦側の参列者などの細かいことになると話が曖昧になるので、予約係が男性に事情を聴いた。すると、結婚相手は半年くらいメール交換しているが、まだ一度も会ったことがないことが分かった。しかし、その男性にとっては「仕事とか趣味とか価値観が百パーセント合う人なので、（挙式は）大丈夫」だとのこと。不安になった式場側は、式場の資料を渡しただけで帰ってもらったという。

別のある出会い系サイト（「ラブラブお見合い」http://www.acchan.com）には、数多くのカップル成立の喜びを伝えるメールとともに、失敗談もいくつか掲載されている。ストーカー被害に遭った前田桂子さん（仮名）の手紙も紹介しておこう。

はじめまして。先日（このサイトを）退会した者です。突然のメールで、たいへん失礼かとは思いますが……

実は、あなたのサイトで知り合った男性と実際にお会いしたんです。でも交際をお断りしたら、脅迫紛いのメールを送ってきたり、電話を何回もかけてきたりと大変恐い思いをしています。もう、毎日が恐くて恐くて仕方ありません。だからどうか、メールの出会いにはリスクも伴うものだということを、みなさんに知って頂きたくて今回このようなメールを送らせてもらいました。

きっと、いい出会いに恵まれた方も沢山いらっしゃることと思います。でも、そういうことばかりではないということも、ぜひみなさんに知って頂きたいと思います。


桂子さんのようなネット恋愛に苦い思い出をもつ者や、相手に大きな勘違いをした（された）ことのある人は少なくないだろうと思う。

以上で紹介した体験談や手紙には、ネット恋愛一般にも妥当する傾向があるように私には思われる。それは、一方的か、双方向的かは別として、メール交換による驚くほど急激な親密性の形成である。このような短期間での相手への強い思いは、どのように生まれるのだろうか。オンライン上で行われている会話の内容を検討することにしたい。

(2) オンライン上での会話

先述の人たちのメール内容は分からないが、ネット恋愛を題材にした映画「(ハル)」をおもな手がかりとしてオンライン上での人びとの体験を探ってみたい。

映画「(ハル)」では、パソコン通信の映画フォーラムのチャットに参加したハルとほし（ともにハンドルネーム）がお互いの考え方に興味をもち、二人だけのメール交換をはじめるという設定になっている。二人はそれぞれの日常の出来事、抱えている悩み、また過去の恋愛体験などについて語る。

ハル（男性）は、メールを書くことによって生み出される気持ちについて「こうやってメールを書くのって気分良いです。真っすぐな気持ちになります」と語っている。ほし（最初は男性と名乗るが後に女性であることを告白）もまた、「仕事も毎日同じ事の繰り返しだし、職場の人間関係も狭いし、気を使うし、こうしてハルに勝手なメールを送っている時が気が休まります」と、日常生活から解放された気分を表現している。パソコン通信やメールにおいては、顔を合わせることがないために、人生や恋愛についてなど、本当は誰かと語り合いたいがなかなか面と向かって話すことが恥ずかしいことについても、比較的簡単にメッセージを送ることができるようだ。

オンライン上の特別な存在にむけて自己開示していくメール交換は、当事者たちの内的成長にもつながっていくと推測できる。ハルはつぎのように書いている。

「ほしにメールを書くことが僕の日常なのです。今までのメールの記録を見て自分が変わって行くのが解りました。ほし、ありがとう。これからもよろしく。」

この時点で、何気ないメールのやりとりの結果、二人はかけがえのない存在として認め合うようになる。ほしが、「私が毎日、何を考えどう過ごしているか解って貰いたいのはハルだけです。……私にはハルが必要です」と伝えると、ハルも自分の切実な気持ちを「メールの存在、ほしの存在が、僕にとって毎日の支えでした」と打ち明ける。ハルとほしのメール交換に取り組む姿勢を見ると、二人のオンライン上の〈つながり〉が天蓋となって彼らの日常世界を支えているように私の目には映る。

ハルとほしは映画の架空の人物ではあるが、実際のメール交換においてもこれと似た体験をしている場合が多いと思われる。コンピューター画面に対峙し、自己を見つめ直し、自らの想いを凝集して文章にまとめていく……。その行為自体が自己発見につながる契機となる。自分の気持ちを文章にまとめていく作業は、人を内省的にするのだ。精神科医である大平健が接した実在の男性は、ネットで知り合った女性とのつながりを「魂の付き合い」と表現している。この男性は、魂の交流が生まれるオンライン上でのコミュニケーションの経験をつぎのように説明する。

何度も何度も文章を練り直していると、「何か自分の想いがグーッと凝集するみたいな感じ」がしてくる。そして、最後に送信のボタンを押すと……その「凝集」した自分の想いがケーブルを通って進み、交換機やサーバーを通過していくうちに「ろ過」されて、ますます「ピュア」になって、彼女のパソコンへ届く。……彼女の「想い」も、自分と同じルートを逆向きに通って来て、目の前のディスプレイに到達するのだ。人間の魂とはこんな風に体を離れて行き来するものだったのか（大平健『純愛時代』岩波新書、二〇〇〇年、四四―四五頁）。

オンライン上で交わされる会話は相手に対する熱い想いだけではないだろう。日常の悩みや関心をはじめ、好きな食べ物や学生時代の思い出など一般的な話題がほとんどであるようだ。しかし、当事者がパソコンの画面に向かう姿勢、そこに込められた凝集された思いが相手とシェアされるとき、人びとはそれを「魂の付き合い」と感じる。このとき、メール相手はオンライン上の神と化す。これこそ、まさにスピリチュアリティと呼ばれるものではないだろうか。この段階で、顔も知らない相手は単なる文字上だけでのつながりを越えた「特別な存在」へと進展している。ある者にとっては、日常の世界では見せられない「本当の自分」をさらけだせる唯一の他者として、別のある者にとっては現実の生活で疲れた自分を癒してくれる「理想のパートナー」として、なくてはならない重要な存在になっているのだと推測される。

(3) 急激な親密性が形成されるメカニズム

これまでの考察の結果、ネット恋愛では、実際に会う以前の段階で、相手に対する親密性の形成は非常に深いレベルにまで達している場合が多いことが分かった。ネット恋愛にみられるきわめて特異な親密性には、どのようなメカニズムが関与しているのだろうか。ネット恋愛に特徴的な急激な親密性の形成にかかわる要因をつぎの四つに分けて論じてみよう。

① 文字メッセージのみによる幻想性の強化

インターネットというメディアにおいては、(文通と同じく) 視覚的、聴覚的、触覚的なメッセージが伴わない、文字のみによるコミュニケーションが行われる。心理学者の小林正幸によれば、相手に自分の感情を感じ取らせる表情や動作を「キュー」といい、そうした手がかりが少ないメールは、典型的なキューレスメディアであるという。メール交換には、ことば以外のキューがない結果として、相手に空想や感情を過大に投影しがちとなり、自分にとって都合のよい相手のイメージを肥大化することになる(『なぜ、メールは人を感情的にするのか』ダイヤモンド社、二〇〇一年、一三二頁)。例えば、相手の女性のプロフィールに「体型はほっそりしていて、雰囲気は癒し系です」と書かれていれば、男性のなかにはテレビドラマやCMでよく見かける癒し系のタレントを浮かべる可能性がある。

お互いの外見のみでなく、感情表現に関しても、文字のみによるコミュニケーションでは、自分の都合のよいように相手の気持ちを解釈しがちである。例えば、相手が自分のメールを読んで、「大変うれしかった」と返事しても、そのうれしさの経験がその人の人生においてどの程度のものなのか判断できないはずだ。しかし、自らのメールに対して「うれしい」や「楽しい」などの表現を含む返事がくると、相手は自分のことを完全に理解してくれていて、今まで体験したことのない感情をお互いが分かちあっていると信じてしまう傾向がある。

もちろん、文字のみによるメッセージによって相手に幻滅することもあるだろう。しかし、文字以外の情報(対面状況での服装、体臭、容姿、話し方など)がネット恋愛において存在しないということは、相手に対するマイナス要因の多くも省かれることになる。したがって、文字メッセージのみによる感情の交流をしばらく続けるだけで、お互いの心の奥底にある、最も大切な部分を分かち合っているような気持ちになっていくのである。

② 匿名性による自己開示の促進

ネットによるメール交換は、（文通とは異なり）信頼できる返信先の住所や筆跡、また相手の社会的、個人的な手がかりもないというきわめて高い匿名性のもとで行われる。このようなネットに特有の匿名性がさまざまな犯罪を誘発する要因ともなっているのである。しかし、一般的にこうした匿名性の保持された状況においては、独特の安心感が生み出される場合が多い。匿名の誰かであるからこそ、自らの最も個人的な気持ちや誰にも言えない秘密を分かち合うことができるのだ。

精神科医のエステル・グイネルは、ネットにおける匿名性は「人が親密になるまでに通常乗り越えなくてはならない壁を一気に打ち砕いてしまう」と論じる（『インターネットの恋――危ない誘惑・新しい世界』インプレス、二〇〇〇年、五五頁）。つまり、家族や学校や職場の人間に知られることがないからこそ、「本当の自分」をさらけ出すことが可能になるのである。コミュニケーション研究の分野では、家族や親しい友人よりも、たまたま同じ電車やバスに乗り合わせた他者に対して人間が自己開示する傾向を「ストレンジャー・オン・ザ・トレイン／バス現象」と呼んでいる。メール交換の少なくとも初期の段階においては、お互いの匿名性を保持することによって、電車やバスでたまたま隣に座った見知らぬ人に話すように、自分の秘密や希望や恐れを吐露することを促進させると思われる。こうした秘密の共有が、二人の親密性をさらに深めていくことになる。

③ 外見に対する内面の優位

通常の恋愛においては、はじめに相手の容姿や服装や表情や仕種などの外見から受ける第一印象に惹かれることが多い。これに対して、ネット恋愛の場合には、はじめに好きになる要素は身体的要素でなく、文字メッセージから伝わる知的要素や感情的な要素である。つまり、容姿や雰囲気など外見的な印象は主要な恋愛要因にならず、内面性、文章力、知性などが前面に出されるのだ。もちろん、個人のプロフィールに掲載されている身体的要素（例えば、筋肉質とかよいスタイルといった体型的特徴、あるいは似ている芸能人など）は、メール交換する相手を選ぶ場合には重要な基準ではある。しかし、一旦メールのやりとりが開始されると、個人の内面性がより重視されるようになることが多い。

メディア・フレンドを研究するプロジェクトに参加した中

京大学社会学部の加藤ゼミ生の一人は、通常の恋愛プロセスが「すがた」→「おもい」→「からだ」に対して、ネット恋愛では「おもい」→「すがた」→「からだ」であるという興味深い指摘をしている（加藤晴明編「メディア・フレンド――〈愛〉と〈失望〉のネット恋愛」『メディア文化研究報告書』五号、中京大学社会学部加藤晴明研究室、二〇〇〇年、七頁）。要するに、お互いの深い理解や親密さが二人を結びつける第一の要素となるのである。ネット恋愛においては、二人の関係が外側から始まるのではなく、内側から発展していくだけに、自分たちのプラトニックな関係を特別に親密なものと感じるのではないかと考える。

④　日常生活を侵食しないコミュニケーション・スタイル

ネット恋愛における親密性の形成は、インターネットというメディアがもつ独自のコミュニケーション・スタイルともかかわっている。現代の多くのコミュニケーション（直接的な会話や電話など）が相手の日常生活に関与するのに対して、ネットの場合では好きな時間にメールをチェックし、都合のよいときに自分のペースで返事を書くため、メッセージの送受信は相手の生活の場に突然侵入することはない。グイネルが指摘するように、Eメールのやりとりは、「どちらも自分の空いた時間に返事を書けばいいという会話でありながらも、相手をひとりじめにできる時間が保証されて」いる（グイネル前掲書、八〇頁）。ネット恋愛の相手は、決して自分の日常の邪魔をしない理想の相手となるのである。

また、メール交換では、自分に対する批判を受けることは一般的には非常に少ない。これもオンライン上でのコミュニケーション・スタイルとかかわっている。ネット恋愛におけるメール交換の相手は、日常ではまったく関係することがないため、自分の意見や思いを受け止め、理解し、暖かい賛同の言葉や心地よいアドバイスをくれる寛容な存在となりやすい。このような居心地のよいインターネットのコミュニケーション・スタイルによって、親密性が急速に深められるといえるだろう。

以上論じてきた、相互に関連する四つの特徴は、ネット恋愛の特性である急激な親密性の形成に影響を及ぼしている点である。

4　ネット恋愛と宗教における「特別な存在」

前節では、ネット恋愛におけるオンライン上の特別な存在との交感が「魂の付き合い」というスピリチュアルな特質をもつ可能性のあることを指摘した。こうしたインターネットというCMC（Computer Mediated Communication）空間の現実空間に対する優位性を、社会学者の加藤晴明はメディア文化研究における「二一世界問題」という視点から読み解こうとする。加藤は映画「〈ハル〉」やドラマ「WITH LOVE」においては、「私たちが現実だと思っている制度空間・対面空間が〈ウソ〉や〈仮〉であり、メール空間というCMC空間の方が〈ほんとう〉で、〈自分を力づけ、支えてくれる力をもっている〉という、リアリティの位相反転図式」があると指摘する（『メディア文化の社会学』福村出版、二〇〇一年、一二七頁）。メディア研究において、この「二世界問題」は、現実空間とヴァーチャル空間の関係性を把握するために大変興味深いテーマであると思う。本節では、この主題を宗教研究における二世界問題、すなわち、聖と俗、彼岸と此岸、あの世とこの世などの構造と比較検討し、宗教とネット恋愛のスピリチュアリティの位相を究明したい。この二つがきわめて似た構造をもっているように私は捉えるからだ。

(1) ネット恋愛と宗教の共通項

そもそも伝統的な宗教世界において人びとが感じるスピリチュアリティとは、当事者が何らかの手の届かない不可知、不可視の存在（神、大自然、宇宙、母なる大地、先祖の霊、特別な人間、国家など）と神秘的なつながりを得て、非日常的な体験をしたり、自己が高められるという感覚をもったりすることである。言い換えれば、日常の現実世界は常に仮で、偽りに満ちており、俗なる領域である。この日常世界は、聖なる領域とつながりをもってはじめて光り輝くのである。

宗教における聖なる空間は、そのままヴァーチャル空間に置き換えて考えることができるように思われる。ここでは、ネット恋愛と宗教世界の類似点を、①当事者が対象に向かう姿勢、②対象のイメージ、および、③当事者と対象とのインタラクションの結果、の三点から考察してみよう。

まず、当事者が対象に向かう姿勢については、宗教でもネット恋愛においても、自己のエネルギーを凝集して真実の自分を表現しようとする点で一致する。既に指摘したように、ネット恋愛では、メールを書く行為自体が自分の内面を見つめ直す機会となるし、時間をかけてまとめた気持ちは凝集された想いとして対象に向かう。宗教世界においても、文章化しないだけで、自分の想いを対象に語りかける姿勢は同じであろう。つまり、両者とも真摯な態度で、対象（神、オンライン上の相手）に向かい、つながりを得ようとするのである。

つぎに対象へのイメージや期待であるが、ネット恋愛においては、まだ見たこともない相手は、神や天使やあの世や天国と同じように神秘性を帯びた「むこう側」に存在し、「こちら側」にいる自分を真に理解し、受け止めてくれる存在である。宗教世界においても同様であり、対象は自分を理解してくれたり、見守ってくれる特別な存在であろう。あるいは、完全に当事者のことを理解しているがゆえに、嘘のつけない、畏れ多い存在である。いずれの場合でも、対象は未知であり、抽象的で想像力を働かせないと把握できない存在であるがゆえに、日常生活で接する人びととは異なり、「本当の自分」をさらけ出すことが可能となるのだ。

最後に、当事者と対象とのインタラクションの結果として生み出されるものは、自己変容、自己理解の促進、および〈つながり〉の感覚を通じての自己解放である。この点においても、宗教とネット恋愛の違いはない。特別な存在とオンライン上でつながること、あるいは、神や宇宙や大自然と一体化することは、ネット恋愛や宗教の当事者にとってきわめて重要な体験であるし、それを通じて自分自身が変容を経験する場合が多いはずだ。いずれの場合にも、当事者の気づかない現実を教えてくれたり、当事者にさまざまな働きかけやアドバイスをすることによって、内的成長を助けてくれるのである。

(2)　ネット恋愛と宗教の相違

こうしたスピリチュアリティの位相を比較検討すると、宗教世界とネット恋愛においての体験とがかなり類似することが分かる。しかし、両者をまったく同等に扱うことはもちろんできない。その相違点を三点指摘したい。

第一の違いとして挙げられるのは、両者に対する人びとの利用目的や関心である。宗教では本来、人生の究極的な意味や宇宙のありかた、また悪や不平等の存在についての何らかの解答を人びとに与えることが、その存在意義の一つとなっている。しかし、ネット恋愛では、とりたててこうした問題を扱おうとしているわけではない。出会い系サイトに参加する目的はパートナー探しである。チャットでは、趣味についての情報交換がメールの当初の目的だろう。メールの話題は、お互いの日常生活（好きな食べ物、仕事の内容など）であり、人生の意味（抱えている悩みなど）について多くの時間をかけて議論しているわけでは必ずしもない。したがって、ネット恋愛やより広くはＣＭＣ空間自体が宗教的であるとはもちろんいえないと思う。人によっては、パソコンや携帯電話によるメール交換は、単なる情報収集のツールとしても利用できるからだ。

第二の違いは、ネット恋愛でスピリチュアルなつながりを感じるのは、特別な存在との個人的な一対一の関係に限られている点にある。宗教世界では、宗教的達人や特殊な修行をつんだ人、なかには一般の人でも個人的に宇宙や自然や神とつながる場合がある。しかし、より一般的なのは、宗教的共同性（教会、地域共同体、家族など）に基づいた集合的状況において表出するスピリチュアルな体験である。これに対して、インターネットはスピリチュアルな体験を容易にする現代的装置だといえるが、そこに明確な共同体は存在しない。自分を理解し、よきアドバイスをくれる寛容な他者はオンライン上におり、その関係はきわめて双方向的ではあるが、個対個のレベルにとどまるきわめてプライベートなものである。

第三の相違は、ネット恋愛においては、宗教とは異なり、まだ見ぬ存在とのスピリチュアルな関係にとどまり続けることが困難な点にある。「愛をください」の李理香と基次郎のように、文通の条件として、「お互いに絶対に会わないこと」を決めていたケースを除いて、近い将来、二人は現実世界で対面することになる。もし仮に、カップルになったとしても、現実世界とCMC空間でのつきあいは大きく異なることだろう。現実では、オンライン上でのような手の届かない神秘性は大きく失われるからだ。これに対して、宗教世界では、聖俗の区分は明確であり、むこう側の世界は神秘的かつ抽象的で、こちら側の現実に回収されることなく、手の届かないままの状態でいられる。そこに両者の違いを見い出すことができると思う。

以上まとめた相違点はあるが、当事者の経験レベルに焦点をおくならば、宗教世界、ネット恋愛の世界に参加する人たちは、きわめて似通った体験、すなわち、魂の交流や未知なるものとのつながりを通じた自己変容というスピリチュアルな体験をするといえるだろう。

5 結び――ふたたび日常へ、あるいは新たな神を探して

ネットによる出会いが普及した背景には、パソコンや携帯電話を通じてのインターネット利用の普及という技術的な発展とともに、現代社会のあり方も大きくかかわっていることは確かなように思われる。現代社会においては、個人の公私にわたる生活において、ビジネスライクなつきあいが増加し、時間を気にせずに互いの内面について語り合える場所や、新しい人間関係を育む機会が減少している。「つながりたい」という気持ちはどの時代のどの社会においても、人びとに共通する欲求であろう。信頼できる他者との何らかの形の親密性を探し、「本当の自分」を理解してもらえる機会を求めている人は現代でも少なくないはずだ。家庭や地域、学校や職場といった生活の場における個々人のつながりが希薄化した現代社会だからこそ、ヴァーチャルな世界のなかに、「本当の自分」を表現し、他者との親密性を形成する場所を求める現代人が増えているのだろう。このように考えると、ネット恋愛というコンピューターの向こう側にいる、寛容でいつでも思いを受け止めてくれる特別な存在に自己を委ねることは、現代人の満たされない欲求をかなえてくれる一つの選択肢のように私には思える。

しかしながら、オンライン上で特別な存在とつながること

はそれ程容易でないことは強調しておきたい。本章では、出会い系サイトを通じてカップルになった「成功例」をおもに扱ってきたが、サイトに登録した男女の大半は、多くの異性とメール交換をして実際に会ったとしても恋人になるわけではない。先述したように、メール交換相手と実際に会った後、ほとんどの場合は、メールでの印象と現実との多大なギャップに落胆し関係が終結してしまうのだ。また、ネットを利用した悪徳商法に巻込まれるかもしれないし、ストーカーの被害に遭うかもしれない。この可能性もかなりあるだろう。それ以外でも、ネット上と対面状況での親密性とが必ずしも一致しない点が問題となるようである。例えば、岩下は、「出会い系サイトでは、『話が合う』から始まるわけだが、話が合う→相性が合う→恋愛できる、に本当につながっていくものだろうか。話が合う者同士が恋に落ちるとは限らない」と述べ、ネット恋愛の手順やその有効性に疑問を投げかけている（岩下久美子『ヴァーチャルLOVE』扶桑社、一九九九年、七九頁）。

さらに、ネット恋愛に成功しカップルになったとしても、その二人が親密性を維持し続けるために乗り越えなければならない困難は大きい。例えば、学校や職場で出会った二人は、カップルになった後もこれまで共有してきた趣味（音楽や映画やスポーツ）を継続し、それを踏まえて日常生活のなかでお互いを理解し、頼り合う関係を発展させていくことだろう。これに対して、ネットで知り合った二人が多くの時間を共有してきたのは、共通の趣味ではなく、相手にメールを書く行為である。したがって、ネット恋愛をしたカップルは、二人がこれまで最も多くの時間をかけて親密性を維持・発展させてきたメール交換以外の手段によって、まったく新しい形態の交流をもつことが不可欠となるのである。

こうして考えてみると、ネット恋愛の行く末はそれほど明るくもないようだ。もし、メール交換して「魂の交流」をオンライン上で実感した相手と実際に会ってみたが落胆した（された）場合、気を取り直して新たな神を求めてネット上をさまようのだろうか。あるいは、ネット恋愛の末にカップルとなったときには、相当な努力と忍耐によって日常世界での質的に異なる新たな関係性にうまく変容させることはできるのだろうか。ネット恋愛の結末には、いずれも困難な状況が待ち受けていることだけは確かであるように思えてならない。

本章で扱ったネット恋愛への考察は、宗教がかかわる聖俗の二世界構造の特質を私自身が再確認する機会ともなった。よく考えれば気づくことかもしれないが、宗教世界が人びとに喚起するスピリチュアリティは、特別な存在が抽象的で匿名性を帯び、非日常的であり、かつ日常に回収されることがないことを前提としている。それゆえに、当事者は〈他者〉について自分なりの思い入れをもつことができ、結果として

「本当の自分」をさらけだして真実のつきあいができるのだ。一方、ネット恋愛におけるオンライン上の神は、日常世界の現実へと還元される可能性を絶えずもっている点で宗教世界とは大きく異なっている。特別な存在が外側にとどまり続けるかどうか、この点にネット恋愛と宗教の根本的な違いがあるように思える。

オンライン上の特別な存在が日常世界に回収される可能性をもっているということは、ネット恋愛が宗教の代替物とはなりえないことを意味する。だからといって、ネット上の他者との交感を無効化する必要はないだろう。少なくとも、しばらくの間は、日常では経験できないような自己を深く見つめ直す機会をもち、また自分の素直な気持ちを伝えようとする真摯な態度になれるのだから。ネット恋愛から表出するスピリチュアリティを、つかの間の希望の光しか与えないと否定的に捉えるか、あるいは日常世界にひとときの輝きをもたらしてくれると肯定的に考えるのか、それは人びとの受け止め方次第だろう。だが、一つだけ言える確かなことがある。それは、すべてを包み込む大きな物語が存立できない現代では、あちこちにあるかすかな光〈ワールドカップの熱狂、恋愛のときめき、映画や音楽や書物の感動、友人や恩師との出会いなど〉を主体的に見つけだして、自分自身で意味の網の目を丹念に紡ぎ合わせていく以外、暗闇からの解放などないということだ。オンライン上であろうとなかろうと、特別な存在を想起した生き方を一つの糸口にするのも悪くないのではないか、このように現在の私は思っている。

注

1　恋愛観・結婚観の歴史的展開に関しては、つぎの文献をおもに参照した。井上俊「『恋愛結婚』の誕生——知識社会学的考察」『死にがいの喪失』筑摩書房、一九七三年。牟田和恵「愛と性をめぐる文化」井上俊編『新版　現代文化を学ぶ人のために』世界思想社、一九九八年。山田昌弘『結婚の社会学——未婚化・晩婚化はつづくのか』丸善ライブラリー、一九九六年。

2　本章の二節の(2)、(3)、および三節(3)で用いた資料や考察の大半は、林恵理子「現代日本人の結婚観・恋愛観——ネット恋愛における親密性の形成をめぐって」大阪大学大学院言語文化研究科修士論文、二〇〇二年に基づいている。林論文の執筆過程で、林と筆者は共同で資料収集し、ネット恋愛という現象をめぐる分析枠に関して長期間にわたる意見交換をおこなっている。それゆえ、本章の前記した部分では、お互いの研究成果が織り込まれている。しかし、本稿では「ネット恋愛とスピリチュアリティ」という視点を新たに導入し、それが本論文の中心テーマとなっていることを考慮にいれて、林本人の了解を得て単著の形で発表することにした。

見世物一座で働く
――大寅興行社の〈絆〉

門伝仁志

1 出会い

平成十年五月のある日、見世物一座の巡業先を私は訪れていた。彼らは、全国各地で開かれる高市《たかまち》で見世物小屋やお化け屋敷などを興行する一座である。まつりでにぎわう境内の一角に、見世物小屋が立ち並ぶ光景を憶えているだろうか？毒々しく飾り立てられた、あのいかがわしくも懐かしい見世物小屋の光景である。彼らのような一座が、あの光景の当事者なのである。高市というのはまつりや縁日などの年中行事や各種の催し物などの祝祭の場を指し、人々は年間二十カ所以上に及ぶこの機会をめざして、四トントラックを走らせる。

だが、昭和五〇年代までならばどこでも出会うことができた見世物小屋は、テレビの普及や後継者不足を理由にほとんど姿を見せなくなり、二〇〇二年現在では三社を残すのみとなっている。私が訪問したのは、その数少ない見世物一座のひとつ、大寅興行社である。一座では見世物小屋と化物屋敷などの興行物のほかに、射的やダーツゲームなどのような小規模な遊技場も手がけている。

宿舎を訪問する前の年、私は新宿の酉の市に掛けられた見世物小屋に出かけ、吉川みどりさんに会った。吉川さんは一座のスポークマンといえる立場にあり、マスコミにも度々登場していることから彼女を知る人も多い。今がチャンスとばかりに矢継ぎばやに質問を浴びせる私に、彼女は見世物小屋の世界がどのようなものかをじつに面白く話してくれた。出会いを一時のもので終わらせたくなかった私は、別れぎわになにか手伝いをする機会があれば呼んで欲しいとお願いしたのである。

当時大学に在籍していた私は、みどりさんとの出会いをきっかけに見世物小屋の取材を開始していた。けれども、それまで書かれたものをいくら読んでも、私には満足することができなかった。旅をねぐらに各地を転々とする人々の生活は驚きに満ちているはずだ、とは誰しも思うはずである。だが、この当時、人々の日常を取り上げた著作はまったくといってよいほどなかった。出会いから六カ月が過ぎようとしたころ、みどりさんは私を化物屋敷のアルバイトに誘った。願ってもない誘いに、私は小躍りしながら二つ返事で引きうけた。

宿舎用のテントのなかで、一座の人々は朝御飯の準備に忙しそうである。私は行き交う人々を目の前に、所在なく敷居に腰を下ろしている。お膳には美味そうな味噌汁と飯が湯気を立てている。人々は無関心を装いながらも、時折刺し込むような視線をこちらに向けていた。そのたびごとに私は人々の視線から身をそらそうとする。だが、いくら視線を合わせぬように努めたところで、からだ全体から漏れ出ている好奇心を隠すことなどできない。目立たぬように振舞おうとしても、外見や身のこなしなどから私が余所者であるのは明らかだった。だが観察者と被観察者という構図を無視するのが無理だとはこちらも承知済みである。私が居心地の悪さを感じていた理由は、また別のところにあったのだ。

私は自分の目の前で、味噌汁と飯の匂いのする光景が露骨に繰りひろげられているのに当惑していたのである。敷居を一度跨いだだけの訪問者にたいして、食事という極めてなまなましい生活の一シーンを見せることの裏に、私は一座の人々の〈絆〉に迫る手掛かりが隠されているように思われた。一座は「家族」とは明らかに異質でありながら、「家族のようなもの」と表現するより他はない一種の集まりである。だが、一座では家族と違い、肉親であることは必要条件とはならない。また一座の人々は、寝食をともにするだけではなく、仕事の上での同僚でもある。つまり人々は一座という集まりのなかで、公私に渡る生活のすべてを経験していると言えるのだ。飯と味噌汁のもてなしのなかに、私は人々の集まりの首尾一貫性が表現されているように思われた。またそれは、少しのあいだ一座に参加して、生活を垣間見てやろうなどという甘っちょろい考えを破壊するほど、私には力強いものに感じられた。こちらも全人格をさらけだし、本気でぶつかって行かなくては力負けしてしまうと直感した。「いやまいった」というのが正直な感想であった。この時の体験をきっかけとして、私は一座の〈絆〉というものの内容をより深く知りたいと考えるようになった。

みどりさんとはじめに会ったとき、私は二五歳だった。二五歳という年齢は、社会性の獲得や人間の成熟の度合いという点から見れば、十分社会を経験しているはずの年齢である。同窓生たちはすでに社会の第一線で働いている。平社員から係長になった、営業で優秀な成績をあげたなどと聞くようになる年齢である。そうした話を横目に、まだ学生という不安定な身分にある私は将来について明るい見通しを持つことができないまま毎日を過していた。このような場合、不安定さを丸ごと引きうけ、将来の不安を可能性として読み換えていくことよりほかに、有効な処方箋がないのは分かっていた。だが、現状を反省とともに受けとめ、社会のなかで生きようとすることを、迎合であると素朴にも思い込んでいるところがあった。そのような私に対し、学生時代の友人のなかには「社会」という言葉で何かを諭そうとする者もあった。もちろんそのような友人とはその場で縁を切り、二度と会おうとする気が起きぬように散々毒づいたものである。

良くないのは、このような苛立ちが延々と悪循環を描きはじめたことである。いらいらするのが続くにつれ、当初は漠然とにせよ抱いていたはずの理想や希望などが姿を消し、何に腹を立てているのか分からないままに、苛立つことに苛立つという悪循環に入り込んでしまう。このやるせない毎日が今日も明日も続いてゆくのかと、考えるだけで憂鬱な日々を送っていた。私がふらっと見世物小屋を訪れ、みどりさんたち一座の人々に出会ったのはこのときだった。一座の人々の姿は、当時の私にとても魅力的に思われた。「地を這うような」と言うのが適当な、磐石なにものかがこの人々にはある、そしてそれは鬱屈した自分の根性を叩きなおしてくれるかもしれないと思われた。こうして四年以上にわたるおつきあいがスタートすることになった。

私は二五歳から現在までのあいだ、かなりの時間を一座の人々と過すことに費やしてきた。ある時期までは少なくとも、この体験は、私が行動したり考えたりするための枠組み、つまり価値の源泉であった。アルバイトとして時間的に限りがあったにせよ、「兄さん」、「姉さん」、それに「親方」などの呼びかけを人々と共にしてきたことは、人々の〈絆〉のただ中に私が参加していたことを物語っている。たとえば私の話し方や振るまいについて、「見世物小屋っぽいね」などという言葉とともに、一座からの影響を指摘する人がいる。それは自分では意識していないだけに、不思議に思われる。

繰り返すようだが、人々と過したことはある時期までわたしの価値の源泉だった。たとえば日々の生活のなかで、他者と衝突したり、またどうにも押さえることのできないほど不愉快な思いをするとき、私は決まって「一座の人々だったらどのような言葉でどのように対処するだろうか」と考えるようになっていた。ある観点からすれば、わたしは一座の人々に随分と救われていたのであった。

ここでは、見世物一座の人々とともに過した数年間の体験を振りかえってみようと思う。一座で目にしたできごとの一つ一つに私は発見の喜びを感じていた。それは、人々が日々暮らすなかで発せられる言葉や行動から「ふと」察することのできるような発見であり、一般化してしまった途端に消えてしまうものである。たとえば私が、飯と味噌汁に一座の〈絆〉に迫る手掛かりを認めていたように。極私的といわれるにせよ、体験を下敷きに一座の記述を試みることは、見世物一座の共同性についての洞察の一助となると私は信じている。

2 縁

一座の許しを得て、宿舎の中を覗いてみよう。巡業の最中、一座の人々は布製のテントでつくられたこの宿舎で生活をする。寝小屋と呼ばれる宿舎は、土間の炊事場と一四、五畳分ほどの畳敷きの部屋に分けられる。仕切りのカーテンをくぐってみよう。上座に目を向けると神棚がこしらえてある。そこは職祖、神農黄帝の神棚で、木像が榊の枝とともに祀られている。ふと目をずらすと、像のすぐ横にモノクロの写真が一葉そっと飾られているのに気づいた。そこには花札博打に興じる男たちが映し出されている。初老の男性がひとり、そのからだの大きさに目を引かれる。彼こそは大寅興行社の初代社主、吉川幸次郎さんである。幸次郎さんは初代の親方であり、設立者だ。みどりさんは父、幸次郎さんのことを話すときに、決まってこんな話をマクラに置く。「うん、虫も殺せないような人……腕に蚊が止まっても『よしよし一杯吸うんだよ』って言ってじっとしていた」。「すごく縁起を担ぐ人だった……スリッパのことをアタリッパってね。スルっていうのは運が逃げて行くようでゲンが悪いって言っていた」。

幸次郎さんは、東京、目白にある建具職人の家に生れた。おっとりとした性格で、人の前にでるのを好まぬ人だった。探求型で、都内の私立大学に一年だけ通ったのだが、思うところがあってすぐに退学する。そして、退屈さに飽きたのだろうか、家を飛び出してしまった。幸次郎さんは兄勝太郎さんのもとを尋ねた。勝太郎さんは、すでに広島の露天商の見習いを経て見世物一座をおこし、全国を旅していた。

ご承知のかたもいるかと思うが、一座のごとき旅を商いの場とする人々の社会には一定の修行期間がある。新参者は親方のもとで契りを交わし、修行を経て独立するのが許される。幸次郎さんもまた兄のもとで見習い期間を過し、昭和のはじめに独立した。大寅興行社の設立である。幸次郎さん、それにのちに妻となるみよ子さんを祖とし、大寅興行社はそのあと、多くの若い衆たちの出入りを経ながらその歴史を紡ぎ始めることとなった。

大寅興行社の人々を紹介しよう。一座には現在、二代目親方である吉川雄太郎さんを中心に、さまざまな縁で結ばれた人々が集まっている。まず、三田徳三郎さん。トクさんの愛称を持つ三田さんは、先代幸次郎さんの時代からの若い衆で、六十年にわたる一座の最長老。いわば一座の歴史の生証人である。それだけに三田さんの言葉には、一座の人々の集まりの内容を知る手掛かりがある。たとえば、三田さんの「お父さん」という言葉にはこんな認識が込められている。三田さんは、幸次郎さんを「お父さん」と呼んでいた。お父さんは「おとっつぁん」とは違う。おとっつぁんは実の父のことで、三田さんが一座に来る以前、栃木にいたときの肉親のことだ。三田さんはお父さんの思い出を、こう思い出す。三田さんは身体が生れつき他の人よりも小さい。お父さんは、自分を随分と可愛がってくれた。戦時中、徴兵検査を受けたときのことだった。三田さんは結局徴兵を免れたのだが、身体の不自由さにナイーブだった若い三田さんにとってそれはたんに喜ぶべきことではなく、複雑な心境だった。気持ちを察してか、幸次郎さんは検査の帰り、甘味処でぜんざいを食べさせてくれた。三田さんはのちに、同じく一座に身を置いていた三田加代子さんと結ばれる。

加代子さんが母に連れられ、一座にやってきたのは七歳のときのこと。彼女は三田さんに継ぐ一座の長老格である。加代子さんもまた幸次郎さんをお父さん、みよ子さんをお母さんと呼ぶ。ただし一座の子となったから血の繋がった父母と完全に別れるというわけでもなかった。おっかさんがそのあともときどき宿舎にやってきて、一座の人々と談笑していたのを今でも憶えている。ところで物静かで、黙々と仕事をこなす加代子さんは、舞台ではなんと白塗り白装束の見世物小屋の太夫（舞台上で芸をおこなう人）に変身する。彼女は太夫として一座に暮らし、三田さんとの間に一人娘葉子さんをもうけた。

吉川みどりさんは、幸次郎さんとみよ子さんの長女。次女明子さん、三女祥子さんとともににぎやかな一座のムードメーカーとなっている。彼女は私が最初にであった見世物小屋の人であり、抜けるように明るい彼女の寛容さに出会わなければ、永遠に一座との縁はなかったはずだ。一座での私とみどりさんとの関係は、兄弟姉妹のそれである。私はみどりさんをみどり姉さんと呼んでいる。付き合いが深まるうちに彼女は一座の様々な話をしてくれるようになったが、幸次郎さんについての彼女の記憶は、実父である幸次郎さんの父性が複雑であったことを教えてくれる。おとっつぁんは、わたしだけのものではなく、若い衆皆の父だった。おとっつぁんは若い衆みんなの親方なのだ。おとっつぁんからみれば、若い衆はみんな平等。時には甘えたいときがあっても我慢しなくちゃならない。親方の娘といっても、親方の娘だからこそ我慢しなくてはならないことがいくつもあった。

雄太郎さんは、大寅興行社の二代目で幸次郎さんの長男である。雄太郎さんは一座の親方であり、みどりさんたち姉妹にとっても、三田さん夫婦と葉子姉さんにとって、等しく親方である。雄太郎さんは、若くして親方を継いだが、物静かな表情の奥に見世物小屋の興行主としての確固とした決意が読み取れる。さて、雄太郎さんはわたしにとっても親方であるから「親方」と呼ばなくてはならない。けれども、「親方」と言う称呼には、ときおり強権的な匂いが付きまとう。彼は、親方の傲慢さが一座に衝突を産み悲劇的な結末にいたった場面をいやというほど見てきた。一座の人々に雄太郎さんは、「お兄さん」と呼ぶことを許している。私にも同様に「お兄さん」と呼ぶことを許している。お父さん、お母さん、お兄さん、お姉さんという一座の呼びかけあいは、単なる形式上のものではない。一座に集まる人々は、たとえ集う理由がさまざまであっても、親子、兄弟姉妹という親しい関係のもとにあるといえるのだ。

小屋掛け

3　呼びかけあうこと

一九九八年十一月　新宿

この日、私は東京の新宿にある花園神社を訪れていた。境内では酉の市の準備がはじめられている。名物の熊手がならび、露店があちらこちらにできあがっている。一座にとっても、酉の市は年に一度の重要な興行場所である。一座総出で、見世物小屋の小屋掛けに取りかかっている。

「お兄さん、この丸太はどこに立てればいいの？」「もう、全然ちがうでしょって。この丸太はこっちに置くの」。葉子姉さんが親方に材料の丸太の位置を尋ねている。「これはどっち？」「もう、自分で考えてよお、何年この商売やってんの？」一座の小屋掛けはこんなやりとりで、いつも賑やかにはじまる。

小屋掛けのとき、一座は大きく二つのパートに分かれる。まず一方はジバシリと呼ばれ、丸太のなかから適当な材料を選ぶ、あるいは地面と垂直に建てられたタテジと呼ばれる部位と、並行に渡されたヌノと呼ばれる部位の位置が正確かどうかを指示するという役目を負う。ジバシリは主に、みどり姉さんと明子姉さん、祥子姉さんの仕事だ。そしてこの日は私も少しだけジバシリを手伝っていた。もうひとつのパートは雄太郎親方と葉子姉さんが担当する。二人は小屋が出来あがるにつれて、渡された丸太を器用にのぼり小屋の上部で作業をする。これには体感二十〜三十キロほどにもなる丸太を扱うだけの腕力と、とび職のような身軽さが要求される。

この日、私は二度目の小屋掛けに参加していた。北海道から九州まで、それこそ日本全国各地を巡業する一座の旅に参加することを私は許されていた。

「おーい、もんちゃん、そこにある丸太とってくれや」、「もんちゃん、お兄さんがよんでるよお」。親方と葉子姉さんが、こちらをみて何か話しかけている。「ねえ、もんちゃん」

うん、おれのことか？　そうか、おれのことだ！　急いで親方、いやお兄さんが指し示す方向に走りよる。「これですかあ?」と私。「ちがうよお」と親方。どうもちょうど良い長さの丸太が見つからない。「これですかあ?」とまた私。「ちがうって、もうまったく、勉強ばっかりやってて、こういうことになるとちっとも……」と親方が苦笑いだ。まったく、いやまったくおっしゃる通りです。

青森で再会してから、すでに半年がたとうとしていた。それにもかかわらず、私は自分の言葉や仕草が一座の仕事の現場にそぐわないことに気づいていた。その場に応じて、上手く自然に振るまうことができないのだ。いや、それよりも、仕事の場に身を任せるのを自分から拒んでいたというのが適当かもしれない。建設現場では何度も働いたことがある。だから、小屋掛けの現場でも、もっとスムーズに動くはずだった。けれども、身体を自律的に動かそうとすると、説明のつかないなにかが邪魔してしまう。

「この丸太は横に数センチ横に」「あの丸太は地面に対し何度傾けて」などというような抽象的な言葉とは異質に、小屋掛けは成立している。たとえばだ、丸太を複数本束ねようとすることがあるが、人々は「束ねる」というよりもずっと便利な言葉を使っている。素直に、「抱く」と言うのである。だが、わたしはこの種の言葉にたいして違和感を覚えていた。わざわざ人々の言葉で示される状況を、よそよそしい言葉へと翻訳し直し、それに基づいて行動しようとしていた。

一座の仕事に立ち会うときの私の姿勢は、万事この調子である。現場では状況に対する素早い対応が求められる。現場で交わされる会話ではそれゆえに、なるべく直截な表現が選ばれる。働く現場で呼びかけあうとき、一座の人々の間には、一人称的で彼我の区別のない、平等な空気が充満しているようにみえる。だが、私は親方の親しい呼びかけに、素直に向き合うことを拒んでいた。なんのてらいもなくできあがっているこの共同性に素直に向き合うことに私は違和感を憶えていた。

見世物小屋の一座における互いに互いを区別しないような言葉の世界は、『サーカス村裏通り』（久田恵著、文芸春秋社、一九九一年）という魅力的な著作のなかで上手く描き出されている。著者はあるとき、サーカスに出会う。サーカスは社会に疲れた彼女にとって素敵な非難場所と映った。彼女はそれまでの仕事をすべて放り投げ、サーカス村の世界の中に身を置きながら自分を探そうとする。このストーリーを縦糸に、彼女はあるサーカス一座に住み暮らす人々の日常を共感的な立場から木目こまやかな筆致で描いていた。そこから読者は、人々のざっくばらんな言葉と、肌と肌でぶつかる付き合いのありかたを知ることができる。著者であると同時にサーカス村の体験者である彼女の筆致は、サーカス一座の人々とは異質であるが、その温度差によって我々は彼らの付き合いが直截で互いに即時に関係づけあうのを知る。人々の言葉は文字の文化ではなく、声の文化のものだといえる。

大寅興行社の一座の人々たちの言葉にも、話し相手とのあいだにクッションを置かない直截な関係が表されている。人々は互いを、兄さん姉さんとよび、まるで血の繋がったもの同士のように呼びかけあう。

徐々に付き合いが深まるにつれ、私は愛称で呼ばれることになっていた。私のほうも、「兄さん」や「姉さん」と呼びかけることを許されるようになっていた。人々にとって私は次第によそよそしい存在ではなくなり、おそらく人々の〈絆〉に参加することが許されていた。それにもかかわらず、私は、呼びかけによって出来あがっているような〈絆〉を共有することを拒否していた。人々の呼びかけにたいし、素直に応えようとしない私の態度はきっと不遜に思われているだろう。彼らはそろそろ、私との付き合いにくさに苛立ち始めているかもしれない。なんて不恰好で、頑固な男だと。何かが私にそうすることを妨げていたのである。呼びかけをともにすること、そして、それによって人々の〈絆〉を共有することが、私には難しかった。私は一座のなかで余所者の位置に留まり続けていた。私は、一座の〈絆〉にあこがれをいだきながらも、おのずから嫌悪感を抱いていた。

一九九八年十二月　秩父　午前十二時

天幕が並ぶ一角のパースペクティブは、見世物がもう息が絶え絶えだという事情を忘れさせるのに十分なほど圧倒的だ。十二月の秩父、街の一角に、日本に現存するほとんどの見世物小屋の一座が会していた。目の前には、原色の天幕の色鮮やかさを誇るかのように、小屋掛けの見世物小屋がいくつも肩を寄せ合っている。小屋の前に足を止めて見る。まだ小屋は始まっていないけれど、黄色やピンクの灯りに照らされた小屋のかざりを見れば見世物小屋の雰囲気には十分ひたることができる。正面には、「蛇女」や「牛娘」の看板や、出し物が大書された看板類がひしめきあっている。一枚の写真を見つけて思わず笑みがこぼれる。「人が生んで人がおどろく！」。これは明らかに合成だ。「十月十日」をすぎて腹の膨らみすぎた和服姿の妊婦の腹から、蛇に似た胴体を持つ胎児が姿を現している。小屋の前に繰り広げられる、このいかがわしいスペクタクルは、どれもこれもイメージの戯れによって出来あがるコラージュだ。だが、ここまで破廉恥なまでの多くのイメージを目の前にすると、あるいは本当に、「頭が人間で胴体が大蛇」の女の子が小屋の奥から姿を現すように錯覚する。

まだ静かな小屋の前でこのスペクタクルをぼんやりと眺める退屈そうな男を尻目に、私は人々が待つ宿舎に足を向けた。もう人々との付き合いは、丸一年になろうとしていた。

「こんにちは」、私がいつものようにこう呼びかけるとみどり姉さんはいつもこう応える。「よく来たね……今日もアルバイトお願いするよ」。人々と共に過すことが度重なるにつれて、私にも一人の若い衆として一人前の仕事が与えられるようになっていた。寒さに備え、リュックサックから防寒具を取り出す。横では、みどりさん、明子さん、祥子さんが、化粧道具を片手に談笑している。これから三人は、見世物小屋の舞台に立つのである。

宿舎に出入りするようになってから、私には舞台にいどむ人々が、役者として姿を変える場面を目の当たりにするようになったが、目の前で、手馴れた様子で化粧道具を動かす様子を目にすると、出会いの不思議さをいつも思う。私が目の当たりにしている光景は秘密で、余所者が見たくても決して入ることのできなかったはずの、閉ざされていたはずの領域だった。

一座の人々はそこで、観客を楽しませるため、時代に応じて、さまざまなかたちに変身してきたのであった。それらの記憶を一座の人々はそのつど写真に残し、大切に保管している。都内にある自宅を訪れたとき、私はこの記憶に触れたことがあった。そこで私は彼女たち一座の舞台が、あまりにも洗練されたものであることを知って思わず唸らされたものである。写真のなかで彼女たちは、ラメの光沢をもつビスチェを身につけ、ファインダーを覗く撮影者を挑発するように、まっすぐに鋭い視線を向けていた。五人とも艶っぽく腰を曲げながら蛇を弄んでいる。彼女たちの視線は挑発的で、虎のように鋭かった。蛇と女の組み合わせはいかにもいろっぽく、男たちはきっとセクシュアルな衝動を覚え、誘惑しようと手を伸ばしたくなったに違いない。けれど彼女の視線はそんな衝動が、身分不相応なものだと思わせるほど鋭かった。今、手鏡をのぞきこみながら何事か談笑している彼女たちを見ていると、私は、男たちがずっと知りえなかった、一座の舞台裏に立ち会っている優越感を感じるのを押さえることができなかった。

「はずかしいからあんまりみないでよ」。みどりさんが私の気持ちを見透かしたように笑いかける。おっといけない、妄想にひたっている場合ではなかった。そういえば私は、ここに仕事にきているんだった。商売商売、ふと我に返り、そそくさと身支度を整え、小屋の外に出た。

午後四時

「どうぞ、さあ今度は生きた蛇を鼻から入れます、口からだします。蛇鼻通しの実験をみてもらいましょう。では用意いたします……出てまいります女の人を見てもらいましょう……お姉さんどうぞ……」

舞台では、見世物小屋の太夫が紹介されている。観客は司会役の祥子さんにに促され、桟敷の客席にド、ド、ドとかけあがっている。二〇歳代から三〇歳代の男女が多く、女性のなかには露骨に嫌悪の表情を浮かべたり身を縮める姿も見られる。男性には酔客が目立つ。太夫の名を大声で叫んだり、口をあんぐり開けたりニヤニヤしたりと様々だ。

私は仕事の息抜きに、見世物小屋を眺めにきていた。呼びこみで宣伝されるとおり、舞台には白塗りにアイシャドウを厚く塗った太夫、加代子さんが姿を見せた。普段の物静かな様子から想像できないほど、加代子さんの姿に威厳を感じる、どこからかため息が聞える。

祥子さんの言葉とともに被実験者としての彼女の置かれた不遇な運命に思いを馳せる。私は、実験者と被実験者という演出がリアルさを持っていた、いくつもの見世物小屋が並んでいた時代そのものを思い出し、なんとなく甘ったるい気持ちを抱いていた。キッチュというよりほかはない見世物的単語が随所にちりばめられた祥子姉さんの言葉は、かつてあったはずの猥雑な祝祭の記憶を喚起させるのに十分である。祥子さんの言葉にこめられた演出は、私のように、皮肉な観客の心を、それとは気づかないうちにぐっとわしづかみにする。

突然、じっとしていた太夫が、客席に飛び出して客席に蛇を投げつけようとした。会場からは悲鳴とも歓声ともつかぬ声が聞える。

「ねえお客さん、蛇が怖いんじゃないよね、この人が飛び出してきたからこわいのよねえ」

司会者、加代子さんの眼差しはクールだ。彼女は自分の言葉が、まがい物であることを知っている。のみならず、見世物の演出そのものに楽しみをみつけようとする、私のような皮肉な観客の目も、彼女たちは十分に承知しているのだ。だが、彼女たちの舞台は、こうした皮肉な視線を上手くかわすように、周到に作りこまれている。

太夫の鼻の穴に、徐々に蛇が飲み込まれていく。静かに聞える悲鳴のほかは、客席は静まりかえっている。人々の視線は、太夫を注視している。横にいる若い女性は、両手で口を押さえている。

突然太夫が前かがみになる。つられてこちらも舞台にかぶりつく。ハプニングが起きたのは明らかだ。芸という秩序が音をたてて崩れてしまうのではと不安になる。彼女の背中をじっと眺めていると、加代子さんの背中が小刻みに揺れはじめた。助けを求めるように私は思わず加代子さんの表情を見ようと、人ごみを縫って客席を移動する。

「笑ってごまかしてる場合じゃない、失敗は許されないの、失敗なのよ今のは。この道一筋六十年くらいなのにね」

ハプニングが起きたことに喜びを見つける皮肉な観客こそが、加代子さんの獲物である。舞台は、失敗であることが当事者によって暴き立てられている。私はこのとき彼女の姿に、さっき写真のなかに認めたのと同種の視線を認めていた。彼女は明らかに、私のように舞台裏を知った者を挑発している。驚きにくるのではなく、鑑賞しにきた観客を彼女たちの舞台は畏怖させ、屈服させる。「見世物なめるんじゃないよ」、舞台を眺める私の頭上に、彼女のそんなメッセージがズドンと落ちてきたような気がした。


私は自分の仕事場に戻ることにした。

午前二時

「だいじょうぶですなんて言うもんじゃない!」。私をたしなめる言葉に、一座は一瞬凍りついた。

時計は午前二時を廻っていた。射的の助手をしていた私も、朝の九時からぶっ通しの商売に、もう足が動かないほどへとへとに疲れている。目の前には良く冷えたビールと、ぐつぐつ煮立った鍋が音を立てている。どんなに疲れていても一座の人々は、一杯のビールで一日が無事終わったことを喜び合うことを忘れない。そんなにぎやかさに引かれ、大寅一座の夜には他の一座の人々が常に出入りしている。テツオさんもその一人だ。「一杯やっていくかあ?」という時のみどりさんは、まるで菩薩さまのように見える。

「だいじょうぶですなんていうもんじゃない!」。静まった周囲を気遣ってかすこしトーンを落し、テツオさんは繰り返した。私は、あまりに突然のことに驚きながらも、一座の人々の反応を確めるだけの余裕があった。人々の表情から、テツオさんの言葉が、一座の人々皆の気持ちを代表していることに気づかされた。

私は商売のあとということもあって大分疲れていた。そして、ビールを進める明子姉さんの言葉を、なんどもなんども

お化け屋敷が並ぶ札幌中島公園

慇懃無礼に断っていた。私は、和やかで打解けた宿舎の空気が、一座とテツオさんたちの、互いの気遣いによって作られていることに気づいていなかった。自慢じゃないが、わたしは酒が好きだ。どんなに疲れていても、その気になりさえすれば一升ビンを空にするほど体は頑丈に出来ている。酒飲みならばわかってもらえるだろうが、酒の席で吐いた自分の言葉が、明くる朝、自分をきびしく苛むことがある。正直な気持ちを吐露してしまったことにあくる朝悶絶するほど恥ずかしい思いをしたことがないだろうか？　それゆえわたしは明子姉さんの言葉を、慇懃無礼な言葉とともに断っていた。だが、その慇懃無礼さが、逆に、人々の気持ちを逆なでしてしまったのである。

衝突の原因は「だいじょうぶです」という言葉の無意味さにあった。テツオさんは、私の発した言葉に、一座の〈絆〉に参加するのを逃れようとする態度をすばやく察知したようだった。あるいは、その言葉を、一座の〈絆〉への侮辱を見て取ったのかもしれない。「だいじょうぶです」という言葉は、何かを言っているようでありながら、礼儀としての観点からみても、断るという意思表示の意味からみても中途半端な言葉だ。ここからは、もてなそうとする人の気持ちに対して、面倒くささを露骨に表しながらに手を横に振るような姿を読みとられても、いたしかたのないことだろう。

テツオさんのたしなめの言葉は、一座の人々がうすうす感じていた〈絆〉と私との関わりにまつわる中途半端なありかたを露呈してしまったようだった。

テツオさんたちほかの一座の面々が帰ったあと、宿舎には、一座の人々だけが残っていた。私は努めて平静であろうとしていたのだけれども、テツオさんによって明らかにされた一座に対する姿勢と、それに対する不信感の空気は相変わらず残されていた。私が人々の〈絆〉を受け入れることを拒んでいるのは、これではっきりした。それも実にあいまいでしかも狡猾なやりかたで。もんちゃんは、私達の気持ちを受け入れていない。なにか私達の一座に、そうさせる何かがあるのかしら。人々はそう感じたに違いない。

隣にはみどり姉さんが座っていた。どのような言葉で話しかけるべきか、選んでいるようだった。厳しい言葉で詰問されても仕方の無い状況だったはずだ。けれども彼女の視線からは、問い詰めようとする様子は微塵もうかがえなかった。予想外のことに、彼女は、まるで哀れむような表情でいたのである。「ウチらってそんなにヘンかなあ」。しずかに一人ごちながら、彼女は私に昔話を語りはじめた。

一座の〈絆〉は、幼いころの彼女にとってコンプレックスの根だった。決して見世物屋などにはなるまい、将来はきっと大好きな絵を書いたり綺麗な唄を歌ったりするんだ、と彼女はずっと心に決めていた。だが、彼女の学校生活はわずかなものだった。すぐに彼女は好きだった学校に通うことが叶わなくなり、じきに働き手として旅にでる必要が生じたのである。

そして、旅で遠くに行けばいくほど、見世物屋になりたくないという思いと、学校に戻りたいという思いは強くなる一方だった。

たとえば十月の伊万里の商売でのこと。この日は夜が明ける前には次の場所に移動しなければならなかった。かじかむ手のかゆみを我慢しながら、寒風吹きすさむなか大人に混じって荷作りを手伝わなくてはならなかった。幼いながらも立派な働き手となっていたみどりさんほどの年齢ならばまだ我慢できるかもしれない。だが、横では物心つかぬ妹や弟たちが、ぶるぶる震えながら梱包済みの布団の山にもぐり込んでいる。それを見たとき、旅をねぐらにする見世物屋の職業を彼女は呪わしく思った。「あたしだって」、ついこの間までは学校に通っていれば、友だちと遊んだり笑ったりできたはずだったのに。

学校に行きたい気持ちは止むことはなかった。巡業先である朝、父に頼まれ、豆腐屋に使いに行く途中、遠くの方から通学途中の子供たちの姿が見えたときのこと。背格好が同じくらいの小学生たちはみどりさんの方に徐々に近づいてきた。

楽しそうになにか話す声も聞えてくる。なぜかわからないけれども、彼女はこのとき、自分の姿を消したいと思った。そして来たばかりの道を無我夢中で走り戻った。呆然と歩いているうち、いつのまにか太陽が高々と昇っていた。宿舎に帰ると父にこっぴどく叱られた。気持ちをどうやって押さえれば良いか分からず、テントの片隅でわんわん泣くより他はなかった。こんなときさえ一人になることができなかった。

「でもね」、みどりさんは続ける。

彼女が二三歳の頃父が病気で倒れたとき、彼女は見世物屋になる運命を引きうけようと誓った。もちろん気持ちは今でも変わらない。一座には私一人だけではなく、妹も弟も、若い衆も集まっている。そしてみんな、苦楽を共にしてきた家族のようなものだ。もちろん犬や猿の動物たちもみんな家族だ。「だから」、私たちは生きるときも死ぬときも、みんな一緒だ。死んだら、みんな同じ墓に入るように考えている。それは嘘ではない。ちゃんと、一座すべての人が入るための墓を購入し、用意もしている。

私はみどり姉さんのライフストーリーをじっと聞いていた。彼女の話し振りは訥々としていた。それは、私に何かを教え諭すというような押しつけがましい類のものではなかった。そうではなく、それは聞き手である私が、彼女にたいして心を開くことを求め、また心を開いた瞬間に追体験することができるような話し方だった。みどりさんの言葉ははじめ遠くのほうで聞えていたにすぎない。だが、次第に私は、彼女が物語によってなにかを伝えようとしていることに気づきはじめる。彼女は、とりもなおさず私に、なにかを伝えようとしていたのである。

みどりさんは、一座との交わりのなかで私が覚えることとなった問題の原因が、何であるかを見通しているようだった。一座という集まりの様式が、今の日本ではきわめて特殊なものとなっていることを、彼女は誰よりも早くまた深く感じ続けてきたのだった。「いきるときも死ぬときも、みんな一緒だ」、この言葉をとりもなおさず私に向けて話したという事実は、きわめて重い。人々はずっと一座の〈絆〉の中で生き、〈絆〉のなかで死んで行くのです。あなたに〈絆〉の重みを受けとめることはできますか。そして私たちと付き合って行くことはできますか？　彼女は私にそう問いかけていた。

テツオさんの指摘は、〈絆〉に対して、この時の私が逃げの姿勢を取っていたことを鋭く言い当てるものであった。だが、一座の人々の公私を貫く〈絆〉は、逃げ道をゆるさず、私という人格に、全体的な参加を求める。そしてそれは、私にとってあまりにも重々しい要請に思われたのである。

あくる朝、仕事を終えた私はほとんど逃げるようにして宿舎をあとにした。〈絆〉に向き合い付き合いを深めて行くのか、それとも相変わらずそっぽを向いたまま縁を絶つのか、私にはこの二つの選択よりほかには残されていなかった。

4 〈絆〉

一座に住み暮らす人々は、互いに親しく呼びかけあう。そこで、呼びかけあう当事者は、自分自身を外側から眺め、親しい呼びかけあいを可能とする一座という〈絆〉そのものを改めて思い直すことはない。つまり、呼びかけ合う人々は、一座の〈絆〉の只中に自らを没入させているのである。一座の〈絆〉の持つ特別な性質をみどりさんは自身のライフストーリーを話すことによって思い出したが、それは一座の〈絆〉に対し私が「異議」を述べたことによって可能となったといえる。この時みどりさんは、私を媒介することによって、一座という集まりの特殊性に思いを馳せていた。みどりさんにとってその特殊性は、子供の頃の「学校」にまつわる経験として語りうるものであった。また、彼女はすぐあとに、死ぬまでともにあることを〈絆〉の特徴としてあげてもいることは重要である。

また、すぐ前で、私は〈絆〉の以上のような特徴が、なにより私に対して話されたという事実を「極めて重い」と表現した。すなわち、みどりさんは、私の「異議」の背後になんらかの問題を認めており、自身の経験を話すことによって、それを私に伝えようとしていたのである。その問題は次のようにして私に伝えられた。まず、「学校」についての経験は〈絆〉の次のような特徴を明らかにしている。「学校」に通うのが叶わないことは、〈絆〉によるみどりさんの自由の束縛を意味する。「学校」に通うことは、〈絆〉の繋がりから一時的に離れることを意味するが、それは〈絆〉の持つ特徴、すなわち参加者自身の全体的な没入に対する脅威となる。〈絆〉では「滅私奉公」という言葉から思い起こされるように、「私」を徹底的に押さえつけることが求められる。〈絆〉の規範として、「抜けを打ってはならない」と謳われることがあるが、彼女にとって「学校」に通うことは、「抜け」ることを意味していた。もちろんこれは〈絆〉を「私」の立場からの見解であり、一面的である。たとえば〈絆〉が誰にでも開かれており、たとえ氏素性の明らかでないものが突然訪れたときにも、よほどの危険人物でないかぎり、人々はすんなりとその人を受け入れる。みどり姉さんの言葉を借りれば「来るものは拒まず、去るものは追わず」といえるだろう。久田恵は先述の著作のなかで、サーカスにアジール（非難場所）としての意義を認めている。一座の場合にも、私を含む多様な人々がこれまで出入りしてきたが、彼らにとって一座はまさに掛け込み寺としての役割をもっているということができるだろう。

彼女は私の態度に、このような「私」的な振る舞いを飛び越えて〈絆〉のなかに飛び込むことができない不自由さを認めていた。そして、この不自由さの背後には、私を含むひとつの世代が抱えるつぎのような問題がある。

その問題は「私」が都市的な人間関係に馴染めなかったことに由来するものである。「私」の故郷はある地方都市だが、上京したのをきっかけに、見知らぬ人たちの中で生きて行かなければならないことに気づき、戸惑いを覚える。「私」を取り巻く繋がりは、予想のつかないほど複雑で、身を任せてしまったとたんにどこか遠くに連れ去られてしまう不安に常におびえていた。けれども、「私」はそのなかで日常をやりすごさなくてはならず、ここにジレンマが生じる。そのために「私」は人と交わるとき、極めて曖昧に付き合いをやり過ごそうとする。自分の判断を宙吊りにすることによって、他者との衝突を避けようとするのである。そして、こうした宙吊りができるのは、彼が閉じこもるための「私」的領域があることは言うまでもない。

だが「私」のなかには、かろうじて理想や希望を遠くに見据え、自分の判断で生きて行くことが大切であるという記憶が残っていた。そして、「私」はそのような自分を叩きなおすような〈絆〉をずっと求めていたのであった。「私」にとって、ある時偶然目にした一座の〈絆〉は魅力的に思えた。公私の区別のない、直接的な関係のなかに身をおけば、「私」的領域に閉じこもりがちな彼を鍛えてくれるかもしれないと思われたのである。だが「私」はそれまでの殻をやぶり、「親方丸抱え」の世界に自分の全てを委ねることが出来なかった。

宿舎をあとにした私は、自分の殻を破ることができないままにこうしてまたも不安な日常に戻っていた。

二〇〇二年五月　青森

桜の季節、私は四度目の青森を訪れていた。一座の人々とのつきあいは、秩父から数えれば四年目を迎えている。駅を出たあと、私は一座の待つ宿舎へと向かった。途中にはこれまたいつものようにあざやかなテントが軒を連ねている。

別れたあとしばらく、私は連絡を絶っていた。そして自分の問題を、日記の記述をたよりに確かめようとしていた。何度かお詫びの手紙を送ったこともある。だがしばらくのあいだいっこうに返事がなかった。

みどりさんから久しぶりに連絡があったのは、明くる年の春だった。人が足りないから手伝いに来てほしいという言葉を聞いて、「救われるなあ」と思わずにはいられなかった。こうして私は再度一座に参加することになった。

今にいたってようやく人々の〈絆〉に素直な気持ちで向かい合うことができるような気がする。人々の呼びかけにたいし、精一杯煮詰めた自分をぶつけて行けば後悔することもあるまい、というようなすっきりした気分である。

無論これは私の側の考えで、一座の人々が本当にそう考えているのかということは分からない。たしかに、旅の最中、意見の食い違いから衝突が起きるのもしばしばだ。けれどもたとえ衝突があったとしても、その言葉や振るまいが私の精一杯だということを一座の人々はそれなりに認めてくれているように見える。予想外の事態を恐れず、その時々の判断を精一杯煮詰めたうえで、最後は自分を丸投げにする。「親方丸抱え」ということばがあるが、一座の人々は、そのように自己を投げ込もうとする私を、すんなりと受けとめてくれる。そう気づいた瞬間、〈絆〉の真実に迫っているように思われた。呼びかけ合うことの心地良さに、ようやく気づかされたのである。

死を確かに後ろに感じながら生きる
――現代若者の死生観と情念

樫尾直樹

「エロティシズムとは、死にまで至る生の称揚である」
（ジョルジュ・バタイユ『エロティシズム』）

「死ぬ時の〈時〉というのは人間の〈最高の時〉です。すなわち、どのように死ぬかということが大切なのです。死を経験する中で、皆さんの最後の精神とか人格がそこで作られるのです。だから、死は終わりではなく、最後の成長をうながすところ、逆説的にいえば、皆さんが死に直面した時、死をどう生きたかということが具現化されるのです」
（日野原重明『いのちの終末をどう生きるか』）

1　体験――近親者のいくつもの死

「いま……お父さん………」

携帯電話の向こうの妻がそう告げたとき、ぼくは義父の死を大学の校舎の廊下で知った。

義父の死が近いと聞いていたので、宗教社会学の授業中に、臨終を知らせる電話が入るかもしれないからそのときは電話に出ることを許してほしいと、あらかじめ学生にお願いしておいたのだが、まさにその授業中に携帯が鳴った。

「そうか……わかった………。授業が終わったらすぐ行く」

そうとしか言えなかった。

ぼくが人の死を直接体験したのは、中学一年生のときの曾祖母の死だった。九〇歳近かった曾祖母は数ヶ月間、自宅で寝たきり生活をしたあと、老衰で死んだ。家が商売をしていたので、家政婦さんが彼女の世話をしてくれていたが、あるとき家政婦さんは、ぼくと三つ下の妹を呼んで、曾祖母の手をにぎって引っ張るように言った。家政婦さんは脱脂綿に水を含ませたものを曾祖母の唇に当てていたが、ぼくはそのとき、人が死にいくのに立ち会っているとはわからなかった。あとになって、あのときもう少しばあちゃんの手を強く握って、もっと強く引っ張ってあげればよかったと後悔した。ただ、いずれにしても曾祖母は逝ってしまった。

そのあと、学生時代に、ぼくをとてもかわいがってくれた祖母の弟が死に、結婚した年に祖父が死に、その四十九日に、十二年近く病床に伏していた父がいっしょに逝ってしまった。そして最近では母方の祖母が死んだ。

誰でも年をくえば近親者の死に直面するのは当たり前だが、ぼくの親しい友人には父親が早死にしたやつが多いうえに（六、七割は二〇歳代までに父親を亡くしている）、近親者を比較的早めにかつ多めになくしているのではないかと考えると、たまにある運命を感じたりもする。

二〇〇一年四月一八日に義父が亡くなったときも、ぼくはふとそんなことを感じた。

ただ、これはたったひとりの人の死にしか立ち会ったことのない自分の推測でしかないけど、何人の死に立ち会ったからといって、ぼくが感じた運命以上のものを感じることはできないじゃないかとも思う。つまり、自分の目の前で誰かがいままさに死んでいこうとしているとき、手を握って、頬に触れて、その人の死に寄り添いながら、「そのことをいっしょに経験」する（伊丹十三『お葬式』）ことしか（も）できないんじゃないだろうか。

人の死に何らかの形で出会ったことのある人ならわかると思うが、〈死〉は、自分も含めて誰の死も経験できないというある空虚さ、虚脱感を、その場にゆるやかに流れる風を感じるようにして感じるしかないある特別な時空であり、「そのことをいっしょに経験する」ことの不可能性を経験することしかできない場だ。

この国では義父が死んだくらいでは同僚に香典を渡すことはないほど社会的にたいしたことはないらしいが、ぼくにとってはある独特な〈重さ〉があった。義父の死はいろんな意味を持ち喚起したけど、こうして〈死〉についてしみじみと考えさせられる大きなきっかけになった。

2 問い――共同性と死の経験のモメントの不在から

こうした経験を思い出しながら、いま一度静かにぼくが出会ってきた近親者の死から〈死〉について考えてみたい。なぜなら、ぼくにとっての〈死〉のリアルはとりあえずそこにしかないからだ。

こんなふうな物言いは、研究者がすることじゃないのかもしれないし、それにしてもすごくナイーブだと、他人から言われる前に自分から言っておかざるをえない。死をめぐる深い体験をしたことがない奴の素朴な感想だと思われるむきもあるだろう。

でも、そう思われたとしても、こうしたところから出発するしかない。「戦死者」「戦没者」とか「慰霊」「靖国」、あるいは「アフリカの餓死していく子供たち」といった問題はそれはそれでとても重要な問題だということは十分わかっている。あなたはイマジネーションがないと非難されようとも、そうした大きな言葉で最初から自分の〈死〉をめぐる問いと体験をくくってしまわないで、その直前で立ち止まって自分の「リアリティ」を日常生活から見据えること。ぼくにとってはまずこれが大切だと思う。というのは、ナショナリスティックな事象や国際的な事象とぼくらの生活とは密接な関わりがあるにもかかわらず普段の日常生活でそれをヴィヴィッドに感じて生きることが困難になっているという状況、つまり関係性が見えなくなっている情況にあって、ぼくらがまず拠って立つことのできる根拠、足場はまずもって普段の生活実感、生活感覚に求めざるをえない。

このように言わなければならないのにはもっと深刻な事情がある。つまり、人が生き生きと充実した生を生きているという実感を他人と分有できていれば、わざわざ生活実感とか生活感覚が大事だと主張する必要はまったくないということだ。ぼくはこの情況にこそ、現代人の生のある突出点、特異点があるのだと思う。

この現代人の生の突出点とはいったい何だろう。

ここで考えたいのはこのことだが、大づかみに先取りして言うと、死の経験のモメント（の解釈）がないために、生き生きと生きること（体験に意味を与え、シェアすること）が難しくなっているということだ。

子供が大人になるための通過儀礼、イニシエーションが、当該民俗社会や宗教社会の解釈＝実践体系に基づいてうまく行われれば、子供としての古い自己が死んで、大人としての新しい自己に生まれかわったという実感、象徴的な死と再生のイメージを大人になる人たちに与えることができるだろう。でも、現代社会では、近年の成人式の妨害、中止に見られるような一種の喜劇の例を持ち出すまでもなく、イニシエーションの機会が奪われ、消滅してきている。それに、かろうじてそこに古き良き時代の臭いを残しているかに見える新入社員研修や管理者養成研修のシゴキやバンジージャンプなどには、そうした社会・文化的、宗教的効果は期待できない。お金で物を買うように、あるいは観光旅行で歴史的な文化遺産を訪れるように、あるいは儀礼にイヴェントとして参加するように、そうした行為は、特定の文脈を無視し、越境したアドホックな行為でしかなく、そこに死と再生という特定の意味を与えることはできず、逆に言えば恣意的なあらゆる意味に開かれている。

この点で、いい歳をしたぼくも、空虚な死のつかみ所のない雰囲気を前に、大人になることができないでいるのだと思うし、その意味でぼくはイニシエーション不在の現代の若者と同じ境位にたたずんでいる。もちろん、自覚をもって社会で働き始め、自分のつくった家族といっしょに生活を共にしている分だけ、つまり失うものが多い分だけ、失業とか家族の崩壊といった具体的な生活の〈死〉を身近に感じることができる。でも本質的なところでは彼らと変わらないこともまた確かだ。

ケン・ウイルバーはこうした世界状況を「フラットランド」と呼んだ。生と死、聖と俗、日常と非日常といった二分法的な起伏のある世界ではなく、のっぺりとした平板な単直線的な世界では、生と死のヴィヴィッドな実感という支点がない。ポスト・モダンとかグローバル化とかいった「脱文脈化」の語彙群で表現されてきたこうした世界状況の下では、象徴的な死と再生という装置は、ぼくらの生活空間のなかにはすでになく、もはや文化人類学的な言説のなかにしかないのである。

イリイチやフーコーの言をまつまでもなく、象徴的な死だけではなく、現実的、物理的な死もぼくらの生活から遠ざけられ、隠蔽される傾向にある。ホスピスやターミナル・ケアはたしかに少しずつ医療社会に浸透していっているものの、多くの人は病院で死に、いまそこの病床で死に至らんとしている家族がいても「臨終」の場で死にゆく人といっしょに〈死〉を生きることもできないことが少なくない。

このように現実的にも象徴的にも死の経験が不在であり、人によってはその不在すら自覚されず欠如していることもあるといった精神の荒地こそが現代の死生観を特徴づけているのではないか。ぼくの経験で言えば、義父の死とそれによって喚起された父の死は、どちらも悲しみを超えたところで、あるいは悲しみの奥底で、その死の〈重さ〉と同じ重量の〈軽さ〉としか表現のできない、いわば自分の生とはほとんど関係がないというリアリティを現前させた。

生を感じるには死を意識しなければならず、死を感じるには生を意識しなければならない。生と死というこの二分法は、だからといって対称的なものではなく、絶対的に非対称的である。それはバタイユが言うように死は経験することが不可能なものだからだ。だから、死の経験のモメントがないことが、生き生きと生きられないことの直接的な原因となっているわけではない点に注意したい。死の経験のモメントは、生の可能性と不可能性をさしあたり宙吊りにしながら、自分の死を死ぬことができないという死の不可能性の事実、そのネガティブな事実によってのみ生を露呈させるのである。

「死の経験のモメント」や死生観と言えば、宗教の十八番だと多くの人は思うにちがいない。じっさい、宗教は、死や死後の世界について語り、葬式を司ってきたし、もちろんいかに生きるべきかを語ってもきた。宗教学者の柳川啓一にならって言うと、宗教とは、死、供犠、イニシエーションに深く関わっており、そのいずれも広義の死をモチーフにしている。しかし、面白いことに、たとえば現代日本の宗教、特に新宗教は、その生命主義的救済観ゆえに、生に対してプライオリティを置くため、結果として死に真正面から対峙する思想と実践がない。死の明確なヴィジョンと死への態度の不在は、たとえば若者がオウム真理教に惹きつけられる誘因となった、とぼくは考えている。死を超えるにしても、死を経験するにしても、死を真正面から見据えるクールな態度をいかにして獲得し、言葉の真の意味で「生きる」ことができるか。一部の例外を除き、ほとんどはこの難問に答えようとしてはいない（樫尾直樹「儀礼とその効果——現代日本新宗教に見る死の問題」『宗教とアイデンティティ』〈韓日宗教研究FORUM創立記念国制学術大会、韓国精神文化研究院〉、二〇〇一年、一一二—一一九頁参照）。

宗教的な行をしても、ワールドカップで熱狂しても、祭りで盛り上がって鯨飲しても、身近な人の死に立ち会っても、死体を間近に見ても、体験の不可能性ゆえの死のインパクトを持続させて生きることは難しいだろう。というのは、ほとんどいつでもフラットな日常生活が死のインパクトを切断し、神仏や教祖といった聖なる存在やナショナルなものといった個人を超越した価値や理念や感情に自らの心身を捧げられない多くの人たちを、いつもの人間関係が作り出す「現実」に引き戻すからだ。

この意味で、象徴的な死と再生の宗教・文化装置は、現代においてはあまり意味がないのかもしれない。それは、他人とのコンヴィヴィアルな共感、共振の地下水脈が枯渇しているからなのだろう。「精神の荒地」とはこのことだ。そんなときはその地下水脈の水の臭いをたどりながら、でもたったひとりで進まなければならない。

生き生きと生き、生き生きと死ぬこと、つまり生と死にやさしい意味を与えることが困難な時代でも、それでも生も死もそれなりの形でそれぞれの人の人生のなかにある。生きにくく、死ににくい現代人の生と死の観念の突出点に触れるために、ここでは、ひとりで地下水脈の水の臭いをたどろうとしている二十歳前半の三人の若者たちの死生観に耳を傾けてみたい。彼（女）らは、いずれも大学生で、漫画『軍鶏』（原作・橋本以蔵、画・たなか亜希夫、双葉社、二〇〇二年八月一八日現在、単行本一六巻刊行、部数三〇〇万部以上、『Weekly漫画アクション』連載中）を愛読している。この『軍鶏』をたたき台にして彼（女）らの〈死生観〉について語ってもらった。

自分をどう表現したらいいのか、自分のなかでいろんなことを抱え込みやすく、なかなか出口が見つからない。フラットランドとはまさにこのことだが、彼（女）らの話を読み聞きながら、そんな世界に生きる彼（女）らはある意味で「昔の自分」であると同時に、「今の自分」でもある、と発見した。

3　死生観——死を確かに後ろに感じながら生きる

「現在、生キテイル人間の中で、いったいどれくらいの人が、〈死〉を真正面から見据えて、生きているのだろうか。多くの人が、おそらく、身近な人間の死や自分自身が生死の境目に立たされたという体験をしているとか、そういった機会がなければ、中々〈死〉ということを実感して生きることはないだろうと思う。しかし、生きるということ、人間であるということは、〈死〉を確かに後ろに感じることにより、『生きる価値』を初めて知ることができるのであり、『死の意味』を知ることになるのだと思う」。

まだニキビ痕の少し残るレイヤードカットの樫原由紀子は、彼女の生と死の観念についてこう語った。

二十歳そこそこの時分で、死を意識することなどそうないものだ。ぼくの場合もそうだったと記憶している。でも、由紀子はかなり違っていた。彼女は、高校時代に何度もリストカットをして自殺をしようとしたことがあり、比較的死が身近にあったとも言える。そんな由紀子が、男友達から紹介され、「ハマった」のが『軍鶏』だった。

「その日……／少年Aは両親を殺した／真夏の昼下がり………／少年Aはナイフで両親をメッタ刺しにして殺害した／静閑な住宅街の一角で／その事件は起きた………」

比較的裕福な家に生まれ育ち、東大合格間違いないと言われていた高校生、成嶋亮は、両親を刺殺し少年院に送られた。亮はそこで、思想・殺人犯の番竜会の空手家、黒川健児を通して空手と出会い、院生活の中で自らを守り、殺されないため、必死に空手の訓練をした。数年後、退院した亮は、空手家としての資質を開花させ、ストリートや大会でより強い者に闘いを挑み続けた。そして、番竜会空手重量級現役最強の菅原直人を最終的敵として闘いを挑み、公式大会では敗れるも、その後の結果に満足しない菅原から申し込まれた果し合いでは勝利する。壮絶な闘いの後、亮は単身、中国、上海へ渡り、そこで賭け格闘試合で闘いを続ける………。

（『軍鶏』は一般的ジャンルから言えば、格闘技モノである。しかし、「十七歳の犯罪」というテーマやその異常に過激すぎる攻撃、闘いの展開・描写、そして死と生についての省察などの点において単なる格闘技モノを超えている、と読者は考えている。ぼくがここで、『軍鶏』を媒介にしながら若者の死生観を抽出しようと思ったのは、比較的若いときは自分の死について直接的に考える機会が多くないことを考慮したからであり、読者が成嶋亮の生き方や思想、彼の置かれた社会状況に対する感覚に共感、共振し、自らの生き方を模索しながら、あるオルタナティブなリアリティを構築しようとしている点に、現代世界のオルタナティブなスピリチュアリティの生成のひとつのタイプを読み取ることができるのではないか、と考えたからである)。

ブラックミュージックが好きでどこかユニセックスな感じがする香芝ひとみは、普段は無口なほうだが、次のように熱く語っている。

「亮の空手はスポーツではない。それは生命のやり取りであり、常に死と隣り合わせである。彼がこのような死闘を好むのは、『殺さなければ殺される』からである。生きるために、生きている、と感じるために、殺すのだ」。「まったりと生きている我々にとって、過剰なまでに〈生〉に執着し、真摯にその意味を求める主人公」「にとって〈死〉を間近に感じること以外に、己の〈生〉を実感する術がないのだろう。両親を殺したのも、生きている心地がしなかったからであり、両親によって自らの〈生〉が押し込まれている気がしたからなのだろう。彼にとって空手とは〈生〉そのものなのだ」。

由紀子にしてもひとみにしても、現実世界に意味を与えているのは死のモメントであるという解釈をしている点で共通している。亮の抱える現実の生の切迫感を自分のそれに重ねながら、ただ「生キテイル」だけの人間、「まったりと生きている」自分を批判的に捉えて、そこから「死を確かに後ろに感じながら生きる」という生き方を肯定的に評価し、〈死〉に〈生〉の根拠を求めている。

でも、その根拠はあくまでも自己のなかで内閉し、完結しているように見え、自決的な色彩が濃いように思われる。

ファッションからもすぐわかるヒップ・ホップ好きで、〈アンダーグラウンド〉という言葉に強く惹かれている生駒春樹は、彼女たちに対して、〈殺される〉というキーワードから、『軍鶏』をこう読む。

「この漫画で一番核となっている言葉は〈殺される〉だろう。なぜ主人公、成嶋亮は親殺しをしてしまったのか。彼の家庭は、他人から見れば何の申し分もない理想像として映ったはずだ。亮は裕福な家に生まれ、東大合格まちがいなしの成績、そして何より殺された両親は彼を愛していた。そんな彼の殺人の動機をして語られた言葉は『このままでは殺されてしまう』というものだった。そして妹の夏美も両親が嫌いだったといい、『心が殺される』とも言っていた。さらに亮の働いていた売春斡旋グループのリーダー格、山崎は野球少年だったとき、審判の判定にキレてバットで殴ってしまう。過去を振り返り山崎はこう言う、『ずっと殺されてきた』と。／〈殺される〉とはどういう意味なのか。もちろん、文字通り生命を絶たれるという意味ではないだろう。だがぼくはその意味が実感をもってわかる気がする。／自己に対する意識には二通りあると思う。ひとつは社会的に自分を見る社会意識、もうひとつは純粋に自己から発せられる自己意識である。大抵の人間は両者の区別がつかず、社会意識を自己意識と捉えているのではないだろうか。普通、趣味趣向は純粋に自己から起こるものではなく社会によって規定される。みなが人間の本能だと思っている性欲でさえ、ある程度社会意識によって増幅されているだろう。人は社会生活を営んでいく過程で、自己意識は社会意識に変容させられていく。思うに、亮たちは自己意識が人より強く、それが変容されていくことに気づき、その痛みに耐えられなくなったのだろう。〈殺される〉と感じた彼は、自分を守るために、生き抜くために両親を殺すしかなかったのだ」。

春樹がここで語っているのは、自己の社会学的規定である。「自己意識」と「社会意識」という対語を使いながら、社会化、規律化される自己の不自由さを自己の〈死〉と考えている。〈死〉が〈生〉を根拠づけ、充実させるというポジティブな見方ではなく、〈死〉をとてもネガティブに捉えている。社会性に対する着目という点で、自閉的な自己のあり方から脱しているけれど、〈生〉の実感というよりもむしろ〈死〉からの逃走を重要視している。自分自身の生き方と密接に関わっているからこその見解だが、この点については後で触れることにする。

三人の生と死のイメージのベクトルの差は、彼（女）ら自身が置かれた環境とそこから紡ぎだされる生き方の違いが反映しているのだろう。ただ、共通しているのは、彼（女）らが想定する〈社会〉のあり方、常識、なんとなく「まったりと」「生キテイル」ふつうの人たちの生き方には共感できず、そんな生き方をしていたのでは、生きてもいないし死んでもいない、とても「ぬるい」生き方しかできない、自分はそんな生き方をしたくないという点だ。

もうひとつ共通して観察されるのは「死の意味」だ。春樹は自己意識の変容の痛みを〈死〉と解釈したが、由紀子は同じようにこう語っている。

「亮は、両親を殺害したという事実、それに対する世間からの非難、いじめ、重圧との中で、『死の意味』を知る。それは、身体の死ではなく、心の死である。亮は、心を殺されないようにと少しずつ力をつけていく。そして、自らが鍛え上げた肉体を酷使し、〈死〉を真正面に見据えながら、必死に生きていく。〈生〉への執着さえ、そこには感じられる。／そうしてまで、彼を突き動かしていった力とは何であろうか。漫画だからさ、そういう風にしなきゃ、話すすまないじゃん？ と言ってしまえば、それまでだけれども、そうではなく、彼を突き動かしていたもの、それは〈死〉であると思うのである。『死の意味』を知っているから、感じているから、彼は『生きる価値』をそこに見出していったのだと思う。普通、現実にこのような話があれば、その少年Aは、狂ってしまうかもしれない。さまざまな重圧に耐え切れなかった結果、狂って罪を犯してしまうか、一時の感情の高まりで犯した罪の重さに耐え切れないで、狂ってしまうか、順番はまちまちかもしれないが、狂ってしまう少年の方が多いだろう。そこに普通の少年と亮との違いを感じた。彼は、どうして狂わなかったのだろう。どうして、橋本以蔵はそのような内容にしなかったのだろう。／分裂症、精神異常、自閉症、キレる少年……正常な精神を保ち、自分をコントロールする者と彼らの違いはなんだろうか。精神的な脆さ、傷つきやすさの違い、それを大前提の話として考えると、自分を受け止めるかそうでないか、現実を受け止めるかそうでないかだと思う。自分を見失わないことは、理性を保ち、感情をある程度までコントロールし、取り返しのつかない罪を犯さないことだと思う。成嶋亮が、あのような事件を起こし、狂わずに生きていったのは、〈死〉を真正面から見据えて、〈生〉から目を逸らさなかったからだと思う」。

〈心の死〉。これが親殺しを正当化できるとはぼくは思わないが、大切なのは、彼（女）らの亮に対する共感の地下水脈に水が流れるほど、魂が抑圧されることがあるのだ（あったのだ）という自己認識を彼（女）らは持っているということだ。

ひとみは、この点について次のように語っている。

「また、菅原直人vs成嶋亮はまさしく陽と陰である。世間から迎えられる者と拒絶される者、すべてを持つ者と何も持たない者、彼らをサポートする面々も、表社会で成功する者と、裏社会でひっそりと生きていくしかない者に別れ、二項対立をより際立たせている。要するに、『負け組が勝ち組を倒しに行く』というストーリーなのである。こういった構図において、我々は往々にして負け組に好意を持つ。というのも、今日のような閉塞した社会の中で行き場のない不満を抱えている我々にとって、このような分かりやすい下克上的な構図は受け入れやすいと思われるからだ。また、負け組のほうが、燻し銀というか、魅力的な人物が多い。この中では黒川健児などがその良い例である。／ひとこと言っておきたいのは、この対立が善と悪ではないということだ。というか、成嶋亮は、悪ではない。確かに実の両親をメッタ刺しにし、自分を危険に晒す者には容赦なく惨忍な行動に出る、と言えば、社会通念上は悪なのだろう。しかし、善悪とは相対的なものであるし、彼もまた現代社会の犠牲者なのだろう。そして、日々鍛錬し、より強くなっていくことで彼は自分の〈生〉に対する何らかの回答を得ようとしているのではないだろうか」。

うーん、ニーチェの『善悪の彼岸』に通底している、というのはうがった見方だろうか。

春樹はまた、社会的な死を自律性というポジティブな視点から評価し、自分もそのように生きたいと願っている。

「亮は少年院でも生き抜く努力を強いられる。そこの少年院で大きな力を持つ男に犯され、その取り巻き連中からも悲惨ないじめを受け続ける。亮はそんな彼らに屈せず生きようともがいた。そのために、ひ弱だった彼も空手を身につけた。自己というものを誰にもコミットメントしない、そんな強さが感じられる。ぼくがこの漫画で一番好きなところは、そういった社会に抗して生きようとする力である。／社会にコミットメントしないで生きるということは勇気がいる。なぜなら、社会に甘んじることなく生きるということはまた、社会の恩恵にも与れないからである。いやそれどころか、社会に準じようとしないその男に、世間から常識やら法律やらといったさまざまなかたちの暴力を受けることになるかもしれない。空手の大会において自分なりのやり方で戦った亮は、観客から卑怯者と非難の大ブーイングを受ける。それに対し亮は、俺は勝った、文句あるかと観客に吠える。そのときの彼にはやはり強さがあると思ったが、同時に社会から受け入れられない悲しさと怒りにも満ちていたように思う」。

ひとみも春樹もシビアな現実を生きているんだなと、その熾烈さと悲壮さをしみじみとぼくは感じた。

家族も、死後の世界もなく、輪廻転生もなく、ただひたすら自分個人の現行の生を必死に生きる、生きようとする、生きたいと思う。死を確かに後ろに感じながらではあってもただひたすら切迫した生を自己が生きる、心を殺されないために。これはある意味で生命一元論であり、宇宙やサムシング・グレイトに生かされて生きるのではなく、死を見据える自分が生きる新しい生命主義と呼んでもいいかもしれない。単調な退屈な常識的な日常から脱したいという希求は、そのベクトルを先鋭化させるが、そのリズムと世界空間の形状は相変わらずフラットで単直線的である。この合わせ鏡のような関係にぼくは自分を見つけ、そこにある悲しみと希望を感じることを禁じえなかった。

4　生き方――人間と悪の観念

「悲しみ」というのは、彼（女）らの死生観が、自分たちが批判し脱出したいと願っている世界のあり様のうつし鏡だということであり、「希望」というのは、彼（女）らの死生観が青春の一コマであってほしいというのではなくて、フラットで単直線的なベクトルはその運動のスピードが現行の社会に勝れば、きっとタイムマシンのようにこの社会を変革する原動力になるのではないかということを意味している。

彼（女）らの死生観は自分たちの理想の生き方を示しているのであって、その理想は当然のことながら現実の生活環境や態度とは大きく隔たっている。ぼくには守るべき家族があるから、自分の肉体の物理的な死はいつも不安で、日常生活での死の危険はできるかぎり避けるように生きている。普段の生活で肉体の危険についていつも意識してる？という質問に、「あまり意識してない」というひとみの答えがぼくと彼（女）らとの違いを象徴している。

死んだこともない、あるいはニア・デスを体験したこともない人間にとって、死生観はいつも理想的、当為的なものであるのは当たり前のことかもしれない。そして、彼（女）らもそれをはっきりと意識している。

『軍鶏』という、少々ディープな漫画が人気を博しているのは、格闘シーンの緻密な描写もさることながら、まったりと生きている我々にとって、過剰なまでに〈生〉に執着し、真摯にその意味を求める主人公の姿が、新鮮であり、かつ魅力的だからなのだろう。〈生〉をまっとうしない安易な生き方に喝を入れられるような思いがした」。

こう語るひとみに対して、春樹は自戒の念をこめて次のように言う。

「最近、ぼくは社会に甘んじて生きている自分に気づいてきた。親父にもそういう教育をされてきたような気がする。大人になるというのはそういうことなのだと。しかしそんな生活は楽しいだろうか。確かに楽ではあるんだろう。だが『心を殺され』て生きてきたと思い至ったとき、何の行動もとらなかったという後悔で苦しめられはしないだろうか。／気がつけば何の根拠もない倫理観に支配されている。どうして電車の中で携帯で話してはいけないのか。うるさいから…………それならば携帯といわず、そもそもしゃべること、声を発することが禁止されるべきである。ペースメーカーなどに悪影響を与えるから………それならば電車内といわず、そもそも人ごみの中での使用が禁止されるべきである。電車内での携帯の使用を禁止することになんら合理的根拠など無いではないか。単に社会でそう決められているからというだけで、従わなければならないという常識が出来上がっている。それが秩序だといってしまえばそれまでだが、しかし無条件に受け入れるというのはいかがなものだろうか。／最近、みんなそういった自分に気づいているのだと思う。しかし自らの力で生きようとする勇気は無い」。

「ただ漫画を読むか、自分の犯した罪に対する罰の話と読むか、格闘技のバイブルとするか……それは人それぞれだと思うけれども、ただ生キテイルだけの現代人の中で、彼のように、〈死〉を感じ、痛みを知り、〈生〉に執着して生きることが出来るのならば、自分自身の可能性を諦めないで生キルことなのかもしれないと、私は感じました。本当に〈生〉に執着して生きることは、とても難しいことだと思う。死んでしまえば楽なのにとか、あぁもうどうでもいいじゃんとか、簡単に諦めてしまうことが多くて、今がよければいいと投げやりにただ毎日過ごしているのは、死んでいることと大して変わらず、生きているのかどうか自分自身わからなくなってしまうことも多いから」。

自分のこれまでの生き方をこう反省する由紀子も同じように、現実と理想とのギャップを語る。

こうした彼（女）らに対して、死に対する具体的なイメージはなく、きわめて観念的だと批判して済ませることはできないだろう。亮のように生きられないのは当たり前で、同じように生きたらただの犯罪者になってしまう。だから、彼（女）らの生き方の指針に対して、人生を知らない希薄なリアリティというありきたりな言葉で批評することはできない。空虚というよりも、そうした形での生を生きている、ということなのだ。

以上を前提として、彼（女）らの死生観とその現実とのギャップから人間と悪の観念を摘出することにしよう。

「人間の性は〈悪〉だ」と発見したのは成嶋亮だったが、由紀子は「ただ生キテイルだけの現代人」という表現で、ひとみは「『生』をまっとうしない安易な生き方」という表現で、春樹は「自己意識は社会意識に変容させられていく」という表現で、現状の人間の存在形態を認識しながら、『死』を真正面に見据えながら、必死に生きていく」、「自己というものを誰にもコミットしない」「社会に抗して生きようする」、「過剰なまでに『生』に執着し、真摯にその意味を求める」という、死を見つめて必死に生きていく自己を人間の本性とみなしている。社会規範や価値観の解体は、社会の中に包まれて生きているという感覚を阻害するので、「生かされて生きる」「生かされている」という感覚は持てないのである。日本の形式主義的個人主義という荒地の中でとてもシビアな生き方を強いられている現代人にとって重要なのは、あくまでも生きていく自分であって、そこには連帯や絆を前提として生きるという感覚はない。これがある悲しみの感情を喚起するのだ。

こうした人間観からは、悪の社会的次元は導き出されない。ひとみは、「自らの『生』が押し込まれている」感覚、あるいは「押さえ込まれている」感覚、自分に「真綿が乗っている」感覚という表現によって「悪」の状態を説明している。それに対して、春樹は、〈殺される〉ことがこの作品の中心テーマであるとしながら、社会（意識）によって「自己意識が変容させられていく」状態を「悪」の状態であるとみなし、由紀子は、「身体の死ではなく、心の死」こそが〈死〉であるとしながら、それを別のところで「一番言いたいことが言えない、殺されている」状態を「悪」の状態としている。彼女はそうした理由から今まで何度か手首を切って自殺を計ったことがあると告白したのだった。つまり彼（女）は、悪を自己の心の自由な発現が妨げられることとしているのである。

彼（女）らの人間と悪の観念に共通しているのは、死生観の理想と現実とのギャップを自覚しながらも、あらゆる困難に抗しながら自己の可能性を開花させていく生き方を善とする理想である。くり返すが、ここには生の場面にも死の場面にも他人が見られない。

では、死を見据えながら生き生きと生きようとするときに、他人との共同的次元を彼（女）らはまったく捨象しているのか。他人との共振、共感の地下水脈の水の臭いをまったく感じていないのだろうか。最後にこの点について考えてみよう。

5　冷たいパッションのゆくえ
——生（活）感覚の形式の再編成！

春樹は、「この社会で、亮のような生き方をそのまますることはできないけど」としながらも、「じゃあ、これからどんな生き方をして行くつもり？　ぼくは、来年から空手を始めようと思っているけど」というぼくの質問に対して、「親父はとにかく人に迷惑をかけない生き方をしろ、とよく言うけど、社会に甘んじない考え方からまず学ぶことができるんじゃないかと思っています」と答えた。

明確な救済状態はないが、あえて言えば、救われるという結果を担保することができないかもしれないという認識を持ちながら、今、この瞬間に〈死〉を参照点として過剰なまでに生き生きと生きようとする過程を事後的に振り返ったときに感じられる充実感に彼（女）らの「救い」があるんじゃないだろうか。それが社会的次元を捨象したきわめてエゴイスティックな欲望の表出だと見えるにしても、まずはそのように主体的に生きることを志向しなければ、決して前には進めないのだから、というわけである。

彼（女）らが『軍鶏』を「落ち込んだとき繰り返して読む」のは、むき出しの暴力とその描写と相俟って、成嶋亮という存在に、「社会にコミットメントしないで生きる」「自らの力で生きようとする」、「日々鍛錬し、より強くなっていくことで彼は自分の『生』に対する何らかの回答を得ようとしている」、『生』に執着して生きる」姿に生き方のモデルを見出して、ある力、「力への意志」、救いとしての力を感じるからである。のびやかな自己表現が抑圧されがちな日本社会では、言葉にしたいけど抑制されることや、言葉にならないもの、その他の表現手段で表現する術を持たない者たちは、まだうまくしゃべれない幼い子供のように、体で——彼（女）らなりの「肉体言語」で——表現しようとするが、それすらも禁止、抑制されてきた者たちは、たとえば『軍鶏』のような格闘技漫画を読むという行為で代替するしかないのだ。この点にぼくは強く共感する。

「本はあまり読まないけど、最近少年法に興味を持っていて、将来は弁護士になりたい」という由紀子は、「自分は男とけんかをしても負けない自信があるが、亮は頼りになる。生き方がかっこいい。強い男が好き」と少しはにかみながら最後に語ってくれた。

彼（女）らの以上のような世界観を、単に社会性がないときりすててしまうこともできるが、ここではそうしない。彼（女）らがこれからどんな人生をおくるのかわからないけど、話していて何度も思い出したのは、バタイユやナンシーの共同性に関する議論だった（ジャン＝リュック・ナンシー『無為の共同体』以文社、二〇〇一年）。

ここで見た三人の若者のリアリティは、『軍鶏』で表現されている死と暴力のエロティシズムに共振して形成されている。ぼくはかねてから、超越的存在者や不可視の力、集合的沸騰や生命・身体の不思議を、フーコーにならって、「外」ということばで表現してきたが、「死」の意識がこの「外」という参照点を構成している。スピリチュアリティを「外」との関係性からこの世界を認識、感覚する態度という点において定義すれば、彼（女）らは〈スピリチュアル〉に生きようという欲望を持っていることがわかる。

たしかに、彼（女）らは、じっさい成嶋亮のように死を見据えてこの世界を生きていないかもしれない。そう生きたいと思っても不可視の「世間」が邪魔して、強い生を生きられないかもしれない。しかし、彼（女）らが見ているヴィジョンは、他者との絆が実感しにくく、社会の共同的次元を経験しにくい現代社会において彼（女）らが辿り着いた（辿り着こうとしている）アジールではないのか。共同性の極北は、共有しうるものが何もないという事実を分有することであるという点にあるとすれば、彼（女）たちは、他人に出会うために自己に対してとことんこだわることによって、共同性の構築の要請に応えようとしているんじゃないのか。

何ものも共有することはできないという事実を分有することによって創出される共同性の〈極北〉。何かを共有することから生み出される共同性とは原則として制度的なものである。制度を超えたところで創出される共同性は文字通り不可視だ。お互いが自律していれば、その事実を承認しあっていれば、もうそれだけで十分であり、ある交感＝交通が成立している。もちろん自律の思想のラディカリズムは、他人を極力排除する地点にいたることがあるけれど、まずは自律した生き方を模索する、自己実現が十分遂行できる情況がなければならない。

オウム真理教の出家信者同士は互いに交流することはあまりなかったが、各自がそれぞれのステージで修行に精進していることを確認することによって、ステージをあげる努力をするのに自分を鼓舞していたという。ヨコの人間関係という点では、この例にとても似ていると思う。他人と積極的につきあうことによって共感の場を作り上げようとするのではなく、自分の内面に徹底的に沈降することによって地下水脈を掘り当て、その結果として他人とつながっているという感覚。ダイレクトに自己の外部に向けられることのない、しかしそれでいて他人へのアプローチの欲望を断念したわけではない、この感覚、感情をここでは、他人への熱い欲望を内面という逆向きの（「冷たい」）ベクトルによってしか昇華することができないという点に留意して、〈冷たいパッション〉と呼んでおきたい。

彼（女）らは、死に対する関心を強く表明しているとは言っても、その関心の源泉はそもそも生の充実が感じられないところにあった。とはいっても、ここで見たような現代の若者の世界観に生の独特な形式がないわけではないし、彼（女）らが希薄な生を生きているわけでもない。おそらく、何ものにも変えがたい価値、追求すべき自分にとって崇高な価値があって、それを自分はこの世界で実践して実現していくんだ、というような生のイメージの形式が、現代ではなくなってしまって、より正確には持てなくなってしまっているのだろう。ここからわかるのは、現代が、生（活）感覚の形式の再編成期にあるのだろう、ということだ。たぶん、ぼくらが〈スピリチュアル〉や〈スピリチュアリティ〉という言葉で最終的に表現しようとしているのは、この生（活）感覚の形式の再編成期の変化なのだ。別の言い方をすると、生のイメージの形式が大きく変わってきているので、新しい死生観の核をとりあえず〈スピリチュアル〉や〈スピリチュアリティ〉という外来語で表現しなければしっくり来なくなっている、とぼくは考える。

ここで見た三人の若者の死生観は、バタイユやナンシーの共同性論の荒地を超えて、新しい肥沃な大地＝共感の地下水脈を発見することができるのだろうか。そこが豊かな地下水脈の流れる肥沃な大地なのかどうかはわからないし、おそらく自分たちで耕し何かを流さなければならないのだろうけれど、ぼくは、〈冷たいパッション〉に、「自己」に対する誠実でもなくあざとくもないたんたんとした態度、とはいっても他人に対して無礼だとか冷たいとかいうのではない子供のような無邪気な〈求道者〉の姿に、「希望の現場」「はじまりの予感」を嗅ぐ。

たぶんぼくはそうやって彼（女）らと共に歩むしか道はないような生き方しかできないのだった。

Ⅱ　スピリチュアルな場をつくる

スピリチュアリティは、
特別な技能や力強いスローガン、
卓越した頭脳やカリスマ的人物ではなく、
むしろ私たちの小さな日々の実践の場に宿ります。

プレイフル／ピースフルからスピリチュアルへ
——気づきの場としての学び・ミュージアム・宗教

上田信行＋中牧弘允

何か新しいことを発見したとき、未知の人やものに出会ったとき、だれかといっしょになって何かを創りあげていくとき、僕らはそのこと自体にドキドキ、ワクワクした楽しみと喜びを感じる。その喜びや楽しみは、いっしょに夢中になって何かを創造するプロセスの中で、どんどんふくらんでいって、同じ場を共有している僕らに自分という存在を超えた何ものかをしばしば感じさせる。

これっていったい何だろう。ここでは、そんな何ものかを感じさせてくれる場を〈スピリチュアルな場〉と呼んでおきたい。

上田信行さんは、そんな場をデザインしようと、奈良県の吉野川のほとりに〈ネオ・ミュージアム〉という、これまでの博物館とはまったくちがったコンセプトの出会いの場をつくり、〈プレイフル・ラーニング〉（夢中になってワクワクする学び）をキーワードに革新的な学びのワークショップを行ってきた。

中牧弘允さんは、宗教や会社といったフィールドで、〈共同体〉や〈陶酔〉〈エクスタシー〉をキーワードに、人と人の絆の結ばれ方や幻覚植物による人格変容の体験を観察し、〈スピリチュアルな場〉の成り立ちを研究しながら、そうした研究と体験をもとに国立民族学博物館でいろいろな展示を行ってきた。

この対談では、〈スピリチュアルな場〉を創る最先端にいるそんな二人に、上田さんの〈ネオ・ミュージアム〉の挑戦の話を皮切りにして、気づきの場としての学び・ミュージアム・宗教の可能性について語り合ってもらった。

（司会＝樫尾直樹）

〈ネオ・ミュージアム〉の挑戦

——上田さんは、奈良県の吉野に〈ネオ・ミュージアム〉を創設されて、十年以上もワークショップをやってこられたとお聞きしていますが、どうしてこの活動を始めようと思われたのでしょうか、またなぜ吉野だったのでしょうか。

上田　僕は一九七三年から一年間ハーバードの教育大学院でセサミストリートの研究をしていたんです。そのときに初めて行ったボストンのチルドレンズ・ミュージアムの驚きと衝撃が、将来日本でもこのようなものをつくろうと思ったきっかけでした。セサミストリートもテレビというメディアをつかって、教育に新しい風を送り込んでいたときであったし、チルドレンズ・ミュージアムも参加体験型ミュージアムとして「ハンズ・オン」などの学びの新しい形を実験していたころだったんです。考えてみれば、セサミもチルドレンズ・ミュージアムも両方とも学校ではないインフォーマルな学びの場だったんです。こんなところで次世代の新しい教育の芽が息づいているんだな、ということを当時ひしひしと感じていました。テレビというエンターテイメント・メディアがほんとうに学びのためのパワフルな装置になるのだろうか、また、ただ遠くから眺めているだけの「ドント・タッチ」の博物館から「プリーズ・タッチ」のチルドレンズ・ミュージアムへとミュージアムが脱皮できるのだろうか、ということにこれらプロジェクトの実践家たちは勇敢に挑戦していたんです。僕は、まさにこの「希望の現場」のまっただ中にいたんです。このとき、僕も日本に帰ったら新しい学びの場をつくるぞと心に決めていました。それが〈ネオ・ミュージアム〉です。なぜ、吉野かというと、たまたま母の出身が吉野ということもあったのですが、吉野という場所が持つスピリチュアルな空気感が気にいったんです。じつは吉野で始める前に、奈良県の生駒というところで、ネオ・ミュージアムの活動は始めていたのですが、そこでは、その土地がもっている特別なエネルギーはあまり感じませんでした。でも、吉野にきたとた

上田信行

んに、なにか神秘的なパワーを感じました。ここでは、世界で一番小さなプライベート・ミュージアムを創ったんです。家庭でもない、職場でも学校でもないアトリエ的な「第三の場所」です。そういうものに対して新しいミュージアム、つまり「ネオ・ミュージアム」という名前をつけました。モノが初めにあるのではなく、人がいて活動があって、コミュニケーションができるような、ラボでもスクールでもない、それがネオ・ミュージアムです。ワークショップを中心として、学びとメディアとデザインに関わるいろんな実験をするための場所です。

中牧弘允

――ネオ・ミュージアムで行われているワークショップについてお話していただけますか。

上田　僕たちがやっているワークショップというのは、たとえば僕一人が全部デザインして、それに従ってみんなにやってもらうというパターンではなくて、僕がその日に行うテーマを提案し、みんながそれに対してアイディアを出し合いながら活動のデザインを考え、話し合っていくんです。そこにはデザイナーと参加者の間にはっきりとしたラインがあるわけではないのです。たとえば、子ども対象のワークショップの場合、家族で来られたら、お父さん、お母さん方も巻き込んでみんなで考えていくようなスタイルをとる。そういう意味で、本当にみんなで何かをつくりあげながら、そこでの経験を語り合い、リフレクション（反省）しながら、リアルタイムでアクティヴィティを修正していく。いろんなアイディアがそこで生まれ、その場で創発的に立ち現れてくるようなものをとても大事にしているんです。ですから、すべて事前に用意して計画通りに順番にすすめていくという従来のプランの考え方とはちがって、今日の、今、みんなが旬に感じているヴィヴィッドなテーマを大事にして、その場で出てくることを大切にしながら進める、ダイナミックでイマージェントなアプローチです。みんなで最後まで調整しながらつくりあげていくという緊張感がとても大切なんです。

人力コンピュータ・ワークショップ――立ち現れる共同性

上田　じゃ、まず具体的なワークショップをひとつ紹介させてください。これはヒューマン・パワード・コンピュータ（人力コンピュータ）というワークショップなんですが、かなりハードなんですよね。僕のゼミの学生七名とリサーチスタッフ十名ぐらいが参加して三〇時間ぐらいかけてやりました。みんな、仮眠したりもしてるわけなんですけど、ずーっと続けてやるんですね。学生がコンピュータのメモリ・マネージャーやCPUなどコンピュータの一機能になって動き回るというものです。この企画は現在MITメディアラボ教授のジョン前田さんというアーティストが企画したものなんですが、ネオ・ミュージアムの中にヒューマンスケールのコンピュータを紙と木でつくって、卓上の計算機などを使いながらほんとうに動くコンピュータを人力でつくるという壮大な計画です。全員が集まったら、まず、ネオ・ミュージアムの中のキューブという空間（7m×7m×7m）にみんなでこれからつくり上げるコンピュータの模型を見せて、ワークショップの趣旨を説明することから始めるんです。そして、学生たちがコンピュータになりきるために、マウスだったらマウスのイメージを自分で考えて、コスチュームやメイキャップを自分でつくっていくんです、ミュージカルの『キャッツ』のような感じです。これはなりきるための一種の儀式、トランスフォーメーションのための儀礼なんです。その中で、ジョンがそれぞれの役割とスクリプト（コンピュータのプログラム）を説明しながら、学生たちが自分のコンピュータとしての機能と動きを理解していく。ネオ・ミュージアムがコンピュータという劇場になるんです。この状況をみんなでつくって、その中に入り込んで、三〇時間はコンピュータの話ばっかりしているわけですよ。まさに、ここにコンピュータをつくって動かすという実践のコミュニティ（共同性）が立ち現れてくる。キューブの中には最初は希薄な空気しか流れていないのですが、みんながプロジェクトに没入していくにしたがって、だんだんと一体感ができあがってくるんですよ。彼女たちはほんとうにコンピュータになりきっていく。そうすると空気がもっと濃密に変わってくるんです。

中牧　そして、酔ってくる。

上田　そうそう。ほんとうにこの状況の中で、ある種、陶酔していきますね。

中牧　そして、だんだんできあがっていく。

上田　みんながひとつになって、ローテクですごく処理が遅いんですが、ほんとうに動くヒューマン・パワードなコンピュータができあがる。このプロジェクトを教育工学会などで話すときは、コンピュータって箱をあけても、自動車みたいにエンジンが動いているわけじゃない。何も見えないから、なってみなきゃわからない。コンピュータの機能を理解するための身体を使った新しい教育実践だと説明をするのですが、ほんとうに大切なのはコンピュータの機能を理解するのではなくて、「なってみる体験」なんです。体験そのものなんですよ。みんなが心をひとつにしようとして、ほんとうに動くコンピュータをつくったんだと。自分がコンピュータの部品になって。この実験では、マウスを動かしてモニター上のカーソルが動くまで三五分もかかるんです。このことを経験するとワークショップの後にほんとうのマウス動かしたときに、なんか感じ方がちがうんですね。身体の中をあの時の体験がフィルムがリプレイされるようによみがえってくる。それから、ワークショップの後で、どうしたらもっと速く処理ができるコンピュータをつくれるかということを話し合うと、学生からいくらでも意見が出てくるんですよ。彼女たちは、コンピュータになったというアクチュアルな体験をしていますから、いくらでも自分の意見として表現できるわけです。たとえば、もしCPUがもうひとつあったら、もっと楽なんだろうなあとか、なんでバスマネージャー（情報を運ぶ人）が何度も行ったり来たりしなきゃいけないんだろうかとか。そういう話を聞いていると、まさにコンピュータの発展の歴史そのものなんです。そして、ここで大切なのは、何かを教えようとしているわけではない、ということです。

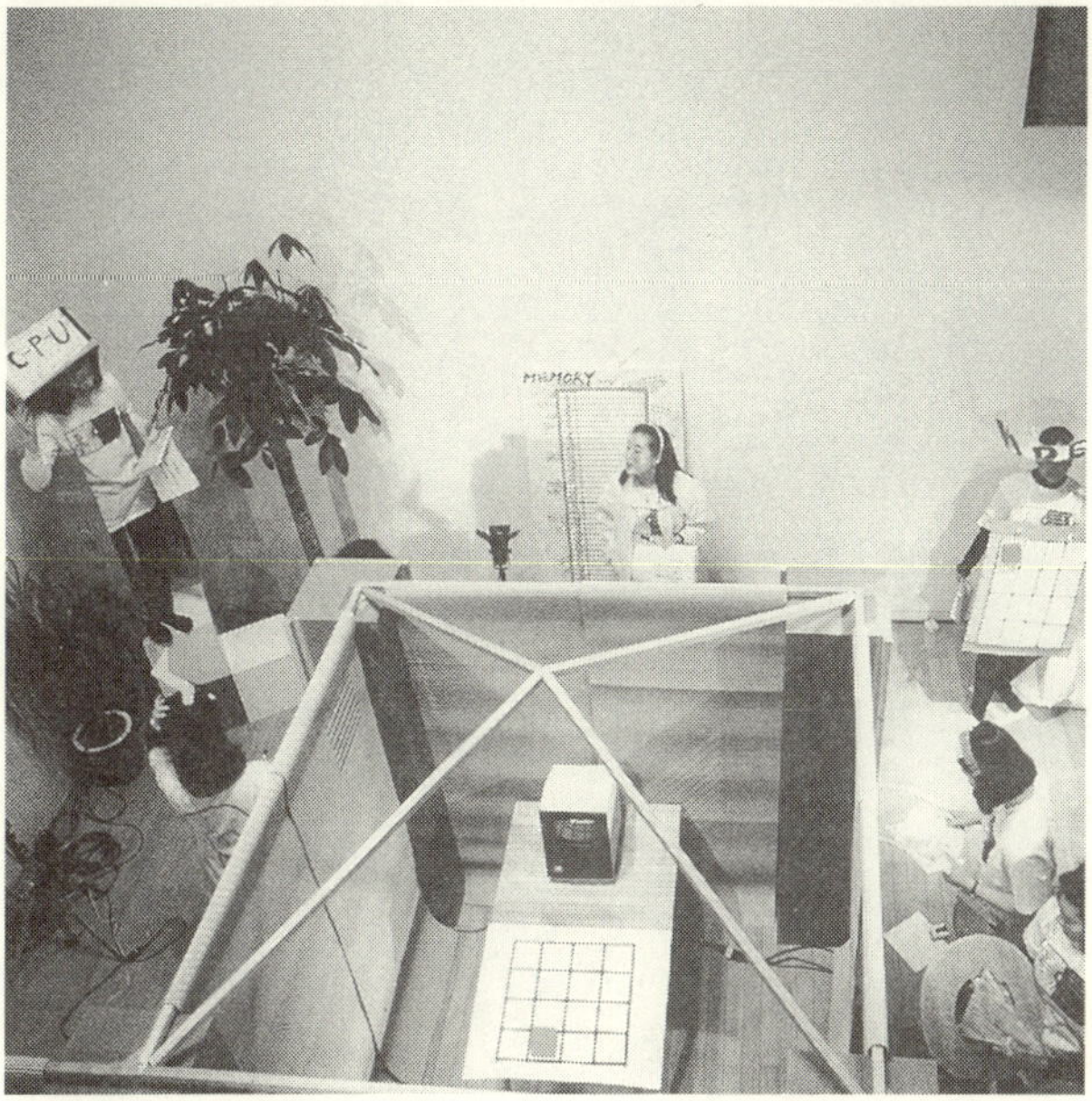
人力コンピュータ・ワークショップ

中牧　何かを教えようとしていないにもかかわらず、みんなちゃんと動いて考えるわけだ。そしてこれが身体を使った新しい教育実践だ、というふうになるのがおもしろい。

上田　こういうワークショップをしましたとビデオで紹介しますよね。一応雰囲気だけ見ると、あ、新しい学びの試みですね、ってことで終わるんだけど、ほんとに大切なのはそこでの経験を分有した人たちにしか分からないようなものなんです。また、この状況をつくりあげる方法をマニュアル化できるかとか、これをレシピとして表すことができるかと聞かれたときに、直感的にそれは難しいと思うんですよ。ネオ・ミュージアムの中で醸成されていく空気感みたいなもの、みんながコミットすることによって空気をつくっていくという共同性はマニュアル化できないんです。僕は認知科学会の教育デザイン部会で、思い切ってこういったんです。これはコンピュータの仕組みを身体で覚えるなんていう、ちゃちな了見でやってんじゃない、と。参加者全員が一体感を感じて、コンピュータになりきるという、そのこと自体が大切なんだと。会場からは、もしそれを教育実践と呼ぶんだったら、今までの教育観とは相当ちがうねという意見が出ました。でも、それは、「コンピュータになりきる」という実践をほんとうに教育と呼んでいいのかという意見だったんですね。だけど僕は、これがもしかしたら次世代の教育の姿のひとつかもしれないと感じています。

人格変換が生み出すスピリチュアリティ

中牧　そのスピリチュアリティには、エクスタシーではないけれど、一種の陶酔感があって、それを体験した人は以前の自分とはあきらかにちがうんだ。そこが問題で、ふつうの日常では経験しえないこと、また学校でも教えてもらえないことなんだけど、その体験者は以前の自分とはたしかにちがう自分を発見するわけだ。シャーマニズムとか、憑きものとか、憑依・憑霊の世界というのは、ある種の人格変換を伴うんだけれども、それに先だって巫病といわれるような病気とか、深刻な精神的苦悩とかを体験し、それをカミや霊の助けによって克服するときに、いろいろ不思議な体験をして、結果的にはそれがその人の人格を変えていく。日本で言えば狐つきとか犬神つきのような憑きもの現象や、巫女やユタの神がかりに、人格変換がみられる。ブラジルの場合には、カンドンブレやウンバンダなどと呼ばれるアフロ・ブラジリアン宗教が人格変換をひとつの特徴としてもっている。儀礼の場で太鼓などのリズムに合わせてぐるぐる踊っているうちに、突然スピリット・ポゼション（憑依）が起こり、王女になったり、先住民になったり、子供になったりする。そして、その憑依霊にふさわしい衣装をまとったりする。儀礼の場でさまざまな憑依霊になった人たちがパフォーマンスをくりひろげ、人びとは憑依霊になりきった別の人格と交流をはじめるのですね。意識的か無意識的かは別として、演じるんです。

上田　いまの実践でいうと、たとえばコンピュータのフロッピーになりきる、ということですね。

中牧　王女とか子供という別の人格にポゼス（所有、憑依）されるわけだから、日常の昼間の人格とはちがう人格、いや神格といったほうがいいかもしれないけど、それになるわけですね。そうした神格と交友関係をもつことは、スピリチュアルな世界を豊かにするんですね。けっしてマイナスのイメージではない。友人のネットワークが人格変換をきたした神格にもひろがっていくようなものですから。そういう意味で、コンピュータのパーツになりきった人は、没入や忘我や陶酔をともなって別の人格になったと考えることができる。その人はもはや日常とは異なるスピリチュアルに豊かな経験をしていて、それが済んだ後は、ふたたび元の自分に戻るわけではない。

上田　なるほど、ほんとうに豊かな経験ですね。僕はね、このことにじつははっきりと気がついていなかったんです。いま中牧さんの意見を聞いて、ああなるほどと思いました。このワークショップが終わった後、コンピュータに触れたとき、なんかこう自分の感覚がちがっているんですよ。なんか不思議な感覚なんです。それはやっぱり本気でコミュニティ（共同性）にコミットするという経験、つまり自分がそのコミュニティに入り込んで、みんなと一体になろうとして積極的に活動にかかわってるんだという仲間意識、つまり、自分はこのコミュニティの創造に間違いなく影響を与えているという意識が自分を変えていくのではないでしょうか。このコミュニティ・オブ・ラーナーズ、学び手の共同性を、僕は今、中牧さんのお話をお聞きするまでは、もう少しうすっぺらなものに感じていたんです。つまりプロジェクトに参加して、みんなでひとつの体験をした。楽しかった、面白かったという。でも、なんかそれだけじゃないような気がしてきました。それは自分の中で何かが変わったような感じです。それは別にコンピュータのことが分かったという話じゃないんですよ。なにか世界がちがってみえるような不思議な気持ちです。

中牧　新たな共同性に目覚めて、人格に変化が生じた。それは新しい共同性をつくりあげるためのパフォーマンスをしているなかで、つまり一種の儀礼に参加するなかで、自分の意識が変わり、人を見る目が変わっていったのではないか。

上田　学びっていうのが、いままでのメージとはちがう。それは、没入体験、共同体験、みんなで意味のある何かをやりとげたという達成感。お芝居といっしょなんですよ。みんなで、やりとげたという。ワークショップには観客はいないんだけど、自分がパフォーマーであり、観客なんですね。演じきったことの爽やかさみたいなものがあって。そのときに、あっ、学びってこうなんだっていうね。つまり言葉じゃうまく表現できないけど、何かの知識を得たというのではない学びがあるんです。

中牧　知識を学んでいるのではなくて、人について、もっというと人と接する態度について学んでいるのかもしれないね。

吉野・ネオ・ミュージアムのスピリチュアル・シャワー

上田　じつは、これは僕の中では、多分無意識に働いていたことだと思うんだけど、まず、環境が吉野だったということがとても大切です。じっさい吉野まで来るのはたいへんなんですよ。吉野のワークショップはいつも九時から始めるんです。九時に集合っていうことは、五時起きなんです。だから、ワークショップはもうすでに前の日から始まっているんですよ。ここに来る人は前の日にかならず一度は後悔する。明日行くことを約束しなけりゃよかったと。それから、できれば特急に乗って来てくださいとリクエストしておきます。特急に乗ることが非日常空間へ移行するための日常と切り離す儀式なんです。学校に行くのじゃなくて、川があって、山に囲まれた吉野、そしてネオ・ミュージアムに着くと、今日は何が始まるんだろうとドキドキする。それで「今日はみんなコンピュータになるんだよ」と言われる。「え、それってなに」「どうするの」、というところから始まる。ワークショップの間、食べたりすることも重要視しています。みんなで食事をつくって、食べて、コンピュータになって、雑魚寝をして、リフレクションして。ものすごく身体は疲れているけれども、覚醒しているみたいな感じなんですよ。

中牧　座禅にも似たようなところがありますね。朝はやく起きて、座禅だけでなく作務などのいろいろな活動をして、食事もいっしょにとって、共同生活をしている。禅の悟りは知識ではないとよく言われるけれど、山にこもって座禅の修行をして、何が変わるのか。老師と弟子がいて、ほとんど絶対的服従の世界でありながら、同じ物を食べて共同性に支えられて生活している。禅の悟りはひとりで瞑想しているだけでは達成されない。世俗とは隔離された共同生活というセッティングのなかで、ワークショップよりもはるかに長期にわたって毎日修行をしているうちに意識が徐々にかわって、あるとき質的転換をおこす。それが悟りとよばれているものかもしれない。

上田　それ、すごくわかります。

中牧　共同生活に支えられた修行において特殊な意識が蓄積され、質的な変換をとげる。ネオ・ミュージアムでも共同に過ごす三〇時間という長丁場のなかで、どこかで質的転換が起きている。プレイフル、自分ならピースフルと表現したいけれど、そうした意識変換に三〇時間は多分必要なんです。

上田　それが一番良くわかるのは、ワークショップが終わったときに、空気がぜんぜんちがうということです。なんか、すごく充満してるんです。空間のすみずみまで「気」がいきわたっているというか。最初にネオ・ミュージアムに来たとき、建物に入ったときとは、温度がぜんぜんちがうんですよ。

中牧　ワークショップの修了者は悟りを開いた修行僧とおなじだ。

上田　それでね、ものすごく暖かくて、さわやかな空気感がある。そのとき、なにをしゃべってもぴたっとくる。その中で交わす会話が、すごく密度が高くて、気持ちいいんですよ。ものすごく達成感があるんですね。ワークショップの後は、空気が確実にちがう。うまく表現できないけど、浮遊しているような、とても気持ちがいい。この空間のなかで、何をしゃべってもぎごちなさがないんですよ。ものすごく滑らかで。

ネオ・ミュージアム

中牧　変身を遂げたのかもしれない。

上田　そう、みんなね、それこそ体験を分有しているから。

中牧　禅で言う以心伝心というのも、体験を分有しているからこそ可能なのであって、知識の問題ではない。言語で伝えるものではなくて、心で伝わるものなのでしょう。ただ、禅のほうはかなりマニュアル化している。禅道場の修行プログラムは標準化しているし、臨済禅でよくつかわれる公案は祖師たちの言行録ですが、弟子はそれを師家から課せられる。道場の共同性をつくりあげるのに師家、つまり老師たちの役割が大きいのです。もちろん彼らは知識を詰め込む教師ではない。マニュアル化された共同体験をみちびく老師です。

上田　このようなワークショップの中では、何かある種のスピリットを浴びるっていう感じがある。浴びるんですよ、こう空気っていうか、スピリットを浴びるっていうか。シャワーですよね、スピリチュアル・シャワーって、そういう言葉があるかどうかわかんないけど。これは活動の中から立ち現れてきたものなんです。それにこの空気感は、ワークショップに途中で参加した人も感じることができるんですね。ぱっと建物に入ってきたときに、まずすぐに入れないんです、たぶんね。何かが起こっている。ここは何かがちがうぞ。気配がわかるんですよ。すごいわかるんです。それから、僕がワークショップをやるときに、うまく説明できないけど、ものすごく気を入れてるんです。気を、くーっと入れている。僕はワークショップをデザインするときはいつも、その中で立ち現れてくるだろうシーンが見えているんです。だけどそのシーンは、目の前で見るまではわからないんです。だけどそのシーンと出会ったとき、これだってわかるんです。かならずあるんです、そのシーンが。そのとき僕はいつも叫ぶんです。これが見たかった。参加している学生に、これなんだよ、これ、この風景!

中牧　それは禅の悟りに相当するものかもしれない。

上田　このシーン、これが見たかった。このシーンを学生たちに見せたい。学生に学びとはこうなんだ、これなんだよぉっと。この瞬間を体にきざんでおけ。これを全部見とけって。なんかそういう世界なんですよ。

中牧　老師と弟子でつくりあげる世界ですね。禅の悟りは一人で修行していても達成されない。老師から出された公案を必死で考え、無我の境地に意識をもっていこうと座禅を組む。公案は要するに既存の世界観、人生観を否定し、揺さぶりをかける役割をはたしている。公案に対し弟子は老師に答を出すけれど、ことごとく否定されていく。座禅を組んでも雑念が生じて無我の境地にはなかなか達しない。だから、警策でたたかれる。とにかく時間がかかる。心のかまえ、つまり何事にも動じない平常心をつくりあげる作業だから、ものすごい時間がかかる。禅道場は隔離された閉じた世界なんだ。ネオ・ミュージアムも閉じた世界ですね。窓もなくて。しかし、そこでやっていることは開放的で、すごい意味をもっている。

宗教や自己啓発セミナーとのちがい

上田　いやあ、素敵なメッセージいただいて。ほっとしました。僕はワークショップをやっていて、ある種の、怖さもあるんですよ。

中牧　ほう。

上田　つまり、なんか凄いことになっていくんですよ。

中牧　上田さんは教祖になれる。

上田　僕の意識の中では、なんか凄いことが起こっている。だけどこれは宗教的な儀礼とか、自己啓発的セミナーとは絶対ちがうんだと思ってるんです。具体的に何がちがうかわかんないけども、そこにはいつもポップ感というか、プレイフルな空気がワークショップの中に流れているんですよ。すごく明るくて、はじけるような、ほんとシャンパンがポンという感じ。ここに今まで教育がもっていた閉塞的な、ある種の暗さとか、つらさみたいなものを脱却できる何かがある。はじけるような学びってすごく楽しいし、今こうやって、みんなでコンピュータを演じていることが、とてつもなく楽しい、むちゃくちゃ楽しい。ここにいることは、すごくハッピーだっていう。僕のワークショップやビデオを見ていただいたらわかるんですが、すごくポップ感というか、明るい感じ、宗教的な儀礼ではなく新しい学びのエネルギーのようなものが立ち現れてくるような感じがするんです。

中牧　上田さんのワークショップはカミやホトケを動員して、その存在理由を意味づけないという点で、まったく宗教的ではない。また、自己啓発セミナーなんかとちがって、自我を否定するところから入っていかない。「自己啓発」とは言うけれど、最初は徹底的に自我をたたかれ、ダメ人間にされてしまう。上田さんのワークショップにはそういう過程がない。ポップとかプレイフルというふうにおっしゃられたように、ちょっと宗教的雰囲気とはちがう。しかも日常的なポップの感覚とは、意識のレベルがちがう。吉野でやっているわけだからね。

上田　そうです。

中牧　ネオ・吉野修験といったほうがいいかもしれない。ネオ・ミュージアムを禅道場にたとえてきたけれど、ポップでプレイフルという雰囲気はむしろ修験道のほうがいいかもしれない。金峰山を中心とする修験道の一派を吉野修験というけれど、金峰山には「蛙跳び」というおもしろい行事がある。これはまさにポップでプレイフルという形容が当たっている。しかし、ネオ・ミュージアムは吉野の麓でしているから、山岳修験ではなく里修験に近いのかもしれない。山にこもった修験者ではなく、里で人びとの呪術的ニーズに応える里修験ですね。

上田　それ、いい。

中牧　山岳修験は修験者に験力、つまり呪術宗教的パワーを付けさせる修行を課す。いわば宗教的トレーニングを施すわけですが、里修験のほうは各地の一般庶民を相手にそのパワーを応用する呪術宗教的活動に従事する。麓の修験というのはないけれど、麓のネオ・ミュージアムは山岳修験と里修験の両方を兼ね備えている。教育的トレーニングを実践すると同時に、応用的文化創造活動を実践している。教育の枠からはみでた創造的営為をやっている。上田さんはそのカリスマ的指導者ですよ。

上田　僕は直感的に、経験というものを、その再構成も含めてすごく大切にしています。

中牧　修験者の強みは経験です。

バザールとしてのネオ・ミュージアム
――経験とアイディアをシェアする場

上田　吉野でもうひとつ自分として訴えたかったことは、プライベート・ミュージアムという考え方だったんです。従来のミュージアムというのは、一種の神殿というか、なんと言うんですか、つまり巨大なもの。

中牧　パンテオンですね。考えてみれば、宗教は長い歴史のなかで、神殿を建設し、そこで新しい人格を作ってきたんですが、ヨーロッパでは世俗化にともなって教育の面でもカトリック教会から次第に世俗の教師たちの手に委ねられていったんですね。では、ミュージアムはどうかというと、宝物や収集品を展示して、聖なる価値観や世界観を、神仏を動員せずに、世俗の施設でもっぱら提示してきた。たとえば神仏はもはや崇拝対象ではなく、洗練された技術による美的な価値の表象として陳列されるようになった。けれども、ミュージアムという施設自体は世俗的ではあれ神殿と似たような機能をもつようになった。

上田　なるほど。

中牧　だから、ミュージアムというのは学校よりも神殿に近い。教育のための装置というよりも、価値を展示する文化施設である。チャージではなく、むしろディスチャージである。ミュージアムは知的で文化的なセンターであり、神殿に代わるディヴァイスです。まさにそうした装置、施設としてミュージアムはある。神殿のオルタナティブともいうべき機能を担っている。

上田　そうするとたとえば「総合的な学習の時間」なんかで、学校外のミュージアムに行くということは、じつは、たんなる体験学習とか、学校じゃできないことをミュージアムでやるっていう話じゃなくて。

中牧　もっと聖なることですよ。ミュージアムは聖なる場所です。なぜなら、役に立たないことに価値を置くからです。金儲けに役立つとか、就職に有利だとか、そういう話ではまったくない。役に立つ教育とはちがうレベルで、一文の得にもならない教養や文化にかかわっている。

上田　文化をつくるっていう、ディスチャージの場として。

中牧　そうそう。

上田　だからチャージする場所としての学校とはぜんぜんちがう。そういう意味でミュージアムをとらえると、学びが大きく変わるかもしれない。今まで学校教育でなしえなかった何かが。それをミュージアム側が提供してくだされば素敵なことですよね。

中牧　ミュージアム側も資料や空間をどんどん提供する。じっさい、バブルの頃まではミュージアムが全国にたくさんつくられた。地方自治体や企業がそれぞれの神殿づくりに励んでいた。おらが町の、おらが会社の神殿をきそいあって建設していた。神社仏閣のオルタナティブとして機能させなくちゃいけない。ところが、往々にしてチャージ専門の教育委員会が熱心になっている。だから具合が悪い。チャージの専門家がつくりあげる施設では夢のある未来がなかなか開けてこない。破天荒でもミュージアムにはディスチャージが肝心です。

上田　プライベート・ミュージアムということで僕がめざしたものは、バザールのようなミュージアムです。つまり何もないんです。みんなが持ってこなけりゃ始まらない。みんなが持ってきたアイディアと経験をシェアするんです。僕が供給してるんじゃないんです。僕はその機会をつくっているバザールの主催者にしかすぎない。

中牧　そのシェアという言葉は日本の博物館にはあまりなかった考え方ですね。アイディアのシェアは参加型の企画になりますが、過去の歴史や体験のシェアをめざした展示を意図的につくりだしてこなかった。国立民族学博物館の常設展示でも、展示される先住民の企画への参加は近年までなかった。

上田　シェアしたり、コンストラクションしたりしないんですね。

中牧　私がシェアという考え方に気づいたのは、ロサンジェルスにある全米日系人博物館の展示リーフレットです。第二次世界大戦が勃発し、アメリカ西海岸の日本人・日系人は根こそぎ強制収容所に送り込まれました。そういうことは二度とあってはならないとの願いを込めて、強制収容の歴史と体験を、とくにアメリカ人とシェアするために博物館を創設したと書いてある。

上田　シェアっていうのは、いいかえれば、新しい理解を作り上げる、共に作っているという意味にもなりますね。

中牧　まさにそういうことなんです。

上田　だから単にこう分け与えるということじゃなくて、みんながある種の経験を持ち寄って、そこになんか新しい意味をつくって、解釈をつくって行く。パンテオンという考え方じゃなくて、もうバザールでいいんじゃないか。

中牧　バザールでいい。だいたいパンテオンの前はバザールです。広場に市もたち、神も宿る。これからはバザールのような展示にも期待したいですね。

教育を変えるモノとの対話、ヒトとの対話
——国立民族学博物館（民博）の可能性

上田　僕は民博にこうした新しい時代のミュージアムの可能性を見ています。というのは、インフォーマルな学びの場から、次世代の新しい学びの文化とか、ヴィジョンが出てく

るからなんですね。やっぱりミュージアムというのは、モノがあって、ある意味ではモノとのインタラクションです。

中牧　モノとの対話ですね。

上田　そうしますと、モノだけがあってもだめで、子どもとモノとの対話が大切なんですね。だけど、子どもはそのモノとどうかかわっていけばいいかがわからない。どう対話すればいいかわからない。モノっていうのは、ちゃんと見ることができれば、ワクワクするものなんだろうけど、やっぱりそのすごさが見えない、ということがありますね。子どもと展示物とのインタラクションを媒介するファシリテーターのような人がそばにいて、その接し方というものをうまくガイドすれば、モノとのリフレクティブな会話が可能になります。

中牧　ファシリテーターという考え方は素晴らしい。モノとの対話をはかる媒介者としてキュレーター（学芸員）やエデュケーター（教育プログラム担当者）がいるけれども、ファシリテーターというのは新鮮ですね。私が民博のボランティアに期待しているのは、まさにファシリテーターです。来館者は一人の場合も、カップルの時も、また家族連れもあります。そうした人たちと感動を共有する、あるいは感動の触媒となる、それがファシリテーターの役割ですね。モノとの対話だけではなく、ファシリテーターとの対話を通して、展示を楽しみ、発見や感動を表現する。ファシリテーターはその意味でミディアム（媒介者、霊媒）です。

上田　そうですね。子どもといっしょにアプリシエイトする。いいなあとか、楽しいなとか、いっしょに賞味することが大事なんですね。子どもと共鳴しながら、ヒトとモノとのインタラクションを楽しむという状況をつくっていく人。いっしょになって感動する人。ガイドといってしまうと、またなにか教えるようなイメージあるのでぴったりじゃないし。まあいわば、いっしょに乗る、いっしょにノリをつくっていくような人。ファシリテーターは、何かを伝えるっていうんじゃなくて、いっしょになってその場を活性化していく。それこそ中牧さんがおっしゃった、触媒であるとか媒介していくということなんですね。対話を盛り上げながら、お互い感動しながら理解を深めていく。ノリのいい人が入ってくるだけで、その場がワーッと明るくなる。僕は、この一種のドラマティック・インテリジェンスというか、その場に入り込んでドラマを作っていく知性を持った人がファシリテイトしてくれるといいなと思っています。

中牧　来館者と話をするだけでもいいですね。民族衣装の試着コーナーはいつも人気がありますけど、着用するよろこびと、会話を楽しむやりとりがまじっている。解説パネルや電子ガイドだけでは冷たいですよね。ファシリテーターとのヒューマン・コミュニケーションはすばらしい。展示解説は知識の受け売りですが、ファシリテーターは展示体験の分有のようなものです。

上田　そのときにたとえば、ファシリテーターを知識を媒介する役割と考えると、多分イメージがちがってきます。つまりここに伝えたい知識があって、その知識を媒介する。そうなると今までの知識のトランスミッション・モデルといっしょですよね。単なる知識の解説者ではなく、スピリッツとかエモーションとか、なんかそこで対話すること自体が楽しいんだよっていうことを、ファシリテイト（促進）する。パウロ・フレイレというブラジルの有名な教育思想家は銀行型教育（banking education）というか、知識を貯めていくようなモデルから現実世界の中で対話を通して相互に学んでいく課題提起教育（problem-posing education）へと脱皮していかなきゃならないと言ってますよね。バンキング・モデルではない新しいモデルが今必要です。民博というのは、何かある知識を吸収して帰るというところじゃなくて、そこで新しい解釈を生み出す場なのではないでしょうか。僕は学びっていうのはアプロプリエーション（専有）だと思うんです。対象（展示物）や仲間と交渉しながら、自分なりの解釈を構成していく。そして、その新たな解釈を見て、他の人がまた解釈し直していく。民博っていうのはじつは、知識を分配していく装置じゃなくて、なんかそこに種、触発のたねがあって、それを協同で育てていく。民博側にとっては与えるだけでは何も変化しないんですよ。来館者はそれを消費しているだけ。もし、そうじゃないモデルを考えたとき、展示物という触発材が、来館者によってどういうふうに変えられ、いかにその解釈が交差して面白くなっていくか考える。それを研究者が見ていて、そこにまた新しい解釈を組み込んでいく。だから民博はまさにその新しい解釈を作る場なんです。リアルタイムで新しい意味を生成してる場なんだというふうにも考えられますね。

中牧　意味生成の場でリアルタイムの解釈をつくりこんでいく、ということですか。たしかに来館者は展示企画者の意図通りには鑑賞しませんね。どういう理解をするか、展示がはじまるまでわからない。これはとてもワクワクすることです。

上田　そういう了解ができたら、すごく教育が変わると思うんですよ。特に「総合的な学習の時間」というのは、これこれを教えなさいということが無いわけですから。何をやってもいい規制緩和の時間だと考えれば、そのなかで次のステップをゆっくりと考え、創造性教育へ向けたゆるやかな移行を考えていけばいいじゃないかと思っているんです。我々が、この機会をもっと積極的に受け止めて、今までの教科では実現できなかったことを冒険的にやってみる。たとえば、民博というダイナミックな学習環境を、モノ（展示物）やコト（展示）と出会い、対話する、モノを媒介して仲間と語り合う、自分なりの解釈をつくりあげる、そういう装置と考えてみる。現場の先生方は、まだ民博をデータベースのように思っている。そこにはある種の知識観みたいなものがあって、民博は調べに行って知識を得る所。そうじゃなくて、モノとの対話を楽しむ場所、仲間との会話にワクワクする場所。つまりそういうことを体験できる場として、今までのモデルを遙かに超えて民博を捉えればすばらしい。

中牧　そのためには解説パネル、電子ガイドに頼っているだけではだめで、ファシリテーターのような人間が必要なんですね。

上田　そうなんですよ。それによってモノとヒトとの対話が可能になるんです。

リフレクティブでタンジブルな学びの場の創造
――レッジョ・エミリアの幼児教育

上田　モノとの対話ということについて、僕が出会った興味深い考え方を紹介します。僕がアメリカにいた時に、ドナルド・ショーンという人が、リフレクティブ・プラクティショナーっていう本を出したんです。プロフェッショナル（専門家）というのは、技術的熟達者というテクニカルなエキスパートじゃなくて、リフレクティブな実践家なんだと。たとえば建築家にしろ、セラピストにしろ、経営コンサルタントにしろ。このショーンといっしょに仕事をしていて、僕が指導をしてもらっていたジーン・バンバンガーっていうMITの音楽心理学者の先生がいつも言ってたことにすごく感銘を受けたんです。学びとは「リフレクティブ・カンヴァセイション・ウイズ・ザ・マテリアルズ・オブ・ア・シチュエーション」って言ってたんです。つまりマテリアル＝モノや状況といかに反省的な対話ができるかと。そのとき、僕はリフレクションというのは、すごく大事なキーワードだと思いました。だけど今、僕が思っている内省というのは、自分一人でどんどんと内面に入っていく内省じゃなくて、外へでていく内省、つまり共同性の中での内省なんです。つまり自分の思いを外化することによって、経験を語り出すことによってトリガーされる内省です。

中牧　経験を外に出せということですね。

上田　だから、学びはアウトプットなんです。チャージじゃなくて、まさにディスチャージなんですよ。どんどん出していく。出していくことによって他者と共有できる、シェアできる。つまり、タンジブルなもの、触れることができるものとして可視化していくことが大切です。手触りのある学びなんですね。

中牧　具体化しないといけない。禅のような悟りの境地だけではだめで、験力を具体的に実践する修験がやはり近い。修験道ではさまざまなシンボルを操作しますが、たとえば見立てということがあります。ある場所を阿弥陀の何とかとか、母の胎内とか、すべて見立てて具体的な、それこそタンジブルなコスモスをつくりあげていく。どうもそれに近い。

上田　そうした学びの場として、僕がいまとても興味を持っているのは、イタリアのレッジョ・エミリア市で行われている幼児教育です。ボローニャから車で一時間ぐらいいったところにある、世界でもっともアヴァンギャルドな学校といわれている幼児学校なんです。ここには二十一の幼児学校(preprimary school)と十三の乳児保育所(Infant-Toddler Center)があるのですが、これが公立なんですよ。そこには去年行ったんですけども、北イタリアの自由都市が持つコミューンの伝統が息づいているステキな街です。この街のピアッツァ(広場)では、昼間は市場が開かれ、夜はカフェがオープンして、街中の人たちが集まってくるんです。まさに、この広場がコミュニケーションのための公共空間になっているんですね。イタリアではこのようなピアッツアが街の運営の中心になっていたんですよね。

中牧　イタリアの広場もそうですが、ヨーロッパの広場には教会があり、市庁舎があって、市場が開かれている。まさにコミュニケーションのための公共空間ですが、歴史的には神(教会)から市民(市庁舎)が権力を奪っていった過程がありますね。今はそれが共存している。

上田　じつはこのピアッツアが、幼児学校の中にもあるんです。子どもたちが交流する空間として。そして、創造的活動の場としてのアトリエもある。ここでは創造性、共同性が強調されています。日々の活動はプロジェッタツィオーネ(progettazione)というプロジェクト学習を中心に展開されています。これは四、五人の子どもたちからなる小グループの協同作業なんです。あるテーマや仮説にそってかなりの期間作業をするのですが、そのプロセスの中で立ち現れてくる状況によって作業に修正を加えたり、方向を変えたりできる柔軟なアプローチをとっています。このために教師はドキュメンテーションと呼ばれる実践記録を保育をしながら書いています。これは教師の記録のためだけではなくて、子どもたちや教師のリフレクションの材料としても使っているんです。レッジョ・エミリアに行ったとき、僕がネオ・ミュージアムでやりたいと思っていることがここにすべてあると思いました。たとえばこの幼児学校の中には表現のための素材が山のようにあるんです。僕が行ったときには、葉っぱを取ってきて、子どもたちはその葉っぱの色をみながら絵の具で同じ色をつくっているんです。別の子どもたちのグループは、OH

P用の薄いグリーン色のトラペンを重ねて、光の混合をやっています。絵の具の混合と光の混合と、理論が違いますよね、それを同時にやってる。隣の部屋に行ったら、シンセサイザーを使って、葉っぱの色と匂いを音で表している。もう驚きました。子どもたちは対象物をただ観察しているだけではなく、葉っぱをさわりながら、そして自分なりの表現活動を通して、色や音を感じようとしているんです。五感の変換をやってるんですよ。ひとつのことを様々な感覚を使って表現しているんです。見たり、触ったり、感じることを強調している。広い意味で、聴くことによって感覚を研ぎ澄ませている。彼らがいうように、まさに聴くことを大切にするリスニング・ペダゴジーを実践しているんですね。こういうことが、イタリアの幼児教育のなかで、自然と行われているんです。僕はこれからの学びの場は、協同する仲間がいて、我々を触発するいろいろな道具、空間があって、そこに来る人を挑発してゆく、つまり、他者や道具を含む環境とのインタラクションを通して意識のトランスフォーメーションが起こるような場だと思います。このようなことを、ネオ・ミュージアムのプロジェクトを通して、オルタナティブな学びとして提案したかったんです。そこには、今までの知的な学び、エモーショナルな学びを越えた何かがある。それをスピリチュアリティと呼びたいと思っているのですが、なんかそういう次元があるんだと思うんです。そこでの体験は、単なる経験ではなくて、先ほど中牧さんがおっしゃったような、もう過去に戻れない、何か新たな自分が生まれるような経験なんですね。

プレイフル／ピースフルな新しい自分

中牧　たしかに生まれるんですね。新しい自分が生まれてくるというのは、オルタード・ステイツ・オブ・コンシャスネス（意識の変性状態）にすごく関係しています。これに関して、私はアマゾンで幻覚植物をもちいた宗教について研究しましたが、シャーマニックな幻覚体験は予想のつかない展開をしますね。見るもの、聞くもの、コントロールが効きにくい。しかも、その体験は一回だけのもので、繰り返しはない。そして、オルタード・ステイツの体験者は幻覚作用に起因するとはいえ、奇想天外なヴィジョンを見たりする。見るというより、ヴィジョンが勝手におしかけてくる。そしてその世界に巻き込まれ、感覚はあるけれど意志が働かなくなる。

上田　なるほど、こういう話は初めてです。このような視点から教育を見たことはなかったし、ぜんぜんちがう世界でもあるような気がしていました。ただ、僕がアメリカにいたとき、コミュニティ・サイコロジーっていう授業があって、その先生は『ボイリング・エナジー』という本を書いた人でしたが、彼の授業で〈ボイリング・エナジー〉って、最初にきいたとき、その響きに、なんかぐっと来るものがありました。その感覚とすごく似ています。彼の授業では、学生たちが授業そのものにどんどんと巻き込まれていく。

中牧　一種のオルタード・ステイツになるわけですか。

上田　ボイリング・エナジー。お腹の底からぐーっと沸きおこってくる。

中牧　熱さも感じるんですか。

上田　はい。このとき、直感的に僕が取り組んでいるコミュニティ作りに非常に近い気がしたんです。なんかこう、没入していくことによって、解放されながら、エネルギーが沸騰してくるような。その後になんかすごくピースフルなマインドがあらわれる。その体験そのものが、心地よいっていうか。ほんとはそういう状態をプレイフルっていう言葉で表したかったんですよ。プレイフルっていうと、楽しければいいって非常に表面的に捉えられてしまいますけど、そうじゃなくて、プレイフルな感覚ってボイリング・エナジーそのものなんですよ。体の中からじーんと湧き出てくる喜びのような感覚。音楽でいうグルーブ感に近いですね。僕はプレイフルネスとかクリエイティヴィティとかスピリチュアリティというのは同じ感覚でとらえています。これらの言葉のなかに今の教育を変えていくような何か大切なスピリットが埋め込まれているような気がするのです。

中牧　感覚や感性を抑圧しないことがポイントですね。プロテスタンティズムなどはプレイフルな感覚を抑圧しますね。儒教にも似たようなところがある。禁欲的ですね。しかし、神道になると、祭などがいい例ですが、感覚を開放する。感覚が要求する楽しいこと、面白いことを、どんどんやってもかまわない。これは関西の文化にも通じるところがあるそれはね。

上田　ありますね。すごくありますね。

中牧　サントリーの佐治敬三さんの口癖ではないけれど、やってみなはれ、というわけです。関東の武家文化は儒教に取り込まれ、それが明治に引き継がれ、国民文化として主導権を握ることになった。情けないことに、修験は神仏分離以降、抑圧されっぱなしです。吉野を見捨てるなって言わなくちゃいけない。

上田　吉野での活動といまの学校とを比べてみると、やっぱり学校は抑圧されていて、規則がたくさんあるし、やっちゃいけないこともいっぱいあるわけですよね。それから複雑な人間関係もあったりして、ある意味で非常に、しんどい場所です。プレイフルになれない何かがあるんですよ。でも吉野に行くと、身体がかるくなって乗れる。めっちゃ乗れるんですよ。このノリっていうのも何か不思議な言葉なんですけど、むちゃくちゃ乗れる。たとえば、学校の文化っていうのは、そんなことやって大丈夫なのとか、失敗しないのとか、それ教育的にどういう意味があるのとかがいつも気になるんですね。そういうことを全部ひきずっている。多分、学びとか教育、あるいは評論という言葉に、呪縛っていうか、すごく囚われているんですね。こうあらねばならないような。でも、吉野は、そういうことから解放されて、もっと自由な立場で学びをもっと素直に考えられる場所で、新しい学びのセオリーそのものが生まれてくる場所なんです。それはやっぱり、歴史とか、地理的なものと関係があるんですね。

開花する明日の能力が文化を創る

上田　新しい自分の誕生ということについて、これだって思ったことがもうひとつあるんです。それは、ソビエトの心理学者ヴィゴツキーが提唱した、ゾーン・オブ・プロクシマル・ディヴェロプメント、最近接発達領域、ＺＰＤ（Zone of Proximal Development）というコンセプトを知ったときです。最近接発達領域とは、子どもが一人で問題解決できる現時点の発達レベルと、大人のガイダンスや自分よりも有能な仲間との協同作業を通して可能になる潜在的な発達のレベルとの距離をいうのですが、僕がこのコンセプトに感動したのは、人の能力のアッパー・バウンダリーに注目しているところです。誰かのサポートによって開花する明日の能力こそ意味があるんだと。この希望の領域、センシティヴィティ・ゾーンを彼は最近接発達領域と呼んだんです。今日の発達心理学や学びの理論にものすごい影響を与えているアイディアです。

ここで、僕は学びや知ること（knowing）はもともとソーシャルであり、サポーティブな仲間や道具、シンボルを媒介にして社会的に構成していくものだということを学びました。ヴィゴツキーのモデルは、どちらかと言えば垂直的なモデルで、たとえば大人が子どもの発達のセンシティヴィティ・ゾーンに働きかける。この大人と子どものやりとりが、子どもの発達を押し上げていくんだと。子どもが大人とのやりとりの中でできたことが内化していって、だんだんひとりでできるようになるという考え方。つまり、最初は誰かにサポートされてできたことが、今度はひとりでできるようになる、そういう発達のモデルなんですね、このとき、僕はこの考え方を自分なりに解釈し直して、ゾーン・オブ・ポテンシャル・コンフィデンス、ＺＰＣ（Zone of Potential Confidence）というのを考えたんです。「あの人とだったらできそうだ」という自信。自信の可能性というか、協同によって生まれる自信というか。たとえば、課題に取り組むときに、自分ひとりだけでできる範囲で考えるのではなくて、誰か先輩とか、有能な仲間のサポートが得られればこんな仕事にも挑戦できるという可能性のゾーンに注目するんです。今日も僕は中牧さんとお話しさせていただいていますね。僕ひとりだったら、今日のテーマ、スピリチュアリティについてはどう語っていけばいいか見当がつかないのですが、中牧さんとだったら、なにか触発されて語り出せるかもしれない。「はじまりの予感」というか。こういう姿勢って僕は非常に大事だと思ったんです。たとえば、ある仕事がきたとき、ちょっと大変な仕事だったら、ああこれは僕の能力をこえているなと思ったらそこで諦めちゃいますよね。そう考えるとその仕事をやるチャンスはなくなってしまう。学びの機会を失ってしまいますね。でもそのときに、ああちょっと待ってください、彼といっしょだったらやれるかもしれない、あの人からデータを提供してもらったら書けるかもしれない、といった「どうすれば課題を実現できるか」ということへアテンションを向けるようにするとその仕事にチャレンジする決心がつきますよね。自分の能力へではなくて課題へ注意を向ける。そして、結果についてはあまり気にしない。結果ではなくて、コトを起こす時の始発点に立つという考え方です。いままで教育というのは結果にすごくこだわってきました。プロジェクトをやる時にまず皆が心配するのは、ほんとにできるの、これ成功するの、ということですね。そうじゃなくてオモシロそうだ、オモシロクなるぞということを考えれば、もっと楽しくなるのに。オモシロイからやるんです。

中牧　やっぱり上田さんのやってることは教育じゃない。

上田　何なんでしょうね。

中牧　梅棹忠夫先生のテーゼのひとつに、「教育はチャージで、文化はディスチャージである」というのがある。これまでの議論はその線に沿ってもいたわけですが、上田さんが考え、実践していることは、教育の現場にいるから、教育と間違いやすいけど、まぎれもなくクリエイティブな文化活動ですよ。

上田　なるほどクリエイティブな文化活動か。僕はポエティックス・オブ・ラーニングというか「学びをつくる」っていう言い方がわりと好きなんです。共につくっていくという共同性、楽しい仲間といっしょに、わいわいがやがや言いながらつくっていくというプレイフルな姿勢、これですね。

中牧　それこそ文化の創造ですよ。過去の出来事や伝統をたたき込むのとわけがちがう。

プレイフルからスピリチュアルへ
――スピリチュアリティの領域の発見

上田　コンヴィヴィアリティというか、みんなが集まってワイワイやる。そのときの楽しさというのは、やっぱり緊張感も必要なのですね。受け身の楽しさではなくて、アクティブファンですね。あるいは困難を乗り越えていくハードファン。僕は先生方に、授業をデザインするときに、リスキーで、クレイジーで、セクシーな授業をやってくださいといっています。リスキーとは冒険的、クレイジーというのは夢中になる、セクシーというのは本質、と訳しているんですけど。

中牧 セクシーですか。

上田 ちょっと挑発的な言い方なんですが。課題の本質を見抜くセンスのことです。たとえば今メディア・リテラシーの教育が話題になっていますが、ここで強調されているのがクリティカルに情報を読み解くということなんです。このクリティカルは批判的と訳されていますが、建設的に吟味するというニュアンスなんですね。特にインターネット時代では、どんな情報があるかわかんないから、自分のなかで、クリティカルなマインドをもっていないと、困るだろうっていうことです。それは極端に言うと疑ってかかるということだけど、それが行き過ぎると、メディアを読み解くおもしろさが経験できない。メディア・リテラシー教育の本質は、クリティカル・マインドをベースにして情報をクリエイティブにブレンドしていくことにあるんです。この即興性、ジャズのインプロヴィゼーションのような緊張感を伴ったおもしろさ。これを競う。相手をアプリシエイトしながら自分もがんばる。君も凄いけど僕も凄いよって。

中牧 それはたんなる競争とはちがうね。

上田 ちがいます。

中牧 お互いに認め合いながら競うという関係ですね。

上田 そうです。僕ね、そういう共同性を取り戻したいんです。つまり本当の意味での競争相手なんですよ。自分が言った意見に対して、あいつがこう応えてきたと、「おぬしやるな」と、それはね、純粋に、君凄いねと言える清々しさ、潔さなんです。ほんとに、彼は凄いなと思えるような、そういう意味でのコラボレーションを、クリエイティブなコラボレーションというものができればいい。フィーリングとか、プレイフルであるとか、そういうような感覚が大切なんですね。そしてその向こうにさらにスピリチュアリティという領域を想定できる。どういう言葉で言ったらいいかわかんないけど、その人の価値観とか、生きざまとか、あるいはセンスの良さみたいなもの。僕は最近すごくセンスにこだわってるんですけど、コミュニケーションのセンスがいいとか、相手を気持ちよくさせるとか、あの人の言葉にさわやかさを感じるとか、そういう空気感を出せるようなレイヤー（層）があるような気がしてるんです。認知的な知性や感情とか情動の知性に加えて、そのもっと奥にそれらを価値づけるスピリチュアルな知性があるような感じがしてなりません。

中牧 ピッピッと共感したり、あるいは共鳴したりするスピリチュアリティか。

上田　境界線はすごくブラー（曖昧）なんですね。この曖昧になっているところが面白い。ここは認知的なレイヤー、ここは感情のレイヤー、ここはスピリチュアリティのレイヤーというのではなく、交互に入り交じって、爽やかな空気感をつくっている。あの人と仕事やってると、気持ちよくて、アイデアが爽やかなんだよ、という言葉には、ロジカルなものやエモーショナルなものだけでなく、サムシング・グレートが感じられる次元がかならずあって、それら三つの次元が交差して、入り組んでいて、うまくブレンドされているような状況が表現されているんだと思います。そのサムシング・グレートを感受する感覚は、他人に対する尊敬、他者の存在に対する敬意に似ている。僕はその情感をスピリチュアリティと呼べるのではないかと思います。中牧さんの研究のなかに、エクスタシーというのがありますが、エクスタシーとの関連で言うとどうでしょうか。

中牧　酒を飲んで楽しむ高揚感、それをエクスタシーとよべば、アフター・ファイブにわれわれは赤暖簾などで常日頃経験している。そのヒューマン・コミュニケーションに酒が触媒になっている。ウニオン・ド・ヴェジェタルという教団で幻覚剤を飲む場合は、全員いっしょに一気に飲み干すんです。いっしょに飲んで、儀式に参加する。幻覚作用はそれぞれに異なるけれど、リーダーの歌や、カセットやレコードでかけられる幻想的な音楽に同調していく。そこで一種のエクスタシー、その教団ではブハシェイラといいますが、それを体験する。そしてリーダーから各自それぞれブハシェイラを体験しているかどうか聞かれるんですがね。もちろん、ブハシェイラ体験はそれぞれちがうわけですが、興味深いことに、教団の標語のようなものとして、「光、平和、愛」というのがある。私の共感的理解では、最初に光を見て、次に心に平和が訪れ、最後に愛がくるという順番になっている。幻覚のヴィジョンは光といえますが、平和は心の平安のことです。対抗意識とか、競争心などが消えていくんですね。まさにピースフルな気分ですね。

上田　ふっとなんかこう、取っ払われる感じ。

中牧　そうしてすべての人がいとおしくなる。これがどうも愛ですね。それをエクスタシーと言うか、ブハシェイラと言うかは別としても、至福の感覚がおとずれる。酒は時に闘争心を煽りますが、幻覚剤はピースフルな至福をもたらします。そこが酒と幻覚剤の大きなちがいですね。このエクスタティックでピースフルな至福の状態、自分が他者や見えない何かとつながっている感覚。この感覚をスピリチュアリティと呼ぶことができるのではないでしょうか。

対話の後に　樫尾直樹

プレイフルなラーニング・エンジニアの上田さんとピースフルな人類学者の中牧さんのスピリットがスパークした。二人の対話を聴いていると、スピリチュアリティは宗教の専売特許ではまったくなくて、学びのなかにもヴィヴィッドに立ち現れることがわかるし、逆に宗教の実践的共同性そのものが学びの実践的共同性であるということもわかる。ミュージアムにしても宗教にしても、人が集まってくる場はどこもが「学びの場」だ。

でも、そこで僕らが学ぶのは結果としての知識や情報ではない。学びのプロセスそのものが大切であり、そのプロセスから生み出される人と人とのつながり、人と物とのつながりこそが重要だ。この対談で語られたことのなかで一番大事なのは、そうしたつながりには、論理的次元、感情的次元の先にスピリチュアルな次元があるということだ。スピリチュアリティとは、自分と仲間の自律性をお互いに認め合い、尊敬し合うことを通して醸し出される見えないつながりの感覚であり、人間のあずかり知らない秘密によって生かされているいのちにかしずくときに生まれる謙虚な感情を意味するということを、ぼくは学んだ。

そうした〈スピリチュアルな場〉に入り込んで、そこでスピリチュアリティに言葉の真の意味で触れると僕らはもうそこから後戻りをすることができない。教育は人を変えていいのか。人格変容をともなう実践をネガティブに捉える人は少なくないけど、互いの自律性を信じ、それをうまく支えあうことができればきっとうまく行くだろう。「体の中からじーんと湧き出てくる喜び」を分有しながら仲間が高いテンションをキープして「開花する明日の能力」をいっしょに高めあっていく過程で、自分ひとりの力だけでは絶対に成し遂げることのできないことがあるんだということが腹の底からわかってきて、そこに個人を超えた共同性の領域を発見する。みんなで経験やアイディアや食べ物を持ち寄って、集まって、その一期一会の場で何かが起きる。でもそれは反復されないので何が起きるか誰にもわからない。そしてここで大事なのは、この共同性の出来《しゅったい》を人間が恣意的にコントロールすることはできないという点だ。共同性は、作為の入らない自然ではないけれど、作為によってコントロールできるものではないというところに、国家や自治体といった制度的共同体との決定的な違いがあって、そこにこれまで聖性とか超越性とかいった宗教的言葉で表現されてきたスピリチュアリティの質を感じることができるのである。

仲間の集まる場で、どんどん自分をディスチャージしていこう。互いにディスチャージし、その経験をシェアする場を創ろう。この対談はそう僕らにささやきかけている。

フットボール・世界化・自作自演

陣野俊史

ウィルモッツ（ベルギーMF）がオーヴァーヘッドキックの気配を一瞬漂わせたとき、ああ、と思わず唸っていた。ああ、くる、と。案の定、彼の足が描いた軌道がボールと出会い、糸を引くようにして日本のゴールに突き刺さったとき、ベルギーという国のフットボールの力量がどうあれ、私たちは奈落を見た。これがワールドカップなのだ、これが世界なのだ、と打ちひしがれた。

対ベルギー戦を控えて日本のメディアは奇妙な狂騒状態にあった。ベルギーは強い、いやたいしたことはない、主力の幾人かは欠場するらしい……。終わってしまえばそれがどうしたという種類の言説だが、噂に過ぎぬ評判がまことしやかに流布していること自体、ワールドカップをほとんど初めて体験する国らしかった。ワールドカップが初めてならば、これほど大量の外国人を受け入れたのも初めてだったはずで、その限りで言えば（というかよく言われることだが）、「国際交流」が絵空事でなく実感された一ヵ月でもあった。

いま、少しずつ私たちは熱狂から醒めつつある。まだ完全には覚醒していない。高い熱を出した後のような、すこしぼんやりした意識状態だ。

私はワールドカップをめぐる喧騒について、文章を残しておきたいと考えている。あの熱狂が何だったのか、どうして人はあれほど熱狂したのか。いくつかの提言と意見を述べておきたいと考えている。そしてそれは、ウィルモッツにもぎ取られた一点を、差し出した右足先でボールに軽く触れベルギーゴールへ押し込むことで帳消しにした、鈴木隆行へのオマージュでもある。あのとき、鈴木の右足はたしかに世界に届いていた。触れていた。世界化のなかなか進まぬこの国で、しかも世界化と言えばアメリカ化のように誤解さえするこの国で、鈴木の右足は、はっきりと世界に触っていたのである。

＊

二〇〇二年六月四日。埼玉スタジアムは青一色だった。不思議な感じではなかった。「ジャパン・ブルー」と呼ばれる青一色になるだろうと、予想はしていた。日本―ベルギー戦。不用意にも飯田橋（東京）から乗り込んでしまった地下鉄南北線は、時間が早いせいか、まだそれほど混雑していない。だがときどき乗り込んでくる青のジャパン・サポーターはどこか、しかし歴然とファナティックな雰囲気を漂わせている。青で完全にコーディネイトされた小学生とおぼしき二人組が、赤いコスチュームのベルギーサポーターを見つけるや、ちぇっと舌打ちし、かつ悪態をついていることに私は驚きを禁じ得ないでいた。

　青一色のスタジアムの中で、ベルギーサポーターに囲まれながら、私が一番違和感を覚えたのは、日の丸だった。小旗、という範囲を少しはみ出たようなサイズの日の丸を、スタジアム中の人間が所有しているのだった。たぶんどこかで配っていたのだろうが、私は手渡された記憶がないし、じっさいそんなことはなかったと思う。日の丸は、（私以外の）ほぼ全員の顔の前で、誇らしげに前方へ突き出されていた。すなわち両手で旗の端を持ち、「ニッポン！」の声に合わせて押し出されるのだった。

　私は半ば呆れながら、ベルギーサポーターの多く陣取ったゴール裏の席で、まったく別のことを思い浮かべていた。それはあるサッカー・ジャーナリストの書いた文章だった。

　あれは確か九五年の秋だったか、初めてACミランの練習を取材に行った時、イタリア人の記者に言われたことがある。

「日本人にはサッカーをやっていくうえで大きなアドバンテージがあるじゃないか。我々イタリア人は、集団になって一つのことをやっていくのが苦手だが、日本人やドイツ人は抜群にそれがうまい。経済で成功したのを見たって、これから君たちの国のサッカーは間違いなく向上していくよ」

あの時、私は相手の言葉を単なる外交辞令として受け流してしまった。アメリカ・ワールドカップの出場権を逸し、爆発的なブームの中で始まったJリーグに早くも翳りが出始めている国から来た人間としては、そうでなくても饒舌なことで定評のある国民の言葉を額面通りに受け取る気にはさらさらなれなかったのだ。いまから思えば、あの時の私は日本という国にまったく自信を持てないでいる実に卑屈な男だった。戦う前に「アルゼンチンやクロアチアに勝てるわけがない」と白旗を上げてしまった人たちと、何ら変わるところのないメンタリティの持ち主だった。[1]

金子達仁は右の記述に続けて、いまの自分ははっきりと、あの時のイタリア人の発言が虚偽ではなかったことがわかる、と書いている。そこには「憧れ」や「尊敬」が混じっていたのだ、と。つまり、日本人は「集団になって一つのことをやっていく」のに適した国民性を有していて、それがイタリア人をして羨ましがらせているのだと断じている。

　だがこの判断は、たとえばこの場、すなわち六月四日、埼玉スタジアムの全員に共有されていた常識ではなかったはずだ。日本人が強く結束しているなどと無前提に考えるサポーターはいなかったはずである。決して個人主義というわけではないが、結束して行動することのできる日本人は想像の裡にしか存在しておらず、現にスタジアムに陣取っていても、カリスマ的サポーターでもいない限りは、ピッチ上で起こっている事態を静観するような態度こそが「日本的」だったような気がしてならないのだ。

　いや、言葉は慎重に選ばなければならない。

　金子の書くイタリア人の言うように、日本人は集団化しやすいし、そのことでチームや小集団はまとまりやすいかもしれない。だがそういう外部からの視線とは別に、日本人が現在の日本人を把握するときには、ズレが生じていたはずだ。まとまりやすいかもしれないが、まとまってはいない、狭い部屋に充満したガスのようにちょっとしたことで暴発するかもしれないが、きっかけはどこにある？　外部に晒された存在のはずが、外へ視線を求めていない……それが、この数年の（日本「代表」[2]サポーターとしての）サポーター主義だということだ。

　だが、私の認識に誤りがなければ、この日の、つまり二〇〇二年六月四日を境に、日本「代表」を結節点にした共同体は、一気に加速の度合いを強めるのだ。打ち振られる日の丸、凱旋行進曲のハミング、そして本当に一面が海のようにも見える青いTシャツの揺れ……。連日、ＴＶはこのイメージを反復し続ける。鈴木隆行と稲本潤一のシュートを間に挟み込みながら、メディアは「ニッポン！」共同体の補強に余念がなかったのだ。

　六月四日。この日から、日本人が考える日本のイメージは確かなものとなり、イタリア人やフランス人が想像する日本もまた、ある固着化を経験することになったのだ。そして両者の間にはズレがなくなった。よほどのことがないかぎり、海のような青いTシャツと日の丸の小旗が演出するイメージから逃れることができなくなっていった。こうしたナショナリズムの専横に対して、たとえば今福龍太はこんなふうに書いている。

僕にはあれは国家主義と言うより、空虚で無目的な集団主義が露呈しているように見える。多分日の丸でなくても良かったのかもしれない。集団がすることを「普通のこと」として従順に従い、そこに自分があると思いこむ幻想がそこにある（中略）観客席の不思議で空虚な一体感。それがスタジアムの外でも醸成され、国家の統合力を高めていく。僕にはそれが、今の日本社会を凝縮して見せるスペクタクルのように思えるのだが……[3]

今福の意見は、ワールドカップを冷ややかに眺めていたほとんどの人間に共有されるだろう。誤解のないように言えば、今福龍太は、無類のフットボールファンである。『フットボールの新世紀』や『スポーツの汀』という快著もある。だが札幌在住の氏にとって、解放のシンボル的存在だったはずのフットボールが（「イングランド―アルゼンチン」戦というカードが当の札幌で行われたために）、まるで戒厳令のような権力の圧迫の中で行われなければならなかった事実は、文字どおり屈辱的だったのではないか。……しかし、そうした（たぶん）個人的なルサンチマンを差し引いても、今福の意見には傾聴すべき点がある。

　スタジアムで作られる集団主義の熱が、冷え切らぬまま外へ溢れて、「国家の統合力」を高めるために用いられている、という指摘である。私は今福の意見を認めながら、国家の統合力を助長するようなエネルギーをポジティヴに転換できないかと思っている。負の要素をそのまま正の要素に転換する道を探ろうと思っている。なぜか。フットボールとは、何より地域主義的なものだと思うからだ。そして地域主義に根ざすかぎりにおいて、その態度は国家主義への強い否定でなければならない。スタジアムの熱狂は集団主義の産物だろう。だがそれがストリートに溢れた瞬間、集団主義は様々に変奏される。可能ならば、私たちはナショナリスティックな変奏ではなく、ストリートに固有の変奏をアレンジしてみたいと思っている。

＊

　今福はフットボールをめぐる共同体の熱狂に腐臭を嗅ぎ取っているのだが、国家主義の放つ悪臭の例を一つ、ここで挙げておくのも無駄ではあるまい。

　二〇〇二年韓日ワールドカップで最も試合を見る快楽を感じさせてくれたのは、ブラジルでも、勿論ドイツでもなかった。

　セネガル。アフリカのライオンと呼ばれたチームだった。

　開幕戦でフランスと対戦したセネガルは、四年間、世界王者として君臨し続けたチームを破った。予定外の出来事？

いや、そうでもなかった。フランス「代表」は予選を免除され、怪我人が出たこともあり（ロベール・ピレスや大会直前にはジネディーヌ・ジダン）、ゴールマウスに嫌われ続けた後、なんと無得点で韓国を後にした。日本の土を踏むことはなかった。決勝トーナメントに進出した後、フランス「代表」の宿泊先になる予定だった都内有数の結婚式場には、巨大なフランス「代表」ユニフォーム（縦五メートルはありそう）が、寂しく揺れていた。日本のメディアは「フランス敗れる」と報じた。だがそれは間違いだった。「セネガル快勝」と報道するべきだったのだ。

セネガルは初戦の快勝がフロックではなかったことを証明するかのように、快進撃を続けた。高さのデンマークに引き分け、レコバ率いる老獪なウルグアイにも3 - 3のドローに持ち込み激闘を終えた。しぶとく勝点をゲットし続けたセネガルは結局二位通過で、予選を突破する。決勝トーナメント一回戦（ベスト16）。対スウェーデン戦。試合自体は延長にもつれこむハードなものだったが、この試合は面白かった。湿潤な気候の大分で、疲労の極に達したセネガル選手たちは、徐々に自分たちの「素」の部分を出し始めていたからだ。彼らは名将ブルーノ・メツによって組織戦術を叩き込まれている。だが、あくまでも彼らのベースはセネガルのストリートで育まれた個人技だ。速さで振り切る、トリッキーなフェイントをかける、想像力に満ちたボールタッチ……。誰もパスなんか考えていない。ボールを持ったら、相手ゴールへ向けて一目散にドリブルを続ける。そう、ドリブルだ。どうして他人にボールを渡したりなんか出来るものか。少年のころ、私たちはそう考えていた。ボールと自分だけの親密さ以外、何もなかった。ボールと足の間には何も介入する余地はなかった。セネガルがアンリ・カマラの狙いすましたグラウンダーのシュートでスウェーデンを振り切ったとき、たぶん彼らには歓喜よりも満足感が漂った。それはベスト16を経験し上昇志向を失った日本「代表」に似ていた。セネガルは日本を打ち破ったトルコと対戦し、イルハン（トルコＦＷ）の卓越したボレーシュートに沈む。だがどこにも悲壮感はなかった。ベスト8で十分、そんな気配が支配的だったのだ。

……セネガルの予選リーグ突破は裏を返せば、フランスの敗退を意味していた。世界チャンピオンの予選リーグ敗退はやはり現実的な予想ではなかったわけで、その限りで開幕戦は一瞬の悪夢に過ぎず、おそらくフランスは予選の残り二試合を圧勝して、決勝へと駒を進めるはずだという楽観論もなくはなかった。だが敗退の厳しい現実を突きつけられたフランスのメディアは迷走するのだ。このあたりからフランスのメディアは豹変する。セネガル「代表」のサポートへと突き進む。あれは、もうひとつのフランスなのだ、と。

実際、セネガル「代表」のほとんどの選手はフランス一部リーグに属している。フランスを旧宗主国として持つセネガルではフランス語が話されているという事情も絡んでいるだろう。歴史的にもセネガルはフランスに人材を供給し続けている。だが、セネガルに負け、敗退が決定的となるや、セネガルはもうひとつのフランス、では、あまりにプライドがなさすぎるではないか。どれほどセネガル「代表」選手たちがフランスリーグで活躍していようと、「セネフ」という言葉は軽々に使うべきではなかったと思う。

そう、このころからフランスのメディアに頻繁に登場した言葉に「セネフ」という語がある。フランスリーグでプレイしているセネガル人、という意味の新語で、セネガル―フランセを略した言葉。私は幾人かのフランス人にその語のもつ響きを確認したのだが、個人差があった。たとえばセネガル監督のメッツは「彼らはセネガル人であり、それに尽きている」と言い放ち、「セネフ」という語のもつ差別的な響きに敏感に反応している。ディウフやファディガ、アンリ・カマラやディオップが活躍したからといって、彼らを育てたのはフランスなのだと吹聴されても困る、ということだろう。ここにはフランス中心主義の、いわば国家主義のわずかな腐臭があるのではないか。

フランスのクレールフォンテーヌには、フランスが世界に誇る国立の養成所がある。若く才能ある（というよりまだほんの子供！）選手をリクルートし、専門教育を施してはフランス「代表」に仕立て上げていく流れが、ごく自然にそこには存在する。一方、ASモナコのように、セネガルに下部組織に直結した育成機関を置いたチームも出てきた。フランスとフランスのクラブチームの綱の引き合いは、セネガルを介して激しさを増していくだろうと容易に想像されるのだが、選手の育成に本腰を入れるのならばまだしも、成長し活躍している選手を事後的にフランスが育んだと名指すことは、過剰な国家主義と批判されても文句は言えまい。

ただ、そうした様々な思惑を考慮してもなお、二〇〇二年韓日ワールドカップのセネガル「代表」チームは爽快で奇蹟的なチームだった。彼らのガキ大将のようなプレイぶりだけは、幾度も語られ記憶されてよいであろう。

＊

話を戻す。

フットボールはまず地域主義的でなければならない、という視点について。

ナショナルでエモーショナルな昂揚を経験した後に、このような視点を提出すること自体、幾分か天邪鬼的振る舞いに見えるかもしれない。だが、フットボールはナショナルな昂揚に貢献するために存在するのではない。国家の代理戦争的役割は、フットボールの本来の機能ではないはずだ。

では、フットボールが地域主義的である、とはどういうことなのか。短い文章だが、作家の星野智幸が地域主義的であることについてこんな文章を書いている。

「デ・ケ・クアドロ・ソス?」

直訳すると、「どこの絵に属しているのか?」となるものだから、私はいったい何を訊かれているのかわからず、しばらくは悩まされた。結局、これは「どこのクラブのファンなのか?」という意味なのだが、冒頭の質問(「デ・ケ・パイス・ソス?」(=どこの国から来た?))と比べてもわかるように、本来は「出身」「所属」を尋ねる疑問文である。つまり、アルゼンチンでどこかのサッカークラブのサポーターであることは、単にサポートするクラブチームを選ぶというより、出生のように、いやおうなく決められるその個人の属性みたいなものなのである。だから、あらゆる人がどこかのクラブに「属して」いなくてはならない。アルゼンチンではサッカーは宗教のようなものだと言われているが、私には民族のように見える。ちなみに私は、リーベルに「属して」いる(帰化)。[4]

自分がどこかのクラブチームを選択してサポーターになっているわけではない。民族や宗教のように選択の余地なく、フットボールのクラブに人は属するのだ。「絵」の中の登場人物なのである。地域主義は階級や貧富や場合によっては職業によってあらかじめ刷り込まれているのだ。私たちは抗うことなくクラブに属さなければならない。

だが、世界中のどこもがアルゼンチンのようであるわけではない。かつて都市に住まう人間をきちんと弁別していたはずのフットボールがどうやらその近代を終え、ポストモダンに突入するや、途方に暮れるような事態に直面してしまうことだってあるのだ。

少し前まで、どのクラブを支持するかを決める(あるいは受け継ぐ)際には、それによってどのような人々に与することになるのかがいつもわかっていた。ACミラン、トリノ、ローマは都市プロレタリアートの《赤い》チームだった。これに対し、インテル・ミラノ、ユヴェントス、ラツィオは雇用者のチームだった。つまり、それぞれミラノの大金融ブルジョワジー、トリノのアニェッリ家やFIATの幹部、ローマの地主貴族のチームだったのだ。スタジアムに行くことは、自分がある階級に帰属していることを再認識し、《熱狂 tifo》を通して独特の都市文化を表現し、アイデンティティのための戦いを交えるのと同義であった。信仰は世代をわたって受け継がれていった。子供の頃、私は赤と黒を身にまとい、父とスタジアムにACミランの応援しに行ったものだし、それに七〇年代には（しかし、このことを判事たちには言わないでもらいたい）、私はミランの応援団、《赤と黒の旅団》の創設メンバーの一人であった……。[5]

この素晴らしく魅力的な文章を書いているのは、イタリアの政治哲学者トニ・ネグリだが、彼ほどの年季の入ったフットボールフリークであってさえ（というより、彼のような熱烈なサポーターだからこそ）、七〇年代の整然とした階級区分がなくなった現状に動揺を隠せず、茫然とせざるを得ないのだ。階級は消失し、大金持ちのメディア王がプロレタリアートのチームオーナーの座に坐ったり、ダービーで盛り上がるはずの都市で一方のクラブが長く二部に転落し続け、ゼブラカラーのもう一つのチームが都市を植民地化してしまう、そんな事態。

だが、ネグリが「心臓をえぐり取られたような気分」になると語っている都市の変動は、そこに民族性が持ち込まれるとき、別の形で都市を再編する運動へとスライドする。つまり移民とフットボールと都市の問題として結実する。

＊

イタリアやアルゼンチンの都市について十分に語るだけの知見を有していないので、いささかの責任を持って語り得る都市を、フランスの中に探してみることにすれば、マルセイユとパリになる。明快な対比を描いている二つの都市を中心に地域主義について考えてみよう。

地中海の港湾都市マルセイユには、もともと地理的条件からマグレブ（北部アフリカのアルジェリア、モロッコ、チュニジアを指す）からの移民が多い。彼らは旧港を中心に出来ている市街地を取り囲む北部地区に居を構えるプロレタリアートがほとんどだ。そして彼らは自分たちが住んでいる地帯に忠実にオランピック・ド・マルセイユ（以下、OMと略記する）というチームのホーム、スタッド・ド・ヴェロドロームのスタンドに陣取っている。つまり、彼らの人種や職業が居住地域と階級を決定づけ、それがダイレクトにスタンドの占拠具合に反映している、ということだ。

当然、内部抗争がある。ヴェロドロームはいかなるチームが来ようと、それがOMのホームであることを一瞬たりとも忘れることのないスタジアムだ。つまり、圧倒的にOMのサポーターで占拠されているのだが、サポーターは一枚岩ではない。移民を中心とした若年層のサポーター集団が複数存在し、北側と南側のそれぞれにスタンドに分かれている。もちろん比較的年配のヴェテラン集団も存在するのだが、それらがひとつのスタジアムに集結している。集団は細胞分裂のように分かれ、再編される。話し合いが持たれ、微妙なバランスの上に各サポーターの力関係が決定されている。[6]

　サポーター同士が円満な関係を持たなければならない理由はない。年齢も階級も、そして人種までも違えば同じチームを応援していようとも、主義主張に共通性がないことの方が自然だろうと思う。だが、彼らが見事に結束する試合がある。

　それは、パリ・サンジェルマンとの試合である。

　フットボールの試合には、ダービーマッチと呼ばれるものがある。卑近な例を挙げれば、「東京ダービー」とは、FC東京と東京ヴェルディ1969の対戦を指すし、「ミラノ・ダービー」はACミランとインテルの試合のことを言う。つまり同一の都市をフランチャイズしている二つのチームの対決を多くの場合「ダービー」というのだが、フランスにはごく稀な例外を除いて[7]ダービーマッチがない。それは同一の都市に二つ以上のクラブを設置していないからに他ならないが、例外的にダービー扱いされる試合がある。その試合が近づくと、対決の歴史が繰り返し新聞紙面を飾り、人々は予想を口にし、監督や選手はその試合が特別であることをまるで既定事項のように反復して強調するのだ。

　そう、パリ・サンジェルマン（以下、PSG）とOMの試合は、つねにダービーなのであり、単なるフットボールの試合を超えた対決なのだ。では、端的にそれは何と何の対決なのか。OMのバラバラ状態のサポーター集団を結束させるに十分な理由とは、いったい何なのだろうか。

　PSGは端的に言って、フランス代表の雛型である。青と赤で彩られたかのチームのユニフォームを見ればいい。フランス代表のトリコロールから一色（白）を抜いただけのコスチュームであり、その限りで、PSGはナショナルな存在の表象でもあるのだ。これは首都のチームの特権でもあり、特性でもある。

　一方で、OMサポーターはメディアにいろいろな形容をされてきた。無政府主義者やコスモポリタンはまだマシな方だが、彼らを語る最も適切な言葉は、地域主義者、だろう。マルセイユがフランスであるなどと少しも考えず、フランスとは一線を画した地域であろうとしているのだ。ここにOMとPSGの対戦を前にしてOMサポーターが作ったチラシがあるので訳出してみたい。

「マルセイユはフランスじゃない！」

奴らのところじゃ議論してる　オレたちは家で喋ってる

奴らは気を揉んでる　オレたちが連中をくたくたにするのさ
奴らはラシスト（人種差別主義者）で、ラシッド（マグレブ系に多い名前）はオレたちのダチだ
奴らの色は白いが、オレたちはいろんな色をしてる
奴らは旅行する　オレたちが奴らを襲う
奴らはビョーキ　オレたちは疲労困憊してる
奴らは物静かだ　オレたちは大騒ぎ
奴らは哀しげ　オレたちは死ぬほど笑ってる
奴らはタイトルをひとつ追いかけてる　オレたちはもう一〇回も獲っちまった
奴らはテレビ観戦　オレたちはスタンドに行く
そこで土砂降り　オレたちはシャワーを浴びるのさ
奴らは従順　オレたちは反抗的
奴らには金がある　オレたちには《信仰》がある
奴らは閉じ込められている　オレたちには海も港もある
奴らはヴァカンスに出かける　オレたちは別荘（独房）に行く
奴らはつまんないものを食べてる　オレたちはアイオリ（ニンニク入りマヨネーズソース）をつけては腹を壊している
奴らは顔のない誰かだ　オレたちはオリンピアン（OMサポーター）だ
奴らはロボットさ　オレたちは人間だ
奴らはフランス人　オレたちは「マルセイユ」人だ

マルセイユの独立を！　イスラエルよ、フランス・フットボール協会のチームを倒してくれてありがとう。そしてブルガリア代表チームよ、パリの連中がアメリカへただで旅行する機会を潰してくれて感謝する。[8]

自身を「マルセイユ人」と呼び、フランス代表がワールドカップ予選で敗退することをこれほど歓喜する精神性が、フランス内にあろうとは！　マルセイユの地域主義はここに極まっている。パリを相手にするとき、パリはナショナリズムの仮面をかぶった仮想敵なのだ。マルセイユは地域主義の牙城としてパリと相対しなければならないのである。サポーター内でどれだけ内部抗争を繰り返そうと、隣で肩を組んでいるヤツがどれくらい普段反目している輩であろうと、パリ＝首都＝ナショナリズムにまともに向き合うとき、マルセイユ人は燃え上がる。地域主義は格好の油を得て、焔を噴き上げるのだ。

OMは問題を多く抱えるチームである。このオフ（二〇〇二年夏）にも、マフィアとの深い繋がりが週刊誌を賑わせた。八百長でチーム自体が解体しかかったこともある。

だが、サポーターは決してOMを見放さない。それが地域主義の表象であるからだ。そう、事態は転倒している。OMやスタッド・ド・ヴェロドロームは、マルセイユに渦巻いている、反＝中央主義、反＝国民国家のシンボルなのではない。マルセイユにOMがあるからこそ、地域主義は昂ぶりを見せることができるのだ。

＊

地域主義があるからこそ、国家主義は国家主義たり得る。ナショナリズムに抗する存在なくして、ナショナリズムはナショナリズムたり得ない。ワールドカップでスタジアムに巣食った集団主義を、空疎な掛け声だけと断じるのは容易だろう。だが、刹那的に消えてゆく彼らの「ニッポン！」の声には、筋金入りのナショナリストが歓喜する響きは宿っていなかった。今福龍太が「観客席の不思議で空虚な一体感」と語る瞬間的熱狂は、ナショナリストの心の声ではなかった。だからこそ彼らの歓喜に保存されていた「純粋さ」を言い立てるのは、やはり間違いなのだ。

つまり、フットボールの祭典で燃え上がった「ニッポン！」はナショナリスティックな声ではない。だが同時にそれはナショナリストの「統合力」によって簡単にナショナルな力に織り上げられてしまう種類のものだった。

そして私に言えることは、ナショナリストになるな、ということでもなければ、ナショナリストを批判する人間になれ、ということでもない。フットボールに地域主義を持ち込め、と言っているのだ。そのことを通じて、初めて日本のフットボールは国家主義と地域主義の抗争を経験することになる。この闘いを内包しないかぎり、フットボールは単なるスポーツにすぎない。そして単なるスポーツに、私は関心がない。

たぶん（という予想にすぎないが）、沖縄のような土地にJリーグのクラブが発足し、日本代表に人材を一人も輩出しないものの、結束した爆発的な強さを誇るような事態に到ったとき、私たちは初めて語の十全な意味での「地域主義」を経験することになるのだと思うが、いまだこれらは予想でしかない。感情だけで連携していた似非ナショナリストたちが跋扈するこの国で、ではいったい何を経験すれば、私たちはナショナリストやリージョナリストになることができるのだろうか。

＊

暗いところが恐いんだろ？

安っぽい連帯感に付き合ってやれる時間は悪いがもうないな

感情的共振の拒否……。歌っているのは、ザ・ブルー・ハーブというラップグループであり、ボス・ザ・MCという名前の、卓越したライム（ラップでいう歌詞）を書くことの出来る人間がここにいる。彼はいまだにインディーズと呼ばれるレコード会社に属している。メジャーレーベルに属する「Jラップ」の連中が数十万枚、いや数百万枚というセールスを記録する中、彼らのセールスは一桁違うそれでしかない。だが数字の差異以上に彼らには注目すべき点がある。

それは彼らが明快な地域主義に貫かれている、ということだ。

札幌に在住する彼らは、札幌に住むこと、中央（東京）への違和を常に口にする。

俺が救世主？　はずれだよお嬢さん　そんなにきれいなものじゃねぇ
アブストラクトじゃない **HIP HOP** だ　誰が **TOP** か　それにこだわった勝負だ
日本語 **RAP** じゃない　日本の北の **HIP HOP** だ[9]

「誰がトップ」かとか「勝負」とか、そういった日本のヒップホップの中（あるいはこれはアメリカまで拡大することも可能だろうが）でしか通用しない言葉（仲間内での私怨や喧嘩）は、とりあえず措く。私が注目するのは「アブストラクト」じゃない、つまり抽象的ではないラップなのだ、という宣言と、「日本語**RAP**」に対して「日本の北の**HIP HOP**」が対置されていることである。

つまり「日本語ラップ」のような平準化した全国平均的なラップとは対照的なポジションに自分たちはいるのだ、と彼らは歌っている。「日本の北」＝札幌へのオマージュをまとった地域主義が彼らの根底に息づいている。札幌を根城にして日本を見る。いや、歌っているボス・ザ・MCの移動距離は半端ではない。つねに世界中を飛び回っている。ビジネスではない。彼はふと思い立ち、旅に出ている。彼がどんな場所を移動しているのかは彼らのHPでボス自身が撮影した写真で確認することができる。世界を移動しながら日本を見る。ザ・ブルー・ハーブのライムは、地域主義からスタートした日本への視線に支えられている。「闘う理由なんてたったひとつでもあればいいんだ。日本人の心のゲットー、心の荒廃にはものすごいものがある。だから、そこは日本という国でしか生まれない闘い方、というのもあると思う」。ボスは雑誌『**Remix**』（インタビュアー、野田努）でこう語っている。

こうした態度は、ドラゴン・アッシュのような全日本的な人気ラッパーの歌詞と比べてみればより鮮明になる。ドラゴン・アッシュには東京という地名が特権的に出てくる。渋谷でワルをやっていた、父親から譲り受けたプライドがある、云々。東京という資本主義の怪物と明確な一線を引くブルー・ハーブの態度と対照的に、資本主義に淫し、そこでの狂奔を享受する態度において一貫している。

あえて書くが、ドラゴン・アッシュを聴くことは、スタジアムで「ニッポン！」という声とともに感情的ナショナリズムに身を浸すことと同義である。ドラゴン・アッシュに続く「日本語ラップ」の隆盛はしかし、私には不気味であると同時に悲惨な印象もある。なぜ悲惨なのか？　彼らのヒップホップが目の前のリスナーを意識して作られていないからであり、本当の意味の地域主義との抗争を経験していないからである。

彼らの眼にはアメリカのヒップホップ・ミュージシャンが映っている。彼方の動静に敏感で、モードの変遷にセンシテイヴである。だがそれはいい。問題なのは、日本という国民国家に対して無根拠にプライドを持つよう仕向けていることだ。根無し草のようなプライド志向は、単に不幸なだけである。浮薄なナショナリズムは、国家の統合力を醸成するのみである。

だからこそ、私たちはザ・ブルー・ハーブを聴かなくてはならない。強烈な地域主義を経験することでナショナリズムと向き合うこと。ワールドカップを経験した今、フットボールと同じく、私たちに求められているのは、冷静で強固な地域主義を生きることにほかならない。

*

それにしても札幌だ。

二〇〇二年六月七日、韓日共催ワールドカップ。札幌ドームで行われたイングランド対アルゼンチンの「遺恨試合」。「世界で最も誹りの激しい貴公子」（「Number」誌）デイヴィッド・ベッカムは、「四年間、とても長かった」とコメントを残した。1-0。イングランドの勝利。煌く星のようなスター選手を揃えたアルゼンチン代表は、オーウェン（イングランドFW）を引き倒したために相手に与えられたペナルティキックによって先行されてしまう。

結局、この試合の敗戦が大きく響いて、アルゼンチンは予選リーグで敗退してしまうのだが、ザ・ブルー・ハーブのボス・ザ・MCがこの試合をどんなふうに観ていたか、私はとても興味があるのだが、フーリガンの来襲を想定して、札幌の街には戒厳令下かとみまごうばかりの警官が配備されていた。フットボールのカタルシスをぶち壊すような警察の圧力については、たぶん現場にいなければ報告できない。ちなみにこの日、私は東京・渋谷にあるNHKのラジオセンターで、開幕して一週間経ったワールドカップを（あまりにも早く！）「総括する」仕事をしていた。現場から遠く離れて……。

イングランドとアルゼンチンの国家の威信を賭けた闘いには、これまでもあまたのエピソードが付属している。フォークランド紛争、ディエゴ・マラドーナの「神の手」（相手ゴールに鋭く切れ込んだマラドーナがハンドとおぼしきプレイで得点、試合後、マラドーナ自身が「神の手」という表現で反則を認めた）、そして四年前のベッカムの一発退場事件（これはアルゼンチンの闘将シメオネの奸計に完全にのせられた、つまり仕組まれた暴力行為だった）……。

誰がどう考えてもFIFAの作為を感じざるを得ないイングランドとアルゼンチンの因縁だが、これが札幌で行われたことには意味を認めていいのではないか（遠く東京にいた私は半ば本気でそう考えていた）。つまり、私たちが地域主義の牙城（！）と考える札幌で、もっともナショナルな対決が行われたという事実！ ……だが試合を別にすればそれはナショナリズム同士の対決でもなかったし、札幌を拠点とするリージョナリズムとナショナリズムの衝突でもなかった。あるリポートにはその様子がこう活写されている。「若い連中や酔っぱらったサラリーマンが、大声をあげながらイングランドサポーターにくっついて腕を振り振り信号を無視して行進する光景は、まったくもってコミカルでバカバカしく、内心うんざりもするのだが、しかし考えるに、恐怖心だけを胸に抱えて〈異人〉を冷淡に拒否する態度よりは、まあましなもんだろうと思う。／サッカーが、その誕生時に本来的に備えていながら、しかし、近代スポーツとして成長する過程で、『ルール』によって去勢されてしまった暴力的な本質、その血なまぐさい野蛮な姿がフィールドの外で炸裂する凶暴な瞬間を求めて札幌に来た自分だが、今夜この街で見たのは、百数十年ぶりの『黒船来襲』だったとは！／騒動の主役は、悪役レスラーのような風貌の図体のデカい外国人ではなく、あくまで日本人だ。今夜この街で繰り広げられているのは、マスメディアやごく普通の善良な人々が引き起こした日本人の日本人による日本人のための自作自演歴史的コメディー。恐怖を演出するメディア陣も日本人なら、心配する市井の人間も日本人、騒動に乗じて騒ぎ立てる若いやつも日本人で、取り締まりの警察官も日本人。外国人はホントお飾りに過ぎないんだな。ああ、なんてコミカルなんだろう。そしてオレはこういうの、まんざら嫌いなワケじゃない」[10]。

私はこうした「自作自演」ぶりが大嫌いだが、それは日本人がやはり外部を持てなかったからにほかならない。ワールドカップのまとっている「感情のナショナリズム」を振り払う視点を、結局、私たちはいまだに持てないでいる。ただひとつだけ言えるとすれば、そうした日本人の精神性を「コミカルでバカバカ」しく「うんざり」させられると対象化する視点が確保されていることだ。ここから何処へ向かうのか。次のステップはすぐそこにある。

注

1 金子達仁、戸塚啓、中西哲生『魂の叫び　J2聖戦記』（幻冬舎文庫、二四〇頁、引用当該箇所は、金子の文章）。

2 「代表」という言葉にはじつはかなり抵抗を覚えている。ブラジル「代表」を指す「セレソン」が選抜くらいの意味であることを鑑みれば、そろそろ「代表」などという大仰な言葉は使用中止にしてみてはどうだろうか。ちょうどブラジル人、ジーコが「代表」チーム監督に就任したことでもあるし。

3 共同通信配信記事「ファイル二〇〇二　W杯サッカー」より。

4 星野智幸「どこの絵に属しているか?」（「すばる」二〇〇二年六月号、集英社）、二九六ページ。

5 トニ・ネグリ「確かなるミラン」（「ユリイカ」二〇〇二年六月号、青土社、陶山大一郎訳）、一四一ページ。

6 拙著『フットボール都市論』（青土社、二〇〇二年）、第一章を参照されたい。

7 この稀な例外は、二〇〇二／〇三シーズンに二部から一部に昇格を果たしたアジャッシオが、バスティアと「コルシカ・ダービー」を演じることになったこと。コルシカ島の北部と南部の小さな都市が二チームともフランスリーグ一部に在籍すること自体、かなり特筆に価することだと思えるが、それよりも、この二チームの抗争がほとんど常軌を逸した「戦争」であるらしいことは、若干の危惧とともに記憶されておいてよいだろう。

8 Christian Bromberger, *Le Match du Football*, MSH, Paris, 1996, p.256. 引用箇所末尾の「イスラエル」と「ブルガリア」への謝辞について一言触れておけば、九〇年のイタリア・ワールドカップ予選、九四年のアメリカ・ワールドカップ予選において、フランス代表チームを敗退に導いたのが、それぞれイスラエルとブルガリアであった。マルセイユサポーターは、フランス代表のワールドカップ本戦出場を阻止した二つのチームに明確な形で感謝しているのだ。

9 THA BLUE HERB, "Shine On You Crazy Diamond", in *SELL OUR SOUL*, 2002.

10 石丸元章「『フーリガン来襲!』顛末記」（「Number」六月一九日臨時増刊号、文藝春秋）、六三ページ。

つながりに気づき、つながりを築く
――ガイアネットワーク新宿の試み

大谷栄一

1　はじめに――『地球交響曲《ガイア・シンフォニー》』というドキュメンタリー映画

(1)『地球交響曲』とは何か

二時間三〇分にわたる上映が終わり、会場は静まり返っていた。そして、静かに観客の間で拍手が起こった。映画を観て拍手が起きるというのも不思議な現象だが、私もまた映画に感動しており、その感動を心のなかで反芻していた。

　私が観たのは、龍村仁監督[1]によるドキュメンタリー映画『地球交響曲』第三番。二〇〇一年四月一五日に東京都文京区の文京シビックセンター小ホールで行われた上映会での出来事である。映画のチラシには、「『地球《ガイア》の声がきこえますか。』という呼びかけで始まる映画『地球交響曲』は、地球環境の美しさ大切さを訴えかけるだけでなく、一人一人の心の無限の可能性に言及する『こころの映画』として、大きな反響を呼んできました」とある。私は今まで法華仏教を中心とする宗教の研究をしてきたが、『法華経』という経典には自分と世界のあらゆる生命《いのち》とのつながりが説かれている。『地球交響曲』を観て、そうした生命のつながりを痛切に感じた。生命のつながりを、映画を通じて実感したということは、貴重な体験だった。

　私は、ふとしたきっかけからこの上映会のチラシを手にし、会場に足を運んだ。後日、インターネットや書籍で調べてみると、この一〇年間にこの映画をめぐるじつに興味深い現象が日本各地で起きていることを知り、『地球交響曲』をめぐる動向が、現代社会においてどのような意味をもつのかを考えるようになった。また、龍村監督の著作を読むなかで、龍村監督のいう「スピリチュアリティ（霊性）」とは何なのかに関心を抱くようになったのである。龍村監督の言葉の数々は、きわめて「宗教的」であると思えた（この印象は『地球交響曲』にもあてはまる）。近年、「宗教」ではないが「宗教的」

とよべる現象を「スピリチュアリティ」という傾向がある。では、宗教とスピリチュアリティとはどのような関係にあるのだろうか。

こうした数々の疑問を明らかにしたく、私は『地球交響曲』をめぐる動向を調べることにした。自分がこの映画に感動した意味を自らに問いかけつつ、私の調査は始まった。映画をめぐる現象や（龍村監督のいう）「スピリチュアリティ」を検討する前に、まず、『地球交響曲』について簡単に紹介しておこう。

『地球交響曲』は、一九九二年十一月に公開されて以来、九四年四月にシリーズ第二作目となる「第二番」、九七年一〇月に「第三番」、そして二〇〇一年一〇月には「第四番」がそれぞれ公開された。この映画は、スピリチュアルな体験をもつ人びととの生き方をインタビューと映像でつづったオムニバス形式のドキュメンタリー映画であり、とくにストーリーがあるという映画ではない。私が観た「第三番」には、写真家の星野道夫と彼の友人たち、宇宙物理学者のフリーマン・ダイソン、外洋カヌー航海者のナイノア・トンプソンが出演している。[2] 地球上のあらゆるいのちはつながっているというスピリチュアルなメッセージが、この映画のテーマのひとつである。とはいえ、それがけっしておしつけがましく主張されているわけではなく、映画は登場人物の語りや自然の映像によってシンプルに構成されている。

『地球交響曲』のポスター
（写真提供：ガイアネットワーク新宿）

(2) 自主上映という上映システム

先に私は「この映画をめぐる興味深い現象がある」と書いたが、それは映画の上映システムと自主上映活動の広がりの大きさである。「第一番」が公開されてから約一年半後の九四年六月一八日の『毎日新聞』夕刊に掲載された次の記事の一節に注目してほしい。

> 宣伝費もなかった一本の映画が、全国にメッセージを届けた。自然と人間をテーマにした『地球交響曲（ガイア・シンフォニー）』。一昨年の公開以来、予定のなかった地方のホールや学校の体育館で自主上映され、十五万人以上の観客を集める人気ぶり。

記事では、映画の感動が口コミで広がり、環境問題に関心をもつ主婦を中心として、自主上映の申し込みが殺到し、約一九〇ヶ所で公開される大ヒットとなったことも報じられている。さらには、「環境問題や心の問題について、皆さんが自分自身の中で何かを再発見して、プラス志向で元気を出せる映画を作りたかった。この手の作品は（客が）入らない、といわれていたので正直、驚いている」との、龍村監督のコメントも紹介されている。

「第一番」の公開以降も評判はとどまることなく、全国各地で上映会が繰り返し行われ、九九年一月には上映箇所が「第一番」から「第三番」までで延べ三三二一ヶ所、観客数は延べ一四一万人を数え、さらに〇一年十月には四一四三ヶ所、一六二万人を数えている。[3]

それにしても、驚くべき数字である。一般の人びとによる自主上映によって、これだけの広がりがあるものだろうか。『地球交響曲』についての私の興味はますます深まり、この年（〇一年）の四月から六月まで三ヶ月にわたって、東京の中野ZEROホールで行われた「第一番」から「第三番」までの自主上映会に参加した。そして、この自主上映会を主催した女性（五〇代前半）に自主上映を企画した経緯などをインタビューする機会を得た。仕事をもつ主婦である彼女が、龍村監督の講演を聞いて感銘し、自主上映を思い立った動機から、上映会に向けての準備の苦労や上映会を成功させた充実感などを聞きながら、この映画を支える人びとの姿をかいま見た気がする。

さらにこの年の十二月には、龍村監督にインタビューする機会があり、監督自身の考えるスピリチュアリティ（霊性）のイメージや映画のもつメッセージ、出演者たちのエピソード、自主上映活動などに関する話を聞くことができた。[4]

こうした経緯をへて、この『地球交響曲』の隠れたロングランを支えている自主上映というシステムや、その主催者たちについて知ることがこの映画をめぐる現象を読み解くカギになるのではないか、と考えた。

主催者たちは『地球交響曲』を観て感動し、映画に共感した人びとであり、それまで自主上映など手掛けたことなどない「素人の観客たち」（龍村仁）である。こうした人びとが映画の感動や共感を他人に伝えたいという想いをもって、自主的・自発的に自主上映会を企画し実施した積み重ねが、観客たち自らによって上映が繰り広げられていくという現象をもたらしたのである。なお、龍村監督は映画の上映活動を進めるなかで、「ガイアネットワーク」と呼ぶ「柔らかいネットワークづくり」を呼びかけ、結果、一万二千人を超える人びとが登録している（龍村仁編『地球交響曲の軌跡—— The Long and Winding Road』人文書院、一九九五年、九五頁）[5]。こうしたゆるやかな関係を取り結ぶ人びとのなかから、自然発生的に自主上映の波が立ち上がり、今現在もその波は大きなうねりとなって広がっているのである。

「ガイアネットワーク広島ステーション」や「中部ガイアネットワーク」など、「ガイアネットワーク」を名乗る団体が各地にあるが、そのなかのひとつが、東京を活動拠点とする「ガイアネットワーク新宿」（GNS）である。私は、サイト上で各地のガイアネットワーク諸団体のホームページを検索するなかで、GNSのサイトに行き着き、（後述するような）GNSの活発でバラエティに富んだ活動内容に関心をもった。

本論は、このGNSを対象として、メンバーたちの築き上げている共同性を分析し、『地球交響曲』の広がりを支える自主上映活動の特徴を明らかにすることを目的とする。そして同時に、私が『地球交響曲』を観て感動した理由も考えていくことにしよう。

2 『地球交響曲』と自主上映活動

(1) つながりとスピリチュアリティ

そもそも『地球交響曲』とはどのようなメッセージをもつ映画なのだろうか。龍村監督の言説を通じて、そのポイントを簡単に確認しておこう。

冒頭に紹介したように、『地球交響曲』は「地球の声が、きこえますか」との問いかけから始まる。龍村監督は、「第一番」のパンフレット冒頭で、「もし、母なる星地球が本当に生きている一つの生命体である、とするなら、我々人類は、その〈心〉、すなわち〈想像力〉を担っている存在なのかもしれません」とのべている。この映画は「地球はそれ自体が大きな生命体であり、すべての生命、空気、水、土などが有機的につながっている」というジェームズ・ラブロックのガイア理論に拠っているが、龍村監督は、人類がその〈想像力〉によって科学技術を生み出したことで地球の環境を大きく変えてきたので、地球の未来も「人類の〈想像力〉すなわち〈心〉の在り方」によって決まる、とパンフレットに記している。つまり、地球や自然と人間の心はつながっていると指摘する。

この映画を読み解くキーワードは、「つながり」である。地球、自然、人間の間にあるはずのいのちのつながりの感覚を喪失しているのが現代である、と龍村監督はいう。そしてこのつながりの感覚を、龍村監督は、「スピリチュアリティ（霊性）」と名づける。

> 自分のいのちが（中略）自分自身の意思と努力によってなされていることは当たり前ですが、同時に（自分のいのちは）そのベースに連綿と続いている大きないのちの中に生かされている。その生かされている実感のことを霊性と

いうふうに考えています。（中略）地球なら地球という大きな生命体の一部分として生かされているということもあります。（龍村監督へのインタビューより。『現代宗教二〇〇二』東京堂出版、二〇〇二年、二三〇頁）

美しく壮大な自然の映像や、自然と共生する出演者たちの生き方は、『地球交響曲』を観る者に静かな感動を与えてくれる。しかし、龍村監督は、スピリチュアリティは出演者たちのような特別な能力をもった人間だけがもつものではなく、「人類という種を特徴づける基本的なもの」であり、誰もがもつと語る。

では、どのようにそれは獲得できるのだろうか。この日常生活のなかで、身体知を通じて獲得できる、という。たとえば、「第一番」の出演者たちは、「自分のからだとの対話を通して、自分の命が、他のすべての自然と〈ひとつながり〉であることを思い出した」のに対して、「私たち（一般の人たち）は、日常生活の中で、自分の体と対話するチャンスを失い（中略）自分以外の生命や自然、地球そのものへの鈍感さ、傲慢さを生んでゆくのだ」とのべている（龍村仁『地球《ガイア》のささやき』角川ソフィア文庫、二〇〇〇年、三二―三三頁）。しかし、「我々は誰でも、自分の立場で、自分のやり方で、彼らと同じことができる。なぜなら、我々はみな、本来ひとつながりなのだから」（同前、三四頁）と、日常生活のなかでの気づきの可能性が示されている。

ただし、そのつながりはけっして一様なものではなく、多様性が重視される。「第二番」の冒頭シーンに、「多様なものが、多様なままに共に生きる、それは生命の摂理であり、宇宙の摂理である」との字幕が入るが、多様性をもった個々のいのちのつながりが「生命の摂理」であるという考えが、龍村監督のスピリチュアリティ観の根底にあるのではなかろうか。

なお、島薗進は、「宇宙や自然の聖性、またそれと本来的自己の一体性の認識」や「思考が現実を変える」という信念や観念をニューエイジの特徴のひとつとして指摘している（島薗進『精神世界のゆくえ――現代世界と新霊性運動』東京堂出版、一九九六年、三一―三五頁）。龍村監督の言説を検討すると、そこにはニューエイジや精神世界の世界観や思考方法に通じる特徴がある、と私は考える。[6]

(2) 映画と観客の間の相互作用

『地球交響曲』を観るという行為は――龍村監督によれば――つながりという「生命の摂理」に気づく契機となる。そもそも、龍村監督が『地球交響曲』で試みようとしたことは、〈見える世界〉を通して〈見えない世界〉を描くことだった

（前掲『地球のささやき』、四一—四五頁）。〈見えない世界〉とは〈心〉そのもの、〈魂〉そのもの、〈霊性〉そのものを意味する。ただし、〈見えない世界〉はけっして〈見える世界〉の対極にあるわけではなく、われわれの日常生活のなかにリアルに実在するのであり、そのことを感動とともに思い出すきっかけを与えるのが『地球交響曲』である、と位置づけられている。観客がそうした想起や気づきを得るためには、〈想像力〉が必要であり、観客と映画とのあいだで「観る」というクリエイティブな行為を通じて、〈見えない世界〉が立ち現れる、と龍村監督はいう。

つまり、龍村監督にとって、ドキュメンタリー映画は〈見えない世界〉を描くための表現手段であるわけだが、その〈見えない世界〉は、映画と観客とのあいだの相互作用を通じて感得されるものなのである。そして、〈想像力〉によって〈見えない世界〉を感得した人びとに大きな感動が生まれ、この映画のメッセージを他人に伝えようとする反応が起こり、自主上映という実践が始まるのである。

ここにおいて、『地球交響曲』のメッセージの受け手から送り手への転換という事態が立ち起こるのだ。

(3) 自主上映活動という実践

「上映してくれる映画館がほとんどなかったからこそ、この映画を親しい人に観せたい、感動を分かち合いたいと思われた観客ひとりひとりが自然に動き出し、自然発生的にこの自主上映の形が生まれたのです」、とは龍村監督の発言である（龍村仁『ガイア・シンフォニー間奏曲』（株）インファス、一九九五年、一九一頁）。

一九九八年春に撮影を開始し、九一年暮れに完成した『地球交響曲』（この時、「第一番」というクレジットはなかった）は、なかなか配給先が見つからず、上映機会もなく、映画関係者の反応もとぼしかった。ところが、しだいに映画とは無縁の精神世界系のサークル誌や健康関連の雑誌、自然食・環境問題関連のミニコミ誌からのインタビューや原稿依頼が増えはじめたという。そして九二年末、ようやく東京の六本木にあるミニシアターのシネ・ヴィヴァンで公開されることになり、公開後は口コミで評判を呼び、二週間で五千人の観客を動員することになる。結果的にシネ・ヴィヴァンでの上映後、急遽、別の映画館で公開されることになった。

その後、観客たちによる自主上映が開始されていくことになる。先に引用した新聞記事のように、公開から約一年半後には、全国一九〇ヶ所で一五万人以上の観客を動員している。龍村監督は精力的に自主上映会場を回り、舞台挨拶や講演を重ねた。そして、こう述懐する。「初期の自主上映主催者のほとんどは女性であった。なかでも子育てをようやく終わりかけているか、あるいは子育て真っ最中のお母様方が多かった」。次に「若者たちに拡がり、そして二年目を過ぎる頃からようやく一般男性社会に浸透しつつある」、と（前掲『地球交響曲の軌跡』、一五頁）。[7]

では、実際にどのような人たちがどのように自主上映を企画・運営し、その活動を通じて、どのような経験をしながら、自主上映活動を実践しているのだろうか。以下、ＧＮＳの活動を見ていくことにしよう。

3　ガイアネットワーク新宿の活動

(1)　活動の歩み

ガイアネットワーク新宿（ＧＮＳ）の活動は、一九九七年四月にスタートした。『地球交響曲』第三番が完成する半年前のことである。この年の四月、龍村ゆかりさん（三〇代後半）は東京でもガイアネットワークを立ち上げようと考え、東京近辺に住むガイアネットワークへの登録者や友人たちに葉書で呼びかけ文を出した。「私自身は『地球交響曲』の制作側だったので（映画の）情報は持っていたが、自主上映会はやったことがなかったので、みんなでゼロから手探りでアイデアを出しながら（企画を）決めていきました」と、龍村ゆかりさんは語る。[8] ゆかりさんは龍村監督の伴侶で、『地球交響曲』の制作スタッフだったが、出産と子育てを機に制作から退いた立場にいた。当時、四谷区民センターが開館し、このスペースを拠点として、「二一世紀へのかけ橋をめざした」活動を開始することになる。

四月八日、四谷区民センターで第一回ミーティングが催された。一四名の参加者が集まり、以降の活動方針について話し合ったところ、『地球交響曲』の自主上映会をしたいとの意見が出て、自主上映会を中心とした活動を行うことになる。以後、活動は毎週のミーティングと月一回の定例会を基本として活発に繰り広げられた。

その活動を具体的に見ると、九七年四月の結成から〇一年四月まで、計二三回の定例会と計十六回の自主上映会を開催している。六月一日には第一回定例会が行われた。龍村監督をゲストに迎え、龍村監督制作のドキュメンタリー作品『宇宙船とカヌー』のビデオ鑑賞会とトークが行われた。直後の六月一七日には、「第二番」の出演者であり、本書弓山論文で紹介されている佐藤初女の『おむすびの祈り』の出版記念講演会を催している。なお最初の頃の定例会では龍村監督の制作したドキュメンタリー作品をビデオ鑑賞し、龍村監督の話を聞くというケースが多かったが、しだいにさまざまなゲストを招いて、バラエティに富んだ企画が実施されるようになった。たとえば、佐藤初女、岩谷孝子（ＮＰＯ団体アイサーチ・ジャパン代表）、松元恵（ダイビングショップ「ＢＩＧ　Ｂ

LUE」代表）、岡本直文（『地球交響曲』国際版配給プロデューサー）、深川洋一（GNSのメンバーで『タンパク質の音楽』の著者）がゲストとして招かれている。

また、自主上映会は九七年十月に「第一番」を、同年十一月に「第二番」をそれぞれ四谷区民センターのホールで開催し、盛況を収めている。また、九八年二月には「いいお産の日」実行委員会と共催で「第三番」の上映会&トーク・イベントを開催し、『地球交響曲』のナレーションを担当している俳優の榎木孝明が龍村監督とトークを行った。以後、同年七月には「第二番」（ゲストは佐藤初女）、同年八月には「第三番」（ゲストは「第三番」出演者のシリア・ハンターとジニー・ウッド）、九九年七月に「第一番」と「第二番」、同年八月に「第三番」（ゲストに宗教学者の山折哲雄、「第三番」出演者のボブ・サム、音楽家の奈良裕之）、〇〇年二月十二日に「第一番」（ゲストに「第一番」出演者の野沢重雄）、十三日に「第二番」と「第三番」、同年十二月に「第一番」と「第二番」（ゲストに佐藤初女）の自主上映会をそれぞれ開いている。

なお、GNSは、「二一世紀に入り、発足当時の想いは、いつのまにか達せられていました」（龍村ゆかり「ニューズレター休刊に寄せて」『ガイアネットワーク新宿ニューズレター』一四号、二〇〇一年三月）として、〇一年三月に会のニューズレターを休刊し、四月のアースデイの特別企画（龍村監督と「第四番」出演者のドン・ロス、建築家の鈴木エドワードのトーク）をもって従来の活動をペースダウンすることになる。その背景には、「第四番」の制作に関する事情があった。前年五月、龍村監督は有限会社龍村仁事務所を立ち上げ、「第四番」の制作に入った。「第四番」は「共に感ずるシンフォニーから共に奏でるシンフォニーへ」というテーマのもと、（「第三番」までの制作と異なり）一般市民から制作費用のスポンサーを募る「ひとコマスポンサー・プロジェクト」というやり方を導入した。映画の制作側とGNSは別組織だったが、龍村ゆかりさんが制作側の事務所のスタッフであり、GNSのメンバーたちもひとコマスポンサー・プロジェクトに積極的に協力するようになる。ひとコマスポンサー・プロジェクトは成功し、無事に「第四番」は〇一年十月に完成した。

その後、〇一年十月に『地球交響曲』第四番試写会でGNSが会場スタッフをつとめ、〇二年七月には自転車で世界中を旅した坂本達氏と龍村監督の対談講演会を中野ZEROホールで開催している。

(2)「出入り自由のやわらかなネットワーク」という特徴

『ガイアネットワーク新宿ニューズレター』一号（九七年九月発行）には、GNSの特徴が次のように規定されている。

イベント「自転車に夢を乗せて」（龍村監督〈右〉と坂本達氏の対談講演会（写真提供：ガイアネットワーク新宿）

GNSとは「映画『地球交響曲』に共鳴し、そのことをきっかけとして、豊かな地球環境を守り、未来の新しい文化を築いてゆきたいという人々の心を支援する集まりです。『人と自然のより良い関係』をテーマに、老若男女を問わずひとりひとりの心と身体が元気になるような企画をあらゆるジャンルを超えて展開してゆきたいと考えています」。つまり、『地球交響曲』への共鳴をベースとして、「人と自然のより良い関係」をテーマとした活動を行う団体であることがわかる。なお、ガイアネットワークとの関係だが、GNSはガイアネットワークと趣旨は同じだが、「東京とその周辺の地域を中心とし、独自に上映会などの活動をしていくネットワークです」と定めている。

また、「出入り自由のやわらかなネットワーク」という点が、GNSの組織的な特徴である。実際に今日にいたるまで、GNSは「出入り自由」の状態が続いており、地位・役割関係が制度化された官僚制的な機構は存在しない。ゆかりさんによれば、当初から（官僚制的な）「組織」にはしないという意図があり、たとえば「代表者」というのは会場を借りる責任者ということであり、企画の決定もメンバー同士の話し合いのなかから生み出されていった。メンバーの自発性や多様性を尊重する方針が取られたわけである。この点について、ゆかりさんは次のようにいう。

> 『出入り自由のやわらかなネットワーク』を基本においていました。
>
> 自発的な活動、自主活動ですから、（中略）その自発性をどう育てていけるかということですよね。ですから、結構、歩みも遅い部分ももちろんありますけど、その分、じっくり熟成していくという感じがあります。そこで、もちろん、人と人ですからぶつかることもありますし、意見が違うこともあるんですけれども、そこで、よくみんなが納得する形で収まりながらきた、と思いますね。

会の運営や企画についての話し合いはメーリングリストやミーティングを通じて頻繁になされ、「そのやりとりを取っておいたら一冊の本になるほど」、とゆかりさんは振り返る。ただし、自発性や多様性を尊重する姿勢は、逆にいえば、強力なリーダーシップの不在を意味する。実際、（後述するように）活動をめぐるメンバー間の葛藤が表面化した時期もあり、それで会を抜けていったメンバーもいて、組織が「ガタガタしていた時期」もあった、と結成当初から参加している女性メンバーのひとりはいう。GNSのゆるやかな関係性《つながり》は、メンバー間の頻繁なやりとりと人間関係の葛藤をへて作られてきたことがわかるであろう。

(3) 多様性をもったメンバーたち

会は「出入り自由」ということもあり、一時期、メンバー登録した人数が八〇〇名を越えた。そのため、ニューズレターの発送作業が困難になり、九八年秋以降、メンバーには年間千円の通信費を出してもらうことになる。通信費を供出した人たちがサポート・メンバーとなり、その数は一二〇から二〇〇人の間を数えた。ほかにミーティングやイベントに直接参加し、企画・運営に関わるコア・メンバーがおり、その数は常時二、三〇名を数え、イベント直前には、三〇名前後のメンバーがつねに集まったという。

コア・メンバーは、外資系企業やコンピューター関係、電機メーカーなどに勤務する会社員、公務員、音楽関係のエンジニア、デザイナー、アナウンサー、学生、主婦などさまざまで、年齢層も二〇代から五〇代まで幅広い。ニューエイジや精神世界に関心をもつメンバーもいれば、登山やマリンスポーツなど、アウトドア活動に親しむメンバーも多く、まさに多様な人びとが集まっている。なお、参加動機はさまざまで、自主上映会を通じて参加したメンバー以外にも、佐藤初女の「森のイスキア」（弓山論文参照）や「第三番」出演者の星野道夫の存在を通じてGNSを知ったメンバー、GNSのホームページにアクセスして参加したメンバーもいるとのことである。

たとえば、外資系企業に勤務する谷口映子さん（仮名、四〇代前半、女性）は結成時からのメンバーだが、当時、ニューエイジ思想にも興味があった。しかし、ニューエイジは「ふわふわしていて、地面に足をつけないような感じがして、すごく嫌だった」という。そして、「『地球交響曲』はニューエイジっぽいが、実際に言っていることは『もっと地に足をつけて生きなさいよ』ということで、すごく共感を得て、知り合いにも観てもらいたい、私自身もそうやって生きていきたいと思い、ゆかりさんの（GNS結成の）呼びかけに応じて参加した」と語る。彼女は、「現実感覚」に乏しいままニューエイジ思想の実践に取り組む人たちが「アンバランス」であると感じた、という。

また、電機メーカーに勤務する森山容一さん（仮名、三〇代後半、男性）は自然や環境問題に興味をもっており、九八年の春に逗子で「第三番」を観て「衝撃」を受け、周りの人にも映画のことを紹介した。そして、たまたまインターネットでGNSのホームページを見て定例会のことを知り、九九年春から定例会に参加するようになる。当時、スピリチュアルなものにも興味があり、ジェームズ・レッドフィールドの『聖なる予言』（の一部）を読んだり、シャーリー・マクレーンの『アウト・オン・ア・リム』をビデオで観たこともあった。森山さんはアウトドア活動もしており、「人間がかなわない大きな力があるな、と体感していた」という。また、「ネイティブ・アメリカンのように、身体をベースにして体験的・経験的に作り上げていくものであれば信じられるが、ニューエイジのように、頭の中だけで考えたことはすごく怪しいと感じますね」と語り、谷口さんと同じく、ニューエイジへの違和感を表明している。

なお、森山さん以外にもアウトドア活動に親しむメンバーも多く、メンバーの間には身体性を重視する傾向があるが、GNSの共同性を保証するのは、そうした志向性の共有だけにとどまらない。そのことが、会の活動を検討することで明らかになる。

(4) メンバーたちによるスキルの発揮

会の活動は、メンバーそれぞれの得意なスキルを発揮して行われた。「新しい人が来ると、何かおもしろいスキルをもっていて、会を活性化していく」、とゆかりさんはいう。たとえば、「ニューズレターを出したらどうか」との意見がメンバーの間から出て、九七年九月に創刊号を発刊以降、〇一年三月までに十四号を刊行している（同年八月に増刊号発行）。原稿執筆やレイアウト、編集、印刷、発送といった作業は各人が得意なこと、できることを分担しながら進められた。ほかにもコンピューターに詳しい男性の加入によって、ホームページが九八年二月に立ち上がり、メーリングリストも開設された。また、システム系の仕事をしているメンバーがイベントのチケット受注システムのソフトを開発し、英語が得意なメンバーは海外からのゲストの通訳や英語の翻訳などを受け持った。このように、各自がもっている得意のスキルを発揮し、創意工夫や自発性、メンバーそれぞれの多様性を尊重することで、組織環境が整備され、活動が活性化していった。

ただし、メンバー各自の自発性と多様性を尊重するといっても、けっしてイベントの企画・運営といった活動自体がルーズなわけではない。イベントに来場した参加者に満足感を与えることができるよう、綿密な作業が行われた。その意味では、GNSの活動はイベントを開くための実務が中心であり、「現実的な積み重ね」(龍村ゆかり)であった。そのプロセスで、メンバー間の衝突もあった。たとえば、ある女性コア・メンバーは「自分は馬車馬のように働いているが、まったく動こうとしない人々がいた。求めていたものが違うことがしだいにわかった」と述懐する。GNSにはスピリチュアルな話をできる仲間を求める人たち、いわゆるニューエイジャー(と思われる)も一時期参加していたが、結局、「こういう(現実的な)作業を厭わなかった人たちが残った」、と彼女はいう。つまり活動の中心は、イベントを実施するための現実的な実務であることから、実務を厭う人たちは去っていったわけである。また、活動に積極的に携わりつつも、当初もっていた映画のゆったりとしたイメージと現実の活動とにギャップを感じて、活動から退いたメンバーもいる。こうした組織内の人間関係の葛藤をへて、GNSの活動は形成されていったのである。

じつは私は当初、GNSは映画のスピリチュアルなメッセージに共感した人びとが集い、スピリチュアルな話をする集まりというイメージをもっていたが、コア・メンバーたちにインタビューを重ねるなかで、GNSは――『地球交響曲』に対するメンバーそれぞれの感動や共感をベースにしながらも――きわめて現実的な実務を中心とする集まりであることがわかった。イベントの際の進行表や会計処理などの書類を見せてもらったが、じつに細かく計画され、記録されていることを知った。すわなち、GNSの共同性は――個人的にスピリチュアルな考えをもっているにしても――スピリチュアルな思想を共有することよりもむしろ、「人と自然のより良い関係」を伝えるためのイベントを実施していく現実的な作業のプロセスのなかで形成されてきたのである。

(5) 集合的アイデンティティと自己アイデンティティの(再)形成

龍村ゆかりさんは、GNSの「活動に集まってくる人たちは、見返りを求めるというよりも、何か自分のもっているものが役に立てたということが満足感になるんじゃないかと思うんです」という。また、「自分たちが(イベントでの)講演を直接聞けなくても、終わった後に来た人たちが喜んでくれれば、自分たちもうれしいという感じでしょうかね。(イベントを)作り、そこにいたるプロセスを楽しんでいる」ともいう。

メンバーたちは、実際にイベントを企画し実施するというプロセスのなかで、どのようなことを感じたり、得たりしているのだろうか。

たとえば、コンピューターのソフトウエア開発の仕事をしている鈴木博さん(仮名、四〇代前半、男性)は「第三番」出演者の星野道夫の大ファンで、九八年十一月から、ミーティングに参加しており、次のように語る。

自主上映会はおもしろいと思う。ひとつのことに向かってみんなでやるという感覚が心地よいということがあるのですが、ふだんの仕事のなかでは見えない、自分が誰かの役に立っているんだという強い意識をとても感じる。たとえば、会場係をやると、お客様に対して、快適に過ごしてもらいたいと心から思うんですね。快適に映画を観てもらいたい。そうすると、自分がそのなかで何をすべきかを具体的に考える。

鈴木さんは活動を通じて「誰かの役に立っている」という満足感を得たわけだが、イベントの成功とその満足感が次のイベントに向かう原動力をもたらしている、といえよう。もともとは『地球交響曲』に対する感動や共感がメンバー間の仲間意識を支えているわけだが、イベントの準備と運営を進めていくなかで、よりはっきりとメンバー間の信頼やつながりが強化され、「集合的アイデンティティ」(アルベルト・メルッチ)を形成するというプロセスをたどるのである。

また、GNSの活動を通じて、「自分の生き方や考え方を見直すメンバーも多かった」、とゆかりさんはのべる。活動に参加する間に、仕事を辞める人も多く、「仕事を辞めて、次の自分を探す一ポジションにする人が多かった」、という女性コア・メンバーの発言もある。つまり、GNSが自らの生き方を見直す場として機能していたわけである。

たとえば、九九年八月の自主上映会の直後からミーティングに参加するようになった会社員の海野真由美さん(仮名、三〇代前半、女性)は、(仕事を辞めたわけではないが)自分の変化を次のように語る。

(GNSには)作業を手伝おうと思って入ったが、映画を観たり講演を聴いたりして、思いをともにする人は無理やり連れてこなくても集まってくるものだし、アンテナがそっちの方に向いているし、そういう人はだいたいわかってくれる。そういう人が少しでも増えていけば、自然にアンテナを張っていない人もだんだんアンテナを張ってきて、だんだん増えていく。布が色にしみていくというイメージで広がっていくんだなと思った。GNSに関わってからは、強引に引っ張り入れるのではなく、『私はこういう活動していて、こういうことが好きで』と、そういう自分を見せることで興味をもってもらって、気に入ってもらうという考え方に変わった。日常生活もすべてそういう風に変わってきましたね。精神性とは離れているかもしれませんが。

また、『地球交響曲』を観たり、GNSの活動を通じて「変わった」というより、「私が感じていることと同じだ」というように、自分の考え方や生き方が肯定されたという感覚をもつコア・メンバーもいる。

このように、活動を通じて自分の生き方や考え方が変わったり明確になったりというように、GNSの活動が、自己のアイデンティティが再形成される場をメンバーに提供する、という機能ももっていることがわかる。

4　おわりに――GNSのつながりの意味するもの

(1) 構築される共同性

以上、ガイアネットワーク新宿の特徴として、まず、メンバーそれぞれが自発性・多様性をもち、組織としてはネットワーク的な関係性をもつことがわかった。「出入り自由のやわらかなネットワーク」であるからこそ、メンバーたちの自発的な活動が営まれ、「人と自然のより良い関係」をテーマとしたさまざまなイベントが企画、運営、実施されてきたのである。ただし、そうしたGNSのつながりの形成にはメンバー間の葛藤や衝突があり、メンバー間のやりとりには多大な時間を要した。

また、GNSは全国各地のガイアネットワークというつながりのなかにある。『地球交響曲』に感動し共感した個々人が映画のメッセージを伝えたいという想いから、ガイアネットワークという各地のつながりのなかで、自主上映をはじめとするイベントを企画・実施するための活動をする、というサイクルが現在も日常的に繰り返されているのである。

なお、GNSの活動を、『地球交響曲』の自主上映を通じて、地球上のあらゆるいのちはつながっているというメッセージを社会的に訴える社会運動として捉えた場合、アルベルト・メルッチの考察が有益な示唆を与えてくれる。

現代社会における社会運動は可視性と潜在性という特徴をもつ、とメルッチは指摘する（アルベルト・メルッチ『現在に生きる遊牧民《ノマド》――新しい公共空間の創出に向けて』岩波書店、一九九七年、七七頁）。メルッチは特定の問題に対する動員という見える側面だけではなく、その水面下にある人びとの日常的なネットワークに注目すべきである、という。前者しか見ないと、オルタナティヴな意味のフレームワークを日常的に生産することによって運動が育まれるという事実を見過ごすことになるが、じつはネットワーク自体は、この意味の生産を基礎にして日常的に機能している、と説く。メルッチは、現代の社会運動では個人的な経験が運動と密接に関連することを強調するのである。こうして日常性と運動との往還的な関係性を踏まえたうえで、「運動は、日常的な社会的関係のネットワークのなかに、時間や空間を再獲得する能力と意思のなかに、あるいはオルタナティヴなライフスタイルを実践する試みのなかに、息づいている」とのべる（同前、七八頁）。

GNSメンバーの経験に明らかなように、個人の日常的な経験とGNSの活動との往還関係によって、GNSの自主上映活動は成立している。『地球交響曲』への感動や共感を通じて、メンバーたちは「オルタナティヴな意味のフレームワーク」を日常的に育んでいるのだ。個々のメンバーは、人間と地球、人間と自然のつながり、人間のいのちの連続性への感覚、つまりスピリチュアリティをメンバーたちと共有しつつ、それを自らのやり方によって生きることで、GNSの活動を成り立たせている。この生きられたスピリチュアリティこそが、GNSの共同性の基盤にある、と私は考える。それは、メルッチのいうオルタナティヴなライフスタイルの実践でもあり、彼女ら／彼らにとって、そうした実践や考え方を表現したり獲得する場が、GNSなのである。

また、GNSの集合的アイデンティティは、『地球交響曲』への感動や共感をベースに、映画のもつメッセージを伝える送り手として、定例会や自主上映会などのイベントを実施するための実務作業を通じて形成されてきた。メンバーたちの自発性と多様性が、ネットワーク的な関係性のなかでメンバー間の相互作用を通じて存分に発揮されることで、活発な行為が組織され、より強固な共同性が構築されていったのである。つまり、『地球交響曲』の感動や共感を伝えたいという個々人の想いが、GNSというつながりのなかで組織され、実践されていったのである。さらには、そうした実践が、新たなつながりを将来的に産み出していく可能性があるのだ。

(2) 現実的な実務のもたらすもの

龍村監督の言説とニューエイジや精神世界との親近性については前述したが、GNSのなかにも、ニューエイジや精神世界の信念や観念への興味・関心を語るメンバーがいた。とはいえ、メンバーたちがニューエイジャーとの違和感を表明していたのも印象的だった。両者を隔てるのは、現実的な実務に対する意識の差と取り組みの有無であった。現実的な実務とスピリチュアルな信念や観念との関係をより詳細に検討する必要があるだろう。

「現実的な実務」はまた、「見返りを求めない」や「誰かの役に立っている」という感覚をメンバーたちにもたらしている。この意味で、GNSの活動はボランティア活動との共通性を感じさせる。[9] ただし、GNSの活動にはイベントの観客たちとの間に注目すべき関係性《つながり》がある、と私は考える。

GNSは「人と自然」とのつながりの大切さを映画というメディアを用いて伝えることを活動のテーマとしているが、

イベントを開くための実務を通じて、メンバー間のつながりを築き上げていることは繰り返しのべた。注目すべきは、イベントに参加した観客たちとも映画を媒介としたつながりを形成しており、「人と自然」のつながりに関する「意味のフレームワーク」を一緒に作り上げていることである。つまり、メンバー間のみならず、観客たちとの間でも共同性が築かれているわけである。そして、そこには『地球交響曲』への感動や共感にもとづくスピリチュアリティが立ち現れているのだ。

最後に、私がなぜ、『地球交響曲』を観て感動したのかを記して、本論を閉じることにしよう。

『地球交響曲』の自主上映活動は、直接的に自然とふれあう場を設けることで「人と自然」のつながりの大切さを訴えるのではなく、映画というメディアを通じて間接的にそのメッセージを伝えようとする点に特徴がある。つまり、メディアを媒介とすることで――龍村監督もいうように――『地球交響曲』の観客たちは「人と自然」のつながりに対する想像力を喚起されるのだ。私もまた、その想像力を感得した観客のひとりだった。想像力によって「人と自然」のつながりに気づくという点に、現代的な「人と自然」の関係のあり方が象徴されており、現代社会におけるスピリチュアリティのあり方が示唆されているのではなかろうか。宗教は、これまで人びとに「人と自然」そして生命のつながりの大切さ――つまりスピリチュアリティ――を伝えてきた重要なメディアであったが、宗教というメディアを用いなくても、そのつながりに気づくことができるという可能性を、『地球交響曲』をめぐる現象は示している。そのことに、私は感動したのだ。

追記　本稿の執筆に際しては、ガイアネットワーク新宿のメンバーのみなさんに多大なるご協力をいただいた。ここに記して心より感謝申し上げる。

注

1　龍村仁氏は一九四〇年に兵庫県で生まれた。京都大学を卒業後、NHKに入局し、おもにフィルム・ドキュメンタリーを担当。七四年、ATG映画『キャロル』の制作・監督を機に退職し、(株)オンザロードを設立する。ドキュメンタリー、ドラマ、コマーシャル等の数多くの作品を手がけ、数々の賞を受賞する。二〇〇〇年五月には有限会社龍村仁事務所を設立している。なお、そのプロフィールや『地球交響曲』の概要については、龍村仁公式ホームページのGAIASYMPHONY.COM（http://www.gaiasymphony.com/）で知ることができる。

2　ちなみに、「第一番」には野沢重雄（植物学者）、ラインホルト・メスナー（登山家）、ダフニー・シェルドリック（動物保護活動家）、エンヤ（ミュージシャン）、鶴岡真弓（ケルト美術研究家）、ラッセル・シュワイカート（元宇宙飛行士）、「第二番」にはジャック・マイヨール（海洋冒険家）、ダライ・ラマ（チベット仏教ゲルグ派最高指導者）、フランク・ドレイク（天文学者）、佐藤初女（「森のイスキア」主宰者）、最新作の「第四番」には、ジェームズ・ラブロック（生物物理学者）、ジェリー・ロペス（伝説のサーファー）、ジェーン・グドール（野生チンパンジー研究家）、名嘉睦念（版画家）がそれぞれ出演している。

3　その後、二〇〇二年七月には「第四番」の上映箇所が三六〇ヶ所、観客数が一三万人を数え、「第一番」から「第四番」までの総観客数が一七五万人を越え、自主上映の波は今でも広がっている。さらには「第二番」と「第三番」は国際版もあり、海外でも上映されている（（株）オンザロードのホームページ **http://www.otrfilm.com/gaiaTop.html** 参照）。

4　その詳細は「『地球交響曲』と霊性……龍村仁監督に聞く」（『現代宗教二〇〇二』東京堂出版、二〇〇二年）を参照されたい。このインタビューは、私とⅡの執筆者の弓山達也氏が行った。

5　このガイアネットワークは『地球交響曲』に共鳴した人びとによるネットワークで、『地球交響曲』の制作・配給会社オンザロードが取りまとめており、登録した自主上映主催者には必要に応じて、その地域の名簿が公開されている。なお、龍村監督は、ガイアネットワークの特徴を次のようにのべている。「ネットワークという以上、これは私が束ねているのではありません。いろんな場所に結節点・通過点となる人達が生まれ、〈組織〉という形ではなく、ゆるやかに結び合っています。」（『地球交響曲の軌跡』、九六頁）

6　島薗は、『精神世界のゆくえ』のなかで、一九項目にわたるニューエイジの「信念や観念のリスト」を挙げている（三一―三五頁）。自らはニューエイジと呼ばれる人びととは異なると自覚しているが、いくつかの項目には同意でき、いくつかの項目には関心がないという人びとを、島薗は「ニューエイジの周辺」に位置すると捉えている。龍村監督や自主上映活動を担う人びとの「信念や観念」の特徴を考えるとき、ニューエイジとの比較が重要な論点となるのではないか。

7　ちなみに『地球交響曲の軌跡』という本は、一九九三年六月から九五年一〇月にかけて催された広島や福山での自主上映活動の広がりを、龍村監督自らが主催者たちにインタビューし、自主上映の広がりを確かめたドキュメントとなっている。主催者たちの職業を見ると、心理カウンセラー、主婦、住職、教師、雑誌記者、会社経営者、会社員、公務員、学生などバラエティに富んでいるが、気功やヨガ、精神世界、セミナー、ワークショップ、ボランティアなどの活動に関わっている人が多い。

8　私は二〇〇一年五月から六月にかけて、龍村ゆかりさんをはじめとするGNSのコア・メンバー一〇名にインタビューを行った。以下、メンバーの発言の引用は、その際に行ったインタビューでの発言である。

9　たとえば、「誰かの役に立っていると感じてうれしく思ったりするとき、ボランティアは、かならずや相手との相互関係の中で価値を見つけている」という指摘に注目されたい（金子郁容『ボランティア――もうひとつの情報社会』岩波新書、一九九二年、一五一頁）。

すべてにいのちが……
——森のイスキアと天命庵
弓山達也

1 スピリチュアルな何か

一九九五年初冬、すでに雪に埋もれた青森県北端の岩木山の麓で、ぼくは不思議な体験をした。「長かったスリコギがこんなに短くなって……、これが三本目。スリコギの命がゴマやクルミを通して体の中に入っているのよね」——こんな言葉を聞きながらぼくは七〇を越えた女性と一緒にスリコギをまわしていた。

すでにお気づきの方もいるだろう。ぼくがいるのは大谷論文が扱った映画「地球交響曲 第二番」（龍村仁監督／一九九五年）で紹介された森のイスキアである。ぼくはこの作品を試写会で見て、どうしてもイスキアを主宰する佐藤初女さんに会いたくなり、ここを訪れたのである。朝からぬるめの温泉につかり、神父さんやカトリックの女性信者たちとイスキア付近を散策したり、初女さんの調理を手伝ったりしながら、彼女の話を聞く。特に役割などがある訳でもなく、居心地が良いのか悪いのかもはっきりしない違和感を抱きつつ時間が過ぎ、最終の便で東京に戻るぼくのために少し早めの夕食となった。テーブルには盛りだくさんの料理と、ストイックな初女さんの印象とは違って、意外なことに日本酒も出されていた。

「おむすびを強く握ったり、ラップでくるむと、おにぎりが苦しいって、だからふんわりと握ってね」「石が重いと、お漬けものが夜、重い、重いって言うのが聞こえる」「残ったものを、同じ姿でまた食卓に出すと、なんかさらされているような気がして、だから手を加えてだすの」——こんな話を皆、神妙な面持ちで聞いている。ぼくも口にする料理から何か力というか、初女さんの想いが伝わってくるような気がする。しかし同時に「あ、あの話だ」という映画の記憶もよみがえってくる。冒頭の不思議な体験というのは、このことだ。映画と同じフレーズを聞き、「何だ、同じじゃないか」と落胆するのではなく、むしろ安心するのだ。予定調和的といえばそれまでであるが、スリコギの話も、おにぎりの話も、ぼくはこれが聞きたくてここに来たといっても過言ではない。

こうした良い意味で予定調和的な、そして不思議な感覚になったのは、これがはじめてではない。一九八〇年代後半から川口、そして今は湯河原で神の声を取り次ぐ青年のもとに通った時も似たような感じだった。この青年のケースでは、イスキアの映画にあたるのが芹沢光治良の小説、スリコギやおにぎりの話は、「ごくろうさん、よう来たね、待ってたで」「あんさんのこと、ずーっと見ておったで。これまでよう辛抱したね」といった励ましの言葉だ。この青年は天命庵という場を開き、芹沢光治良の晩年の小説で大きく取り上げられる伊藤青年（通称）である。

イスキアも天命庵も癒しの場といえよう。そこでは初女さんや伊藤青年の言葉に触れ感激のあまり嗚咽する人、「うんうん」とうなずき納得する人、呆然とする人など、さまざまである。その場を去りがたいような雰囲気、言葉が身体の中に染みいってくる感じ、こうした感覚を何と表現したらいいのか。スピリチュアルな何か――ぼくにはこんな言葉が、もっともピンとくる。宗教の研究をしていると、時にどこから研究（仕事）で、どこから求道（趣味）なのか、わからなくなることがある。単に仕事なら青森まで行かなかっただろうし、毎月のように川口に通うこともしなかったと思う。ぼくが求めていたのは、魂が揺さぶられるような感激であり、人生が一八〇度変わるような価値観の転換であり、固い頭や身体が突如として柔らかくなるような心身変容だったのだ。こんなぼくを丸ごと変えてくれるスピリチュアルな何かを求めていた。

ところでスピリチュアリティとは何だろうか。そもそもこの本の「スピリチュアリティを生きる」とは、どこかの教団に属しての信仰生活と、どう違うのだろうか。鈴木大拙は『日本的霊性』（岩波文庫、一九七二年、一七頁）で、「霊性を宗教意識と言ってよい」と述べ、霊性を文字通りスピリチュアリティと翻訳するならば、スピリチュアリティを生きるとは信仰生活と同じということになるだろう。確かにイスキアも、天命庵も、それぞれカトリックと天理教の影響が濃厚で、そこに集うことは教会に行くこととそう変わりはしないのかもしれない。しかしカトリックや天理教の教会とは違う何か――それはぼくの覚えた違和感とも通底するのだが――が、イスキアや天命庵にあることも事実である。

実際、初女さんや伊藤青年の活動は宗教というよりニューエイジ的とみなされている。ニューエイジではスピリチュアリティという用語は好意的に使われるのに対して、宗教に関しては否定的に語られることが多く、やはり信仰とスピリチユアリティは同義ではない。この章では、現代日本における ニューエイジの代表的なリーダーとして初女さんと伊藤青年をとりあげ、二人のメッセージと彼女・彼らを取り巻く言説から、現代のスピリチュアリティの問題を眺めていきたい。

2 二人のリーダー――初女さんと伊藤青年

ここでは簡単に彼らの略歴を示し、そのニューエイジャーとしての諸特徴をあげていこう。[1]

(1) 初女さんと森のイスキア

初女さん(一九二一年〜)は青森市生。カトリック系の青森技芸学院(現青森明の星高校)を卒業後、小学校教員を経て結婚。三〇歳代前半で洗礼をうけた。弘前学院短大非常勤講師を勤めながら、弘前染色工房を主宰し、高校の初代同窓会長や地元ボランティアグループの役員をしていたこともあって、いろいろと人の相談にのることが多くなり、一九八三年より憩いと安らぎの場として自宅二階を開放する。一九九二年には岩木山麓に「森のイスキア」を作る。

ここでは特別な療法やワークショップなどは一切行われていない。宿泊者は初女さんとともに夕食を作り、一緒に食べ、お茶を飲みながら話をするだけである。ところが、「ここで癒された」とか、先のおにぎりに関しては「帰りに持たされたおにぎりを新幹線の中で食べて自殺を思いとどまった」という体験談が口コミで伝わり、人が集まり始め、彼女の活動で救われた人は三〇年間で七〇〇人といわれている。なかには過食症など深刻な悩みをかかえる者や不登校児童とその母親、家出をしてきた若者など長期滞在者もいる。

このことが「地球交響曲　第二番」で紹介された。映画ではイスキアの春夏秋冬の風景を主旋律に、ダライ・ラマ一四世(チベット仏教最高指導者)、ジャック・マイヨール(海洋冒険家。素潜りで水深一〇〇メートルを達成。映画『グランブルー』のモデルとしても有名)、フランク・ドレイク(宇宙から降り注ぐ様々な電波の中から、人工的な、つまり地球外生物からの電波信号を探している天文学者)のエピソードが相互に響き合う構成となっている。この映画シリーズは商業ベースでは公開されなかったが、全国で上映運動が起こり、「第二番」だけでも、二〇〇一年一〇月現在までに全国一四五三ヶ所、約六四万人がこの映画を観た。現在でも月に三〜五ヶ所前後の上映がなされている。

そしてぼくを含め、映画上映をきっかけに全国から来訪者がみられるようになった。来訪者は二〇歳代の女性が多く、初女さんと会うなり、抱きついて号泣する場面もしばしばあるという。また企業などの各種団体から取材や講演依頼も多い。例えば資生堂やＮＴＴの他、修養・健康団体(実践倫理

宏正会、船井幸雄総合研究所、自然治癒力研究所）、学校関係や宗教団体（日蓮宗、崇教真光、立正佼成会、世界救世教、新日本宗教団体連合会）などである。

(2) 伊藤青年と天命庵

伊藤青年（雅号・大徳寺昭輝、本名は伊藤幸長、一九六三年〜）は東京生。幼少の頃から特殊な力を持っていて、樹木と会話したり、神社仏閣で他の人には見えない老人の姿を見たりしたという。幼稚園ですでに仏典に親しみ、小学生の時には部屋に祭壇をしつらえ、自分用の経本も作ったらしい。やがてキリスト教を勉強するようにという夢告があり、釈迦が彼の手を引いてイエスにあわせるという夢をみる。中学高校とミッションスクールに通い、自然と友人の心の相談を行うようになり、高校一年の時に日本大学法学部の学園祭で「心の相談所」に呼ばれたこともあるという。

一九八一年の秋、夢に現れた天理教の教祖である中山みきに促される形で、ある分教会の信徒として、はじめて本部参拝をするが、その宿泊施設でも神秘体験をする。翌年、ある神社に参拝中、天啓を受け、それから三日間、無意識のうちに天理教の教えを家族に語り出し、最後に「私はおぢば（お地場＝天理教の聖地）に行かせていただきます」と応えると、この神秘体験は止んだという。

その後、天理教の信徒教育機関（三ヶ月）である修養科に入る。修了後、アルバイトをしながら一年間、演劇を学ぶ。アルバイト先でも相談を受けるようになり、そして一九八五年に芹沢光治良と出会い、彼の小説『神の微笑』（新潮社、一九八六年）で「存命の教祖の言葉を取り次ぐ伊藤青年」と紹介される。当時、伊藤青年は毎月八日、一八日、二八日には中山みきや親神の言葉を取り次ぎ、参拝者一人ひとりに「お言葉」をさずけていた。『神の微笑』が出版された後は、四畳半と六畳二間の川口市営住宅に数百人を越える参拝者が集まり、やがて天命庵と呼ばれる信徒組織ができあがる。

ぼくが天理教の分派を研究する一環で彼のところに通いはじめたのは一九八八年からであるが、きっかけは調査で通っていた分派教団（所在地は川口の隣駅である赤羽）の直会《なおらい》（式典の後の飲食）で「川口に親様が降りてくる青年がいる」との話が必ずでて、彼の言葉を記したコピーやテープが出回っていたことによる。噂をたよりにぼくが出かけて目の当たりにした光景は、小さな木造の住宅を二百人くらいの参拝者が取り巻き、真っ赤な衣をまとい、ヒゲの濃い大柄な青年が登場、話が始まると、参拝者が一斉にテープレコーダーをまわすというものであった。話の後、青年は一人ひとりの手を握り一言ずつ語りかける。部屋に入りきれない参拝者の間では「これが○月○日のお話」といった具合でテープおこしした原稿のコピーが回覧され、その場でコンビニにコピーをとりに走る者も少なくなかった。

入口には参拝者名簿があって、そこには現職の天理教の教会長や天理大学の教授の名前が含まれ、参拝者は天理教式の礼拝スタイルを難なくこなしていたところから、大半は天理教信者であると思われた。なお、一九九〇年、信奉者からの提供により、湯河原市内の別荘に活動拠点を移し、現在に至っている。

伊藤青年のメッセージは光治良の晩年の小説八作品で描かれ、彼の信奉者の拡大は光治良の一連の小説に負うところが大であることはいうまでもない。逆にすでに引退を表明した文壇最長老の光治良を、再び現役の第一線に押し上げたのも、彼の小説で黒子的な役回りを演じ、しかも実在する伊藤青年の存在であった。新聞・雑誌がこの両者の神秘的な関係に興味を抱き、盛んに報道を[2]したこともあった。

(3) ニューエイジャー的諸特徴

さて、二人はどういった点で典型的なニューエイジのリーダーとみなされうるだろうか。

それは、まず意識変容を重んじる点である。初女さんのメッセージは、前述のスリコギやおむすびやお漬けものの石の話や、「地球交響曲　第二番」の冒頭で紹介される「私が一番いやなのは面倒くさいということ。（略）面倒くさいから、このくらいでいいじゃないっていうのが、私には寂しく響くんです」というようなものである。こうした言葉を通して、すべてが生きていることやそれらが有機的につながっていること、そして来訪者一人ひとりがかけがえのない命や力を有していることに気づかされる仕組みになっている。料理をともに作る作業は、こうした言葉が身体にしみ入ってくるワークショップ的効果があるのだろう。

一方、伊藤青年のメッセージも同様に人々に意識変容を求めるものである。彼が活動を始めた当初、その主張は基本的には天理教の教理を踏襲するものであり、従って、意識変容といってもそれは「八つのほこり」[3]による「心なおし」（倫理的な反省）であった。しかし活動が湯河原に移ってから、徐々に天理教的伝統から脱する志向性が模索されはじめた。一九九七年に創刊された雑誌『天鶏』巻頭言で、

二十一世紀の前に
心が不安になっております。
そんな人々の心の開きのために、
天鶏という言霊をもって
心開きの時を感じあいましょう。

と記され、天理教的な「心なおし」とは異なる表現で、意識の変化に主眼が置かれるようになった。活動もコンサートや個展を中心とした芸術活動が加わり、一九九八年一月から『大法輪』誌で連載「天の光」が始まると、メッセージには「光」「感じる」「大自然」「生命」という用語が散りばめられるようになった。

ニューエイジの特徴である支持層の組織性の低さも、彼女・彼らの組織にはある。初女さんの組織は森のイスキアと弘前市内の初女さん宅である弘前イスキアに集う主婦のボランティア七、八名が中心の他にはスタッフはいない。前述の通り、両イスキアにはリピーターも多いが、名簿等は作成されず、組織性は極めて低い。天命庵もボランティアによって構成され、祭典日は数十人が手伝いにくるものの、それ以外の日は数人のスタッフで運営されている。ただ、彼の「お言葉」をテープやそれをワープロで活字化したもののコピーが数多く作成され、これを共有することで一種の連帯感が生じるものの、やはり組織性は低い。

組織性の低さと関連して、初女さんと伊藤青年を取り巻く活動には、葛西賢太が指摘するニューエイジに特有な「ゆるやかな共同性」[4]という性格がある。彼女・彼らのメッセージは映画や小説というマスメディアを通して流布していった。岩木山麓と湯河原の活動拠点に足を運ばずとも、こうしたマスメディアを通しての共同性は確保されうる。だが、同時に二人のメッセージは映画の自主上映という形態や、小説の他にも先に触れたようにダビングされたテープや手作りのコピー小冊子による口コミ＝ミニコミ的な拡がりもみせている。こうしたネットワークに関わることは多少の草の根運動的な、あるいはボランティア的な努力が必要であり、これが単に同じ映画や小説を体験したという者以上のゆるやかな共同性を醸し出す役割を果たしている。

3　二人のメッセージに見られるスピリチュアリティ

(1) 教団枠から横溢《おういつ》するもの

「地球交響曲　第二番」公開後、初女さんのメッセージは『朝一番のおいしいにおい』（一九九七年）として、女子パウロ会から出版された。初女さんはもともとカトリック信仰が篤く、この著書からも、こうした宗派意識はうかがえる。だが、初女さんのメッセージは同時に単にカトリックの枠内に留まらない。一九九五年一一月二九日にぼくが森のイスキアを訪れた際、映画で見たよりもイスキアの装飾類にカトリック色が濃いのに驚いたが、同時に彼女のメッセージはカトリックの枠を越えることを志向していた。彼女は語る。

宗教は一つじゃないかなって思うんだけど、これをカトリックに話しすればヨソの宗教に入っていってると思われて、心配してるんだけど……

（宗教間対話の地方集会に出席して）カトリックも、救世教もみんなひとつのもの。私はカトリックだから、カトリックを中心にもってって神を伝える。私は体験しかないから、体験を通して神様を中心に、神様だったらどうするかを考える。これは、どの宗教にも通じること。きっと神父様あたりが反対することだけど、でもこれが使命。ただカトリックがカトリックだけで固まっていても駄目。カトリックを伝えようとは思わないけど、誰かが会って感じてくだされればカトリックが伝わっているんだと思う。

こうしたいわば超宗派意識は『おむすびの祈り——〈いのち〉と〈癒し〉の歳時記』（PHP研究所、一九九七年）でも展開され、彼女は「聖地巡礼に行ってお金を使うよりも、そのお金で自宅を増築して（略）グループ活動の場を作りたいと考えました。聖地だけが聖地ではない、ここにも神様がいらっしゃる、そう決断しまして」と述べている。

同時に初女さんのメッセージの特徴は日常性への回帰にある。ここでいう日常性への回帰は、自分の現状のありのままを受容することであり、そこには自己の至らなさや怒りのような感情も受容していく態度が含まれる。初女さんは言う。

感じることは素直に感じる。腹が立てばもの凄く煮えくり返る。そうすれば疲れて腹が立たなくなる。そして自分の好きなことをして解決していく。心が通えば解り合える。そのまま感じなさいって。

一方、伊藤青年はどうであろうか。彼は霊感少年から天理教に一時期身を置きながらもそこからのゆるやかな脱皮を模索している。現在の祭典でも天理教の「みかぐらうた」が勤められるが、装束は神道式の衣冠束帯で磐座を囲み、神社とも異なる「古神道」を意識した形式になっている。ぼくが一九九八年七月一八日に天命庵で聞いた講話では「祈りの理はおぢばといおりの二ヶ所に許されている」と述べられ、天理教に依存しない方向が明確に示されていた。相前後して『フィリ』『パワースペース』などのニューエイジ系の雑誌で紹介されるようになり、一九九七年に発行された著書『光のつむき』（光有堂）や二〇〇〇年を期して刊行された『21世紀の風』（大宝輪閣）では、使われている用語法において「たんのう」（満足）や「借り物貸し物」（肉体は神から借りたもの）といった用語以外は、ほぼ天理教色は払拭されている。そしてそれに代わって、『光のつむき』には次のような主張がみられる。

光とは生命のことを言います。
どんな時でも希望と喜びを持って生きてゆけば
生命の輝きが人生を照らしてくれます。

大自然とは神仏であります。
キリストも釈迦も大自然を師として学び
大自然をつうじて教えを説かれました。
大自然こそすべての親なのです。

神仏というのは遠い処にいるのではなく、自分自身の中にあります。人を思いやり、いたわる心そのものが神仏であり、自分自身の中の神仏に出会うための入口が宗教であります。

神仏に出会うと、この世すべてが極楽であることがわかってきます。それは、すべての万物の生命が神仏の生命であることがわかるからです。自分の中にいる神仏に感謝して生きましょう。

(2) 織りなされるスピリチュアリティ

二人のメッセージや彼女・彼らを取り巻く言説に耳を傾けると、そこには教団枠や我々が自明としてきた「宗教意識」とはやや異なる性質のものが感じられる。鈴木大拙が霊性を宗教意識であるとしたことには冒頭で触れたが、ここでは教団の奨励する信仰生活によって醸成される「宗教意識」とは異なる、やや新しい現代的な「宗教意識」をあえてスピリチュアリティと呼んでおこう。彼女・彼らの示すスピリチュアリティは、教団や来訪者や彼女・彼らを取り巻く社会との関係で、次のように織りなされていると僕は見ている。

【超宗派意識と新奇性――教団との関係において】

まず注目すべきは先にも述べたような自らが依拠してきた宗教的伝統との共存とそれを乗り越えようとする超宗派意識である。初女さんはカトリック信仰を基盤に他宗教にも真理を認め、カトリック教会にこだわらない活動をめざしている。伊藤青年は自らのうちに中山みきが入り込んだという自覚を持ちながらも、現在では大自然が神そのものであるという境地に達している。こうした遍在する神観はニューエイジの間では広く分け持たれていると言っていいし、また後述する「自分の内に神性がある」という意識にも結びついている。

彼女・彼らの意識はそれぞれカトリックと天理教の伝統に根ざしながら、超宗派意識が認められるものの、その伝統を批判・凌駕するという志向性は希薄である。初女さんは森のイスキアで人々を迎え、食事をともにするのは新約聖書に基づいているという。伊藤青年も信仰活動の重要な起点は中山みきの言葉を直接聞いたという体験であった。その意味で彼女・彼らは熱心な教団の担い手とさえいえる。

しかし実際は彼女・彼らは教団からはずれた「新奇なもの」とみなされやすい。それはもともと二人が教団の周辺的・個人的運動として出発したという経緯があるだろう。だが、それ以上に「すべてにいのちがある」（初女さん）とか「大自然が神仏である」（伊藤青年）という意識が教団の権威の布置を乱し、そのヒエラルキーに抵触するということもあげられる。しかも教団の組織・制度・階梯に関心を示さない彼女・彼らの主張と行動は、教団内の反体制勢力からは教団草創期の雰囲気とダブってみえて歓迎されることもある。

そもそも彼女・彼らに限らずともニューエイジには、神社神道以前の古神道、キリスト教伝播以前のケルト文化、弥生的な農耕定住以前の縄文的霊性など、成立宗教以前の宗教性を奉じる超古代史的あるいは太古回帰的な傾向がある。が、古いものを礼賛するからといって、教団側からは伝統的なものとは受け取られず、「新奇なもの」として警戒されることとなる。初女さんは「神父様は〜と思われるかもしれないけど」が口癖で異端とみなされることへの抑制が働いているが、ぼくがイスキアを訪れた際に同席したある教会関係者は初女さんの活動に異端的なところがないかという関心から来ていると語っていた。教団との葛藤が生じた伊藤青年は、その活動によって一九九二年一〇月九日付けで天理教から懲戒・除籍処分となっている。

【自己受容と他者受容――来訪者との関係において】

第二に二人のメッセージからは自己や自分の感覚への信頼ないしは自己受容の意識が見られる。初女さんは怒ることも含め、自分に素直でいることに重きを置き、伊藤青年は神仏は自らの内にいると主張する。このような「自分の内に神性がある」意識は、他者意識や人間一般に対する意識にも反映され、彼女・彼らのメッセージには、どのような人間でも受け入れることができるという包容力が常に見られる。実際、二人とも人が集まりはじめると早くから自宅を開放して、これに応えているが、こうした活動は彼女・彼らの主張するところでもある。初女さんは言う。

癒しっていうのは、うけとめることだと思う。ほら、カウンセラーさんは答えを出そうとするじゃない。患者の二倍も三倍もしゃべってて、うけとめるってことをしない。私はうけとめるだけ。そりゃ、困った人が来て、毅然とした態度も必要だけど、まず黙ってうけとめることが必要だと思う。

例えばコラムニストの田口ランディがイスキアで餓死した兄のことを語った際に、初女さんは「ここにいるみんなが証人になりますから、私の娘になりましょう」と答えたという（田口ランディのコラムマガジン「森のイスキアでおにぎりを学ぶ」2000.12.11）。こうした応答は多くの人を驚かせるに違いない。ランディ自身、「娘になりましょう」それは、つまりあなたが知りたいことを私から学びなさい、教えてあげます、というお返事に他ならない。なんというシンプルでストレートな答え。／なにか熱い塊が自分の中にどーんと落ちてきたようで、私は次の瞬間にはぼろぼろ泣いていた」と述懐している。

はじめての来訪者を全面的に受け入れる態度は伊藤青年にも共通している。天命庵でよく語られる「ずーっと見ておったで」「ごくろうさん」という語りは、何かを求めて来た参拝者にはオーダーメイドのメッセージと受け取られる。ぼくと泊まりがけで天命庵を訪れた財団法人勤務の男性は、そこで「ちょーっと力みすぎやで」というお言葉をいただいた。確かに新規事業に携わり奮闘努力をしていた時期でもあり、その言葉にはある種の重みをもって彼に受け取られたに違いない。しかし全くの逆のメッセージ、例えば「もっときばんなはれ」というようなお言葉でも、彼は十分に納得したのではないだろうか。またぼくは「あっちにフラフラ、こっちにフラフラ」と日頃の態度をたしなめられた。思うところもあるが、「一つのことにこだわりすぎやで」とやられても、何らかの気づきはあったであろう。とはいえ、それがたとえ数秒といえども手を握っての対面状況となると、確かにこの青年は自分のことを遙か昔からすべて知っているような、自分が求めていたものを与えられたような感覚になるのは事実である。

ところで他者受容といっても、そこが極めて匿名性の高い空間となっていることも付け加えなくてはいけない。つまり「誰でも受け入れる」ことと「誰でもよい」ということとは表裏一体の関係にある。イスキアは見方を変えればヒーリング・ペンション（実際料金も決まっている）であり、初女さんと来訪者との関係は、面倒見のいいオーナーと客とのそれになぞらえることができる。また伊藤青年は参拝者一人ひとりの手をとって話をするが、そこでの関係は街角の占い師や霊能者と客との関係に近い（金銭は介在しないが、高いばあいは数十万円の書画の販売が行われる）。

【マスメディアの影響——社会との関係において】

こうした匿名性と関連して、彼女・彼らの言説の流布とマスメディアの関係も指摘できよう。そもそもこの二人を論じる際に留意しなければならないのは、当事者自身は何らニューエイジとしての自覚を持ち合わせていないということである。だが初女さんの出演した「地球交響曲　第二番」は一般にニューエイジ的作品として理解されている。彼女のメッセージの流布に、この映画の果たした役割は大きいし、映画と同じメッセージ、同じ感動を期待してイスキアを訪れたのはぼくだけではないだろう。

伊藤青年もニューエイジ的内容を盛り込んだ情報誌で取り上げられ、「心のアーティスト」、「いわゆるニューエイジ思想の最良の部分にも通じる」と評価される。そして何より伊藤青年を扱った芹沢小説は「ヒューマニスティックな内容をヨーロッパ流の合理主義的精神で照らし出す作風で知られる同氏だが、前記二作は同じくヒューマニズムに根ざしながらも、合理主義を越えて極めて〈霊性〉に満ちた内容となっている」(『中外日報』一九八八年一一月一八日)と評されるのが一般的である。つまりすでに見たような彼女・彼らの何気ないメッセージにスピリチュアルであるとの価値を付与するのに、マスメディアの果たした機能は無視できない。そしてマスメディアがスピリチュアルであると認定するからこそ、我々はそこにスピリチュアルなものを求めて、予定通りの答えを得て帰ってくるのである。

4　まとめ——二人のスピリチュアリティの新しさ

二人の示すスピリチュアリティには、(1)自らが依拠してきた宗教的伝統との共存とそれを乗り越えようとする超宗派意識、(2)自己や自分の感覚への信頼ないしは自己受容の意識、そしてそれに基づく「匿名化された」他者の受容する意識、(3)マスメディアによる流布という特徴がある。この章ではこうした二人のスピリチュアリティを、それまでの「宗教意識」とは異なる新しいものとしてとらえている。この視点からぼくの体験もふまえて、まとめにはいろう。

彼女・彼らにとって、自らが依拠してきた宗教的伝統(聖地・聖典・儀礼……)だけが、いわゆる「聖なるもの」を顕現しているのではない。それは二人にとって宇宙に遍在するものとして表象される。「すべてにいのちがある」「大自然が神仏」という主張はそれを端的に示す。もちろん、こうしたことからすべての宗教は真理であるという宗教観が出てくるといえる。そして自らや他者もこうした宇宙の一部をなしているという意識から、自らの内面性や他者に対する素朴な信頼ないしは受容が主張され、実践される。

だが、ここまででは神との合一やすべてに神性を認めることを特徴とする昔ながらの神秘主義とそう変わりはない。しかしながら、「すべてにいのち」「大自然に神仏」を感得する彼女・彼らの意識には、一人ひとりの人格や個性との持続的な関係よりも、一期一会的な出会いが重んじられ、他者の匿名化がもたらされている点が現代的であるといえるだろう。そしてだからこそ、人格的な対面状況を経ずとも、映画や小説などのマスメディアを通して、あるいはトークショーや近所のコンビニでコピーしたもので自らのメッセージの伝達が可能になるという信念が生じうるのである。

たぶん教団宗教にのみ身を置く信仰者の目には、二人の活動は薄っぺらで、時としていかがわしいものと映るかもしれない。ぼくが述べた違和感も、ここに起因する。「聖なるもの」が映画やコンビニでのコピーで伝わるのだろうかという心許なさである。むしろ個人的には「聖なるもの」はそういうことでは伝わらないと叱責された方がありがたみがあるし、実際、調査のおりにそのように注意され、自らの不明を恥じた経験もある。もっともイスキアや天命庵の来訪者たちには、僕が覚えたような違和感や心許なさはないようだ。かなり嫌みな見方をすれば、教団の枠を越えて、宇宙や自然に生命や神が遍在するというメッセージは、宮崎駿の一連の映画（「もののけ姫」や「千と千尋の神隠し」）の大ヒットに象徴される、昨今のエコロジカルな風潮と軌を一にする。自己の内側に神性があるという考えも、自己の聖化ということで個人主義の一つの表現形態とも言える。ここに他者受容の仕掛け――一緒の料理作りや手を取っての語り――がなされ、それをマスメディアがおしゃれに喧伝するなり、権威づけをするなりすれば舞台は整う。しかしながらこうしたシチュエーションも、役者である初女さんや伊藤青年の天性の資質だけではうまくいかず、多かれ少なかれ同じ感性を共有し、二人を受容する観客たちがいて、はじめて公演の大成功となるのだ。「気をくださいって、エネルギーをくださいって、抱きしめてくださいって人が来る」と初女さんが語っているように、観客がいてはじめて舞台が完成するのだ。ここに先の「ゆるやかな共同性」が成り立ち、このような一群が現代のスピリチュアリティを形作っていると考えられよう。そう考えると、ぼくは足一歩ひっかけながら、この共同性に入れないでいるようだ。なおかつ教団の信仰生活に身を委ねることもできない中途半端な存在なのである。

だが、ぼくのようなスピリチュアルな何かを求めてあっちこっち彷徨う研究者も、この共同性の「ゆるやかさ」のすそ野くらいに位置している。そしてこれが重要なのだが、こうした端っこの方でつまみ食いをしたり、彷徨ったりすること自体が、現代的なスピリチュアリティの特徴をなしているのだ。イスキアや天命庵は出入り自由で、訪れる人達もそこだけにずっと留まっている訳ではない。イスキアで一緒に食事をしたご婦人方は「フィリ・フェスティバル」（雑誌『フィリ』

が「癒しと自分探し」と銘打って一九九六・九七年に開催したニューエイジの見本市）に青森から貸し切りバスを仕立てて参加することを相談していたし、天命庵では「大川隆法の次の著作は『中山みきの霊言集』だって」とか「船井幸雄も伊藤青年に注目しているみたい」とか「羽曳野市に本当の教祖様が降りてくるところがあるらしい」という話がまことしやかに語られていた。こうした方々は実に研究熱心で、いろいろなところに顔を出し、情報・資料を収集している。求道と研究の境目がなくなっているということでいえば、研究することでスピリチュアルな何かを求めているような、ぼくらとたいして変わらない。

イスキアと天命庵で、ぼくは一八〇度の価値観の転換や心身変容はなかったが、それなりの感激を得た。それは、これまで見てきたように日常や今の自己を重んじることの大切さであって、大袈裟な価値観の転換や心身変容など必要ないという気づきであった。この気づきこそ価値観の転換であるとして生涯の糧と考えるのか、客観的には何も変わらなかった、求めていたものも得られなかったと肩すかしと感じるのか。ぼくは自分のイスキアと天命庵での体験を意味あるものと考えているので前者なのだが、同時に別のところなら、例えば重厚で伝統のある信仰生活なら、実は大きな変化があるのだろうかという思いもある。そしてそんな期待を胸に、ぼくは今もフィールドワークという彷徨いを重ね続けている。ぼくにとって「スピリチュアリティを生きる」ということは、「宗教研究を生きる」ということでもある。

いずれにせよ、宇宙のすべてに「いのち」「神仏」を実感し、その気づきが匿名的・マスプロ的な状況下で他者と共有されるという初女さんと伊藤青年の「新しい」宗教意識。それは、カトリックと天理教という異なる伝統的な宗教意識から発し、しかも何の交流もない二人が、多くの人達を巻き込みながらたどり着いた、極めて現代的なスピリチュアリティ状況の一側面なのである。

注

1　初女さんに関しては『東奥新聞』一九九五年八月二三日、一一月二五日、伊藤青年に関しては大野陽子『神は降りたのか―伊藤幸長氏にみる「啓示」』アメニティ・サイエンス、一九九一年、一三―二五頁、稲葉小太郎「神様の言葉を伝える伊藤青年」『大法輪』六二―一〇、一九九五年、小山博史「現代ニッポン癒しの現場　一二　心のアーティスト大徳寺昭輝」『パワースペース』二一、一九九五年を参照。

2　例えば『静岡新聞』一九八六年八月三日、『毎日新聞』一九八九年一〇月四日、『週刊朝日』一九九二年七月一〇日、『東京新聞』一九九二年九月一日、『山陰中央新報』一九九四年二月一〇日、『東京新聞』一九九六年五月一四日など。こうした記事のコピーも参拝者によって直接あるいは郵送で配布されている。

3　神意にそわない心遣いのことで、「をしい」「ほしい」「にくい」「かわい」「うらみ」「はらだち」「よく」「こうまん」の八つに定式化されている。

4　葛西賢太（「「精神世界」を支持する〈ゆるやかな共同性〉」『宗教と社会』四、一九九八年、一三四～一三八頁）は、「ゆるやかな共同性」の特徴として、①現代人の思考様式に影響を及ぼすような広範なメディアの増加、②よく似た内容を持つ諸説が諸地域に「同時多発」しているようにみえる状況、③コピー・ワープロ・ファックスといった新しい機器による情報発信、④情報発信者は情報編集者（センスの良さ）、⑤全体を統括する機関がないか、または弱い、の五点をあげている。

5　「あなたがたは皆、キリスト・イエスにあって一つだからである」（ガラテア人への手紙三―二八）、「日の下では、人にとって、食い、飲み、楽しむよりほかに良いことはないからである。それこそは日の下で、神が賜った命の日の間、その勤労によってその身に伴うものである」（伝道の書八―一五）。

Ⅲ　スピリチュアルな生をいきる

スピリチュアリティは、
人の死を一緒に分かち合うことから生まれます。
〈私たちは切り結ばれている〉というこの生の共感覚を、
〈宗教〉という（の）言葉を使わずに語っていくことが大切です。

〈死〉をめぐる共同性とスピリチュアリティ
——グローバル化社会のオルタナティブな生き方を求めて

インタビュー　西谷　修
聞き手　樫尾直樹

——西谷さんはこれまで、現代世界における共同性の可能性と不可能性について、ジョルジュ・バタイユの思想から出発して、死、戦争、グローバル化、クレオール、原理主義、イスラームなどの多様なテーマから考察、発言、行動してこられました。そうした実践は、西谷さんのひとつの出発点である、フランスの哲学者ジャン＝リュック・ナンシーの「共有するものが何もないという事実を分有する」という思想に表われているネガティブな共同性を、現代世界の公共性の場のなかで、ポジティブに語ることにほかならなかったと、ぼくは理解しています。

制度的な共同性の建設とは異質な文脈でポジティブに人と人との絆＝共同性の可能性について語ることは、たとえばエマニュエル・レヴィナスの言うような「倫理」について考えることだと思うのですが、レヴィナスの「顔」のメタファーを使ったユダヤ神秘主義の説明、解釈を想起すると、現代世界における共同性の可能性を考えるには、ある宗教性、つまり人間の操作可能性を超越した領域——ここではミシェル・フーコーにならって「外」と呼んでおきますが——と人間とが「つながっている」という独特な関係性についての感覚＝〈スピリチュアリティ〉について考えることだと言えるのではないか、と思います。

ここで〈スピリチュアリティ〉という言葉を使うのは次のような理由からです。これからの絆の新しいかたちとはどんなものか、おぼろげには感じているのだけれど、従来のたとえば「宗教」「心」「精神」「聖なるもの」といった言葉ではうまく表現できないのです。それはおそらく、現代が生（活）感覚の再編成期にあるからなのでしょう。宗教的な文脈では、「共同性は～ではない」という否定神学でしか語りようのなかったことを、ポジティブに語ることがいま要請されているのだと思います。最近考えているのですが、否定神学は、すでに神が世界にいきわたっている（いた）という認識を前提にしているとすると、たとえば日本を南島やアイヌも含みこんだ問題系から考えるとき、否定神学ではうまくいかないのではないでしょうか。

そこで、今日は、西谷さんに、スピリチュアリティとしての共同性について、現代世界でいかにポジティブに語りうるのか、スピリチュアルな生をいきる可能性についてお話いただければと思います。

〈共同性〉をポジティブに語る
――近代の思考とグローバル化の考察から

西谷　ナンシーの共同体論の話をする前に、こういうテーマがなぜ出てくるかについて考えてみましょう。

共同性というテーマが重要なのは、「共にある」という状態は人間にとって基本的なのに、それが「ナショナリズム」などに引きつけられて面倒な問題を引き起こすからです。「ナショナリズム」のたぐいは、政治や国民共同体のレベルに出てくるだけではなくて、日常生活のなかにもあります。たとえば、我々の世代の田舎に育った人間なら感覚的にわかることですが、都会と田舎とでは生存の仕方が全然ちがいます。まず人と人との結びつきのあり様がちがうわけですが、そのちがいが何かというようなことから、ナショナリズムの問題まではずうっとつながっているし、それが死の問題に結びついたり、戦争の問題に結びついたりしています。こんなふうにナショナリズムの問題をもっと基本的で生な共同性の問題系に開いて考えると、政治的なナショナリズムのからくりが逆に見えてくると思います。このことは言いかえると、結局は「宗教」というタームを使わずに、かつて宗教が機能していた時代にあった生のあり方、あるいは人と人とのつながりがどうなっているのかということを、考えてみるといったことになると思うんですね。だから、樫尾さんのやってること――宗教学でも、ちょっと違った形で宗教へアプローチしていると思うけど――となぜ響きあうかというと、結局そういう関心があるからだと思う。広く言えば「宗教的」だけれども、宗教というタームで囲わずに、あるいは宗教という形で概念化せずに、人が生きているということの根本を考えてみるということだと思うんですね。

もちろんそのベースがフランス文学であったり、ヨーロッパの哲学史であったり、現代哲学であったりする。我々の学問的な営みの共通基盤は一般的にそこにあるということですが、そのなかで、人間のあり方の一番深いところ、いろんなものを取っ払ったときに出てくるものとは何かというふうに考えたときに、たとえばバタイユのエクスタシー論やナンシーの共同体論に突き当たるんです。しかしそれを語るときに、ヨーロッパから来る言説としては、樫尾さんが指摘したように、否定神学的な言説しかなかった（ない）わけですね。「関係なき関係」とか、「共同体なき共同体」とか、あるいは「不可能性の可能性」とかいった表現しかなくて、何言ってんだこいつらはというようなことになってしまう。それが言おうとするところを日常言語で語ったらどうなるか、あるいはヨーロッパの伝統的な神学・哲学の論議をふまえながらも、それをちがった形でどう言えるか、そういう問いこそ、日本語でしゃべる人間の課題だと思うんですね。だからいま、「ポジティブに語る」と言ってくれたけど、それが本当に共通の課題なんだと思います。

今日は、この課題を二段階で考えてみます。ひとつは、ナンシーの言う〈共同体〉とはどういうことか、要するに近代の思考は何をやってきたかということを――樫尾さんと話しているときには共通了解になってしまうので――まず確認しておくこと、もうひとつは、一般的にグローバル化と言われている状況にまで戻って考えてみるということ、この順番で話します。

死と共同性をめぐる近代の思考
――スピノザ・ヘーゲル・ハイデガー

西谷　まずスピノザの話からしましょう。スピノザはきわめて評判のいい哲学者で、とくにヘーゲルの受けが悪くなってからもうスピノザしかいないみたいに、あちこちで引っ張りだこです。事実スピノザはなかなか素晴らしい人だと思うけれども、同時にスピノザの言葉の呪縛が近代の思考を規定してきたところもあります。

スピノザは何と言ったか。曰く、「自由な人間は死について考えることが最も少ない」と。これは微妙な言い方で、自由な人間は死について考えないと言っているんじゃない。「最も少ない」と最上級で言っているわけで、最後の土壇場では考えないわけにはいかないだろうし、自由な人間もいろんな形で死について考えることを、あるところで引き受けなければならないかも知れない、そういうことはおそらく留保しているんだけれども、結局は、死を考える奴は馬鹿だ、みたいなことをスピノザは言っていて、それを担ぐ連中がまたいるわけです。だからそれ以降みんな死について考えなくなってしまった。それが近代の世俗主義とぴったり符合している。

でも、スピノザはなぜそう言ったかというと、教会が「メメント・モリ（死を想え）」と言って死の恐怖をかざし、「悔い改めよ」と教会のなかに人を囲い込んで信仰の権威の中に閉じこめようとしていたからです。信仰の名の下に人を殺したりするなどいろんなことがありましたが、スピノザは、そうしたことから人間を解き放つために、そして死をカタにして人を囲い込むような、あるいは生を貧しくするような傾向に対して「ノン」を言ったのです。ところが、そうしたはっきりとした姿勢は宗教的権威を排除しただけではなくて、同時に死のことを考えるなということにもなってしまったんですね。死を考えないということと、現世の地上の超越のないこの世界を肯定するということとは表裏です。そして、この世界で自分の関心や利害にしたがって生き、自己の生存を主張し守るという、いわゆるコナトゥスが出てくる。そしてスピノザのそういう現世肯定主義が、ある自由の最も本質的な形だと言われるわけです。けれども、おそらくスピノザは単純に現世利益を求めて享楽すればいいと言ってたわけではないでしょう。でも、スピノザはそう言って教会から破門され、脅されたり襲われたりして、とうとう死んでしまう。スピノザが言ったことは、個の自立とか、充足に基づくある内在的な世界、要するに超越や外部を想定しない、ここだけで満ち足りる世界という近代のいわゆる内在主義的な世界観のバックボーンになったことは確かなんですね。

わたしは、ヘーゲルがいわゆるヒューマニズム、というよりもホモ・セントリズム（人間中心主義）の思想を完成させたと思っているんですが、ヘーゲルの哲学では、人間が完全に自己生成して全体化した世界になるんですね。人間的主体は、最初はネガティブな可能性としてしか、つまり否定性としてしか存在しないにもかかわらず、世界をその否定の働きによって取り込むことで、自己を現実化して肯定的なものへと転化していく。そしてその全体というのは、何であろう、もともと自分がそれであったものを実現したということを意味している。だから外からなにも持ち込む必要がない。その生成のプロセスはひとつの内在的な運動であって、すべてがすでにここにあるわけだけだから、永久機関のようにこの世界は動いているということになる。そういう内在的世界という考えが、近代の人間に、あるいは世界についての構えや人間の構えに、原理的な枠を与えてきたと言っていいと思うんですね。

言ってみればスピノザに始まって、ヘーゲルは完全に神のいらない世界のイメージを創ったわけです。なぜかというと人間が神なのだから。要するに人間は絶対的な主体なんですからね。でも、そうなると宗教の場が全然なくなると同時に、この内在の世界というのは人間が生きる世界だから、死の入りこむ余地はどこにもないわけです。それで死ねば死に切り、ということになって、そのときどうするかというと、スピノザの言っていた、「死について考えることの最も少ない」自由な人間も、死ぬときには、「ああっこれでおさらばか、おれも神の元に帰ろう」とかいって教会に行く。いわゆる葬式仏教じゃないけれど、葬式カトリックとか葬式プロテスタントですね。死については考えない、そして考えないですませる、つまり現世的に意味のない部分だけを教会にまかせてきた、それが世俗的社会であって、一切神を排除するのではなくて、神を使うという世界です。神が我々を造るんじゃなくて、人間が神を使う。でもときには馬鹿な人もいて、死ぬんだったら人間の自由は絶対ではないんじゃないかと言って、キリーロフみたいな考えが出てきて、死に挑んでしまったりするわけです。まあ、ここらあたりは『不死のワンダーランド』ですが、そうしたことを経ながら、死が獲得できるものでも、人間の主体的な行為の対象になるものでも絶対ない、つまり内部ではないということが露呈して、はじめて人はそこで、教会の脅しとは関係なく、まじめに死に向き合わざるを得なくなった。

ところがその死はもはや神が包んだり引き受けたりしてくれるものではないから、おそらく歴史上初めて人間は何のオブラートもないむき出しの関係としての死に直面するようになったと思うんですね。カトリック以前にも、キリスト教以前にも、やっぱり宗教は、人が死ぬという猛烈な変化、完璧に理解できない猛烈な変化——ここにいた人がぱたっとものも言わなくなり動かなくなるという目に見えない喪失、そしてそのうち腐ってくるというこの猛烈な変化——を、どうやって引き受けるか、どうやって昇華していくかという、そのための共同の儀礼から始まると考えてよいでしょう。その儀礼に意味づけをしたり、あるいは人の生き死にをなんとかして理解して、ある物語の枠組みのなかに組み込んでいくために教義ができる。そしてそこから宗教が始まるとすると、宗教の核にはいつも死があるわけです。ところが、その宗教を社会的に機能させせなくなってしまったときに、むき出しの死に人間は直面するようになる。

でも哲学はそのことを考えたことはありませんでした。実はヘーゲルも考えたんだけれども、蓋をしてしまった。スピノザ以降、はじめて死のことをまともにテーマにしたのはハイデガーでしょう。そのハイデガーの思想的同時代人としてバタイユやブランショやレヴィナスも、世界戦争の時代にどうしても死に向き合わざるを得なかった。アウシュヴィッツ――レヴィナスはアウシュヴィッツにいたわけではないけども――を極限とするあの総動員態勢の戦争のなかで人間が非人称化する現実、捕まってまったく主体性を奪われてしまうという状況＝神のない世界のなかでまさに人はのたれ死にしてゆくという現実に出会って、彼らはいろいろ考えた。そのお膳立てをしたのはハイデガーです。ハイデガーは産業技術社会の哲学者です。彼が言うには、近代の内在的な充足した世界の中でも、ふと生きていることの不安や空しさを思うことがあって、そのとき世界の充足を破って無意味の「無」が底を開く。そしてその先には死が待ちうけているけれども、まさにそれが死を免れない人間のありようであって、「俺は死ぬんだ」と悟ることから、本来的な存在の引き受けが始まる。そう、ハイデガーは言うんですね。つまり彼の言う「存在忘却」とは近代の世界の「死の忘却」でもあるんです。死ぬということは「有限」だということですが、その有限性、自分が有限であるということを、では何が補填してくれるのかというと、ハイデガーはそこで歴史的形成物としての「民族」だ、と言ってしまうんですね。そうすると、ヨーロッパ的存在、ギリシア以来のアーリア人によって築かれたヨーロッパ的存在が、その存在の忘却を超えて、本来性に覚醒するという物語を、ナチの勃興のなかに見ちゃうわけですね。これは「政治的過ち」云々の問題ではなくて、まさしくそういうふうにハイデガーは考えたのであって、まさに哲学上の問題なんですね。でも哲学だけの問題かというとそうではなく、「共存在」ということを言い出したときから、思想は避けがたく政治化するということなんです。これはまたあと回しにしますが。

バタイユのエクスターズとハイデガーの共存在から――ナンシーの共同体論①

――それでは、ナンシーはいま説明していただいた近代の思考をふまえて、どのような共同体論を展開しているのですか。

西谷　ナンシーは、ハイデガーの思考の帰結を、もう一度別の形で問いつめました。とりわけバタイユ――彼の場合は宗教創設をやろうとして人身御供まで試みたわけですが――の経験を問い直すことで考えてみました（ジャン＝リュック・ナンシー『無為の共同体』、以文社、二〇〇一年参照）。それは全然根拠のないことではなくて、戦後、ハイデガーは、ナチの御用学者と言われてどこも呼んでくれずドイツではほとんど謹慎蟄居していたけど、哲学者ジャン・ボーフレによってフランスに招かれた。ボーフレはルネ・シャールと組んで、レジスタンスのお墨付きのもとに「ハイデガーはそんなんじゃない」と言って迎えいれたわけで、ドイツの新聞としてはなぜハイデガーがフランスに迎えられるのかよくわからない。そこで、一九五八年ぐらいかな、ハイデガーはインタヴューを受けるんですが、そこで「最近のフランスの思想界であなたの興味を一番ひくものはなんですか」と尋ねられて、「バタイユだ」って答えそうです。それはなぜかと言うと、エクスターズの問題を一番考えているからっていうことでしょうね。

エクスターズとは要するに脱自的な存在様態ということですが、この点でナンシーがハイデガーの代わりにバタイユをもってきて、死の問題を考えるというのは当然のこと、非常に根拠があることなんです。ナンシーは別にハイデガーにまつわる「誤解」を解こうとしたのではなくて、ある偶然がきっかけになっています。共産主義の経験というのは何だったのかを考えてみるというのがナンシーの最初の発想でした。共産主義というのはコミュニスムで、だからコミュノテ（共同性）やコマン（共同的なもの）とは何なのかを考えることになる。つまり、発想としては共同性の問題、それも政治社会的なレベルに出てくる共同性の問題をナンシーは考えていったんです。ただ、この問題に関してはすでに哲学にも仕事があって、それがハイデガーの『存在と時間』でした。まさにハイデガーの Mitsein（共存在）というのはその問題を存在論的に考えていたんですね。だからナンシーの仕事のひとつのポイントは、一九世紀に誕生した社会学あるいは政治思想のレベルでテーマ化されてきた共同体の問題を、哲学のレベルにおろして考えるということで、そのときの足がかりになるのは唯一 Mitseinだったわけです。

では、ハイデガーが Mitseinということを言い出した意味は何か、哲学史における意味は何だったのか。近代の哲学は、さきほど触れたスピノザの前には、コギトから始まるわけですね。みんな考える〈私〉から始まる。〈私〉の揺るぎなさというところから思考は始まるわけで、理性はその本質である。すると〈私〉は常に単独であって出発点である。その対象として世界が広がってくる。だから近代の哲学は次第に認識論の方に純化していくんだけれど、それをヘーゲルが統合するわけです。でもそのあとでカントの影響がじわーっと効いてきて、認識論の方にシフトしていって、それをハイデガーがもう一度存在論のほうに引き戻した。そのとき、Mitseinというのは、実はすごく重要な概念だった。というのは、それまでは Sein（存在）のことを考えても、cogito（私）のことを考えても、subject（主体）のことを考えても、それらはすべてある自足性や完結性をもつユニットとして考えられていた。少なくとも思考はそこから始まるわけです。ところが Mitsein

というと、「存在する」という観念のなかに、sein（存在すること）とは常にmit(with)（共に）であるという発想を引き込んでしまうわけです。ハイデガーはDasein（現存在）から始めるんだけど、これはまあとりあえずそこにいる、あるという意識でしょう。そこから始めて、その「とりあえずそこにいる」にはすでにもうMitseinであるという側面があるというふうにハイデガーが言ったときから、いわば存在の複数性が引き込まれてきてしまうわけです。つまり何かがあるとか、私でも何でもいいんだけどいるというときには、そのことのありよう自体の中にすでにmit（共に）が含まれているっていうことを、ハイデガーは言ったわけですね。だから、近代の哲学の展開の果てに存在の問題にもう一度立ち戻ろうとしたとき、mitが最初から入ってきたというのは非常に大きなことでした。だって、これはアーレントの言ったことですが、神は人間を単数で創造したというし、l'hommeというぐらいでね。Dieu（神）だって——Dieuはまあ冠詞はつけないけれど——唯一神で、それに似せてつくった人間はl'hommeでしょう。l'hommeを中心にしか考えないのに対して、mitを最初から入れてしまうというのは非常に重要なことです。そこに存在するということのなかにすでにmitがくっついている、すでにmitを巻き込んでいるということをヒントに、というかそのことが片方にあって、ナンシーの仕事が始まります。だからナンシーは共同性の問題を、それにじかに関連させて論じているわけではまったくないけど、コンテクストを見てみるとMitseinの問題と当然結びつくんです。

パルタージュ（分有）の効果としてのスピリチュアリティ——ナンシーの共同体論②

——ナンシーが、社会科学や政治思想史の課題であった共同性の問題を哲学に下ろして考えた点に、現代世界における思考や批評の可能性を見ることができ、とても興味深いと思います。ハイデガーは、共存在を死との関わりから考えましたが、ナンシーはどのように共同性と死の問題について考えていますか。また、その問題系からスピリチュアリティとしての共同性についてどんな知見を導き出すことができますか。

西谷　コミュニズムと共同性をめぐる問題系においてもうひとつ注目したいのは、コミュニズムの最も良質な部分とは未来に殉ずるという形で犠牲になった人たち——スターリンの犠牲になった人たち、あるいはソ連国家の犠牲になった人たち——であるという点です。ファシズムにしろ、ナチズムにしろ、それからあらゆるナショナリズムにしろ、みんなそういうふうにして「殉ずる」ということが、それらを支えるモメントとなっている。殉ずることによってある共同体の結び目が作られるわけで、ナンシーはそうした共同体と死との結びつきに焦点を合わせて考えています。生きている人たちが一緒にいるだけだったら利害が対立したりして結びつかないかもしれないけれども、たしかにあいつと考えがちがうしあいつは嫌いだけど共通の理想のために身を捧げるんだと言うときに、そこにある共同性が担保されている。その死の場面を克明に見てみるわけですね。すると、ブランショが『文学空間』のなかで言っているように、人は死ねないということがわかります。「人は死ねない」というのは、〈私〉としては死ねない、〈私〉は死ぬ力を永遠に失いながら消えていくだけだということです。では、死はどんなふうにして起こるのか、死はどうやって完成するのか。そこにもうひとり人がいて、その人が看取ることによってしか、死は完成しない。死ぬ人は、死に届くわけではない。その人は死に届かないまま死んでゆくんですね。だからその死を受け止める他者がいなければならない。要するに、昔から言う「人はひとりでは死ねない」のは何ら人間の欠点を言うものではなくて、深い真理に通じている。自分の死に向き合うなんていうことこそ自我のナルシシズムが生み出す大言壮語であって、死は、もしそれに人間的な意味があるとしたら、他者の死以外のものではありえないわけです。死というのは基本的に自分には属さないものです。だから自分が「死ぬー」と思っている人はそういう思いの中で消えていって、そして取り残された人間が「あーっ……あいつは死んだ」と言ったとき、つまりその死を受け止めたときに、はじめてその人の死が完成する。つまり人間的に起きた出来事になるわけです。そうすると死ぬということは、すでに人が二人以上いないと成立しないんじゃないか。それが何の教義も、目的前提も、イデオロギーもなしに見られた人間の死の裸の実相じゃないか。それがナンシーの――ブランショを踏まえながらだけど――行き着いたところだと思うんですね。

そのときに一方は死んでいくわけで、「ああ俺は死ぬ、死にたくない」とか言いながら消えていく。それをこちらから一生懸命引き止めようとしても止められない。このときひとつの存在は限界に達するわけです。人間は不条理に消えていくという形で、有限性を露呈する。もうひとりの人間はその消えていく人間をどうしても救うことができないという自分の限界にさらされる。というよりもその限界が立ち合う者をこちら側に送り返すわけですね。そしてそういう経験の場では、死んでゆく人間はもう主体ではなくなると同時に、それを何とかしたいと思う人間も、何もできないという無力さの中に突き放されて、主体的営みを解かれてただ泣くしかない、喚くしかない。このような経験はもはや主体的な経験ではないでしょう。主体ではない者同士が身を接しながら分離されている。そういう決定的な分離こそが、自分の有限性にさらされる人間をこちら側に送り返すというところから、サンギュラリテ（単独性）は成立する。自分が自分でしかないという単独性が、刻み込まれるわけです。そのことを、ナンシーは〈パルタージュ〉（分有）と呼んでいます。つまり、そのような死の場面における人々の間の絶対的な分離こそが、まさに人間の単独性とか有限性が刻まれるその場面でこそ、être-avec = Mitsein（共存在）という形でしかないということ、être-avecが絶対的に露呈するということを言うわけです。生きている人間にはそういうパルタージュの場面は無数にあります。そのようなパルタージュの織りなすものとして〈私〉が輪郭を持ってくる。だから個的な主体がはじめにあって、そしてそれが何かを共有するから共同的な存在なのではなくて、むしろ〈私〉がすでに「共にある」のだということ、〈私〉を成り立たせる契機そのものがêtre-avecだということなわけです。

では、我々が普通に思い描く制度的な共同体とは何なのか。たとえば国家、民族、いわゆるネイション・ステート（国民国家）というのは何なのか。「俺は死ぬーー、うー」と言って人が死んでゆくとき、その死は誰のものでもなく漂う。その誰のものでもない死を、制度的な共同体は回収しにくるわけです。「個人は自己完結しない」「限りのある貧しい存在である」「おまえの生はそのままでは無意味だろう」、それを自分が補完してやる、というわけです。あるいは、「誰のものでもなくなった死は、公共のものである」「自分がそれを引き受けてやる」「それによってこそお前の存在はジャスティファイされる」というふうに介入してくるのが、制度的な共同体です。そうした共同体は、常に個人の有限性と個人の非完結性、個人の貧しさや個人の無根拠をカタにして共同体あるいは国家の価値を正当化するわけだけれども、その正当化が成り立つためには、誰のものでもなくなった死——それが現代の死です——を回収してため込んで、生きていく人間に「君らは実はここに帰属する」という形で提示するわけですね。だから言ってみれば、国民国家とは死の郵便局みたいなものなんです。それでそのお金をというか死をまた投資に使うわけですね。けれどもその前提にあるのは、「個は孤立した貧しいものなのだ」という教えと、それと表裏の、自分がひとりの自立した人間、完結した人間だという近代の考え方です。

でもナンシーがブランショやバタイユを通して示したのは、まさに死の場面において、そうした個の完結という考えが破綻するのだということです。たしかに誰のものでもない死は、そこに臨在する身近な他者によって引き受けられる。そうでないと死は完結しないんですが、同時にまた、そういう他者によって引き受けられたときには、パルタージュあるいはリレーを通して死は完遂されています。そしてそこではすでにêtre-avecが生きられている。つまり「共存在」が起こっているのです。だから、もし死が公共のものであるとすると（死が誰にも属さないとしたら）、それは政治的な共同体に回収されないパルタージュとしての結びつきのその編み目の次元そのものが公共性である、ということになるでしょう。そうすると、その公共性の考えは、実は、ハンナ・アーレントの「政治的なもの」についての考えと非常に近づいてくる。アーレントは、政治的なものは複数の存在の間にしかありえないと言う。だからある意味では、ハイデガーがMitseinを持ち込んだときから哲学は政治化する運命にあったわけですね。それ以降はMitseinを念頭に置くと、政治的意味をもたない哲学なんて無意味なものだということになる。アーレントが言うには、人間が複数であることから政治が、政治のカテゴリーが始まる。それも複数であるから、ある共通の場面でというよりも、まさにお互いがちがうという、ちがいの編み目が公共性を作るという意味のことを言っている。アーレントは、だから政治の場は「間」にあると言う。その「間」というのはまさにパルタージュであって、この「間」には、いかなる距離もないということです。

そうしてみると〈共にある〉というMitseinの理念を、これから我々はどういう方向で考えたらいいのかが、かなりはっきりしてくると思います。個人が貧しいからといって、あるいは非完結だからといって、ナショナリズムが成立する余地は実はないわけです。日本でなら、「国民」の死を、本当ならパルタジェ（分有）される、分かち合われるべきところからはぎ取ってきて靖国におかない限り、ナショナリズムは成立しないわけです。まさにそのための死の回収機関として靖国神社はある。だからね、ふつうの家族は怒るわけですよ。なんでうちの息子をあんなところに祀っちゃうのかと。ナンシーがパルタージュの概念で提示したことをいろいろ敷衍してみると、いまの政治思想が陥っている隘路を解明するのに非常に役に立つし、樫尾さんが〈スピリチュアリティ〉という言葉で言おうとしているのは、パルタージュがいろんな形で出てくる場面で起こること、あるいはパルタージュが具体的に生きている人々に対して与える効果だというふうに考えることができるんじゃないでしょうか。

死のパルタージュと公共性の二重性

西谷　今、靖国の話を出しましたけど、靖国訴訟ってあるでしょう。あの訴訟をやっている人たち、首相の参拝を違憲だと提訴している人たちの主力はだいたい宗教者ですよ。浄土真宗の人が多いようですけど、彼らの論理はもちろん、靖国が国家の犯罪を体現してるからということもあるけれど、それよりも「自分たちの息子や身内の死を一括管理してやるとは何事だ」「生死は自分たちで手当てすると言ってるのに、その権利を奪うのか」っていうことですね。その生死を手当するということが、宗教者にとって重要なことなんで、それが信教の自由の根本に関わっている。今年の靖国礼大祭における首相参拝に対する訴訟をまた起こしたけれど、これはいわゆる左翼的な国家主義に対する批判なんかより根源的なんですね。

おそらくそこにネイション・ステートのアキレス腱のようなものがあると思う。天皇制国家日本の場合だと、靖国になるんだけど、ヨーロッパの場合はそれが無名戦士の墓でしょう。だからヨーロッパの場合はそこらへんが曖昧にされやすい。死は公共のものと先ほど言ったけれど、実はこれはブランショが言ったことで、ブランショは公共性とは街路、つまり人が雑然と行き交い集まる通りだと言う。そこでみんながざわめいたり、いろいろ話が飛び交ったり、誰が何言ったかわからないけど、言葉が飛び交うそういう通りだと言う。それが文学の発祥の地だとブランショは言いたいわけですが、その公共性とは、国家の政治的な秩序空間とはちょっとずれている。でもそのブランショの、死は公共的だという言葉もラテン語に返すと、死はres publica（公共のもの、共和国）だということになる。そうするとまさしく、死が共和国を作る、あるいは共和国に属するということになるけれど、フランスなんかの場合はこれが非常に機能する。無名戦士の墓が共和国の墓標なんだ。けれども、そのフランスでもミッテランは無名戦士の墓に並んで埋葬されるんじゃなくて、カトリック教会で荘厳な葬儀をするという、さっきのスピノザの話で言うと一番不自由なところに入ってしまうんですが、そのres publicaの虚構の方が、ひょっとすると見破りにくいのかもしれない。ただそういう政治的な共同性が必要だとしても、それが現実的に王国を引き継ぐような形で国家になって、その国家がひとつの権力になって、人民を管理するようになると、それに対するレジスタンスとして、もうひとつのres publicaが、ブランショの言ったような形で登場してくる。だからブランショのres publicaというのは常に異議提起するres publicaなんですね。その二重性というのはいつもあると思う。だから死は無名のものであるというのは、すぐにブランショの言う公共性と国民国家に二極分解するんです。

グローバル化の二重性
――差異のネットワークとシステムの統制

――〈死〉を回収するネイション・ステートとは別のやり方で、公共性を模索するパルタージュの重要性は理解できましたが、次に二番目のトピックであるグローバル化の文脈のなかで、パルタージュとその効果としてのスピリチュアリティについてお話いただけますか。

西谷　グローバル化に関しても、常に、公共性と国民国家に二極分解するのと同じような二重性が働いていると思います。冷戦以降、対立構造がなくなると世界はひとつの原っぱですね。その原っぱで、みんながそれぞれわーっといろんな祭りをやったり、葬式をやったり、いろんなことをして、「ああ、あそこでは妙なことをしている」、「じゃあ屋台でも出そうか」なんていうふうにして世界ができているんなら、世界は〈にぎやかな荒野〉です。そんな形のグローバル化ならいいわけです。ところが、「よそから屋台を勝手に持ってきている」「こいつに商売やらしといちゃいかん」「あそこで三〇円で売って、ここで一〇〇円とはけしからんじゃないか」「お前特許権料払ってないじゃないか」とか言って市場の原理をおしつけて、世界を一元的な秩序にしていくという力が必ず働くわけです。つまり基本的な生存状況としてのグローバル化と、そういう世界を一元的な秩序として編成し管理しようとする動きという二重性があります。

そうするとその動きに対抗して違う組織化＝差異の組織化という動きもまた出てくるわけで、それは結局言ってみれば、パルタージュの網の目がどういう力学のなかで変成を受けるのかということと関係している。ナンシーの言う死の場面でのパルタージュの網の目と、そこから出発して考えられるパルタージュとしての網の目は、実はいろんなレベルで捉えられる。パルタージュとしてのMitseinという発想が出てくるためには、〈死〉が消えなければいけなかった。要するに「私は死ねない」という形で死が消えなければいけなかった。「死が消える」というのはボーダーが消えることなんだけれども、ボーダーが消えるところにパルタージュが浮かび出てくる。バルタージュとは、綱で線を引いてこっちからこっちは俺の領分って言うんじゃない。ここに羊羹があるとすると、ここからこっちは俺の領分というふうにして紐がおいてあるわけではなくて、包丁がさっと通って切れてる、でもくっついているという状態がパルタージュなんですね。ロープをおいてこっちからこっちは俺の分というわけではない。そのロープは一回消えなきゃいけない。死が消えたときに個の境界はなくなるけれど、個の境界がなくなったときになおかつ浮かび上がってくるのがパルタージュであって、それが個の単独性を保証していく。

ところが、そうしたパルタージュの思考は、ひとりひとりの人間がインディヴィデュアルであることをベースに世界を考えるという思考の枠組みが崩れたということをも意味している。「死が消える」というのはまさにそのことに関係している。そうなると、一人ひとりの人間はどうでもいいことになる。「ひとりの人間をまるまる奴隷みたいに飼っていたって面倒なだけだ、肝臓だけあればいい」「いや骨髄が欲しいんだよ」といった話になるんです。生命、つまり誰かが生きているというその「誰か」は、組み替え可能な複合体になるんです。「死が消える」とは、実はそういうことにも関係しているんです。ひとりひとりの人間が私たちのようにこういう形式で存在していて、それが全世界の分節のベースだよという前提が、前提として通用しなくなるんですね。まさにそのような、西欧文明の技術的な可能性が作り出した状況の中に我々は置かれている。「そんなこと言ったって現実には一人ひとりの人間しか生きていないじゃないか」と言っても、「じゃ君らどうやって病気を治すのか」いや「生命機能を維持するのか」と医者は言うでしょう。人間は現実的には違う形で扱われているわけですね。遺伝子にまでいってしまう。要するに生き物なんて遺伝子の運び屋だということになってしまって、DNAだけが問題だというふうになってきている。そこでは、生命とは遺伝子が継続的に再生産されていくことだ、ということになる。

そうすると個々の人間の個体性というのはもう無意味になると同時に、いままで基本単位と考えられていた国家や民族はグローバル化のなかでやはり透過可能なものになってしまう。「日本のチームは日本人だろう」と言うと、「いや、アレックスがいるじゃないか」という話になる。アレックスをイギリスに輸出しようとすると、「あれは何だ、ブラジル人じゃないか」、「冗談じゃない、日本人だ」っていう話になって、『日本』て何だ」という話に当然なってくる。そうすると、国家といった単位は、とりあえずの機能的な枠組みになっていってしまう。だから死が消えて、そのパルタージュが浮かび出るというのは、個的な存在のレベルの問題だけではなくて、個的な存在が絶対のベースではなくて、もはや中間的な世界の存在編成の一段階にすぎなくなるということでもあるわけです。おそらくグローバル化として大づかみに言われる状況のなかで我々が置かれているのはそういう事態であって、そこでは人は、パルタージュから生み出される網の目を基盤に生きていくか、あるいはそうではなくて、効果的なシステムが破綻しようとするのを暴力的に押さえていく、あるいはある暴力に支えられたコントロールによって規制していくかという対立が、今世界レベルで起こっているのだと思います。だから、市場原理のグローバル化のなかでは、パルタージュの効果としてのスピリチュアリティはほとんど問題にならないことになる。

クレオール、島的——スピリチュアリティを生きるために

——それでもなお、システムの統制による一元的なグローバ

ル化状況のなかにあっても、パルタージュの効果としてのスピリチュアリティを生きるにはどうしたらいいのでしょう。ぼくはそこに何らかの可能性を見出したいと考えていますが、いま具体的に考えておられることがあればお話ください。

西谷　上から単に制度的にここが区切りだと設定されたものに従うのではなくて、その区切りが消えたときにどうしても浮かび上がってくるものをベースにいろいろ考えたり、行動したりすることが重要だと思います。そこに浮かび上がる差異をいろんな形で多様にアレンジしてゆくということでしょうか。それもアルカイックな形ではなくて、現在の条件を受け入れながらいろんな形で組織していく。そのひとつの参照例がクレオールだと思うんです。クレオールというのは――エドワール・グリッサンが同じ内容のことを言っていたけど――、グローバル化が統合や一体化原理の貫徹であるとすると、ヨーロッパの世界化の副次的な効果として生まれたものです。グローバル化はその直接的な延長線上にあって、クレオール化はその副産物である。クレオールは副次的だけれども、意図して生まれたものよりもアクシデントのようにして生まれたものは、未知の可能性を秘めている。だから、世界をクレオール化のプロセスと捉えると、そこには統一的なあるいは目的論的な構想の力は働かない。グリッサンは〈列島的〉という言葉を使っていますが、いろんなちがう単位が連鎖するような結びつき、つまり、ひとつの複合体を作る状態ですね。漂着した要素がいくつかちがうという意味で異なった原理をもっている諸単位（＝島）が連鎖した状態として世界を考えることができるでしょう。

そこで重要なのは、クレオール化によって形成される世界は、起源を捏造しないということ、それから統一の目的を持たないということですね。起源を捏造して統一の目的を持つというのは、要するに個として収斂するあるユニットをめざすという考えの習性によるものですね。〈私〉から出発すると、つまり〈私〉がある本質的なユニットだとすると、〈私〉は死ぬと言うとき、その死は未来に望見される自分の終わりであり、〈私〉は生まれたと言うとき、それは過去にあった事実としての出発点だということになります。でも、考えてみると、「私は生まれた」と言うと、あたかも自動詞のように扱われるけれども、じっさい人は生むことはできるけど、生まれることはできないんですよ。「生まれた」というのは、「私は誰かによって生まれた」という受け身の表現なんですからね。**"I was born", "Je suis né"**というふうに、「生まれる」というのは万国共通の受け身の表現なんです。ところが、近代の個をユニットとして考える考え方では、自分の存在が根源的に他者に負っているということを認めることができないから、

「私は生まれた」というのを、自分の行いであるかのように考えてしまうんです。我々の言語、考え方の積み木である言葉自体がすでに、〈私〉を出発点の本質的ユニットして考えることに影響されているわけだけど、それを取っ払って考えた時に、〈私〉の起源は常に外にある、〈私〉は自分の起源を自分で持てないということが当然ながら納得される。そうすると、〈私〉というのは、起源を外に持つ、それも複数的に外に持ち、〈私〉はその結果として存在する。だから出発点があるわけではなくて、死もまた〈私〉のものではない。つまり人間はつねに「途上」として、あるプロセスとして存在していて、自分が消えるときにそのプロセスはまた他に受け継がれていく。そういう形で〈私〉を捉え返すことができると思います。それができないのは、我々の考えがあるユニットで、起源があり、終わりがあるという習癖にとらわれすぎているからであり、クレオールという考えはそれを解除してくれるところがあります。

というのは、ヨーロッパの場合、その起源はギリシアで、すぐにそこからの歴史として自分をアイデンティファイするわけですが、クレオールの場合、アフリカから奴隷が連れてこられたというように起源が事実としてははっきりしているため、起源神話を設定しようがないからです。クレオールは彼らのいろんな形での変成として、メタモルフォーズとして存在しているのであって、常にプロセスなんです。いま生きている人間はいまを生きて、いまある共同性はその共同性を維持しようとするけれども、この先こうなるべきというものがあるわけじゃない。常にナショナル化しようとする力学は働くし、市場の原理に統合しようとする力学は働くけど、でもそれにもかかわらず、クレオール的であるという存在形態はある。だからクレオールが、一元化していこうとするグローバル化の局面に対する、あるカウンターではなくて、違う原理として常に我々の参照項になりうる。生活の中で何かを考えていくにしろ、なにかを構成していくにしろ、自分たちの生活をつくっていくにしろ、抽象的に設定される原理、あるいは圧倒的に大きな権力の統合作用を解体できればいいんですが、なかなか解体できないから、そうではない方向、むしろこちらからその効果をできるだけ逸らせてゆく、ねじを外していくような生き方は必要だし、可能だと思うんですね。そのことを支えるのが、計測可能性に還元されないとか、あるいはコンピューターのなかに全部、数値に還元されてそこで帳尻合わせられるようなものとはちがったやり方で生きて行くのは、常に可能だと思うんですね。

——スピリチュアリティとしての共同性、パルタージュの効果としてのスピリチュアリティを考え、実践するときに、クレオールがどんな意味で重要なのかについては常々伺いたいと思っていました。ただ、市場原理としてのグローバル化とは異質の原理としてのクレオールを、今言われたような形で生きるというのはよくわかるんですが、この日本で——日本はまさに列島ですが——クレオールと言われてもどこかピンときません。日本列島でクレオール的実践を行うとき、具体的にどんなことをイメージしたらいいのでしょう。

西谷　たとえば島国ということを肯定的に捉え直せばいいんじゃないでしょうか。島国根性と言いますが、それはヨーロッパ化したいという願望の裏返しなんだけど、島は閉じているわけじゃないんですよね。島って圧倒的に開けている、つながりを求めはするけれども、孤立を恐れず。だって孤立を恐れていては島はやっていけないもの。どこにでも開かれているけれども、孤立してもいる。そしてここに入ってきたものは受け入れる。受け入れるとこの島も変わってゆく。でも島は島。まさにグローバル化であらゆるものがひとつに呑みこまれるなかで、島であるというのは非常に重要なあり方だと思います。グローバル化は直行便をどこにでも飛ばして全てを同じにして、漁師もスーパーマーケットで魚を買うようにしてしまったりする。グローバル・エコノミーがそうさせるわけだけど、グローバル・エコノミーの進入を遮ってでも島であり続けるということは非常に大事なことだと思う。

そうすると、神がいなくても、自分たちで神を作っていける。今沖縄なんかだと島は解体されちゃっているけど、沖縄では本島があって、そこのいろんな地区のことをまたシマと言うんですよね。シマはひとつの世界だけれど、その世界は常に他にさらされていて、本当にパルタージュを生きている。それでなければシマやっていけないんだから。世界史的なコンテクストの中で語るためには、クレオールを引き出さざるをえないけど、じゃあ日本においてクレオールはどういう意味をもつかというと、それは島であることに結びついていると思います。特にこのようにグローバル化された世界で島であり続けるというのは、大いに可能性を秘めたことだと思う。だから大陸の内にあってもシマであれ、と思うんですね。島はスピリチュアリティに溢れている。島は海に浮かび空に覆われどこまでも開けていて、ただ開けているその水平線の向こうにニライカナイをおもい浮かべることもできるし、何不自由なく絶対的貧困を生きることもありうるし、その絶対的貧困が圧倒的な豊かさでもあることもありうる。カミュのアルジェリア時代のことを書いたとても美しい神秘的な、かつひどく世俗的な文章がありますが、そこに書かれているのもそういうことなんですね。もちろんそこにはいろんな歴史的な条件があって、宮古島がずっと幸せだったわけではなくて、明治二〇年代まで人頭税で大変苦しんだとか、いろんなことはあるけれども、そういう歴史的な国民国家形成のことではなくて、いまの世界の現在性の中での構造的なことを念頭にして言ったら、島というのはなかなか大事なことなのではないでしょうか。

日本の霊的《スピリチュアル》思想の過去と現在
――カルト的場の命運

吉永進一

夜になったら　ぼくは行くよ　北の島に
君の住む街で見かけた　火の鳥追って
それを捕まえるときは　少し気を付けろよ
奴の炎で焼かれて　火傷するさ
邪魔だよ　そこどけ　悪魔めそこどけ

細野晴臣「四面道歌」

1　一九七四年のブックリスト

手元に一冊の小さな同人誌がある。一九七四年にある学生サークルから出されたもので、『オカルト・ブック・リスト』と題されている。全十八ページで手書き、ガリ刷りという素朴な体裁ながら、序には「オカルト（未知なるもの）から、物見遊山以上のものを学びたいという願いがそこにはある……我らの時代を〈人間の時代〉にすべく生きる全ての人に贈りたく想う」と大真面目に謳われている。その内容は、円盤コンタクティーのアダムスキー、予言者ノストラダムス、スプーン曲げの超能力者ユリ・ゲラー、古代宇宙飛行士説（宇宙人が文明をもたらしたという説）のデニケン、ムー大陸、ソ連の超心理学などの際物、老子、荘子、易経、法華経といった宗教経典、神智学を紹介していた三浦関造の一連の著作、眠れる予言者エドガー・ケイシー、インド系宗教のヨガナンダ、霊的教師クリシュナムルティ、正食の桜沢如一、白光真宏会の五井昌久などの霊的指導者の著作、さらに当時のベストセラーの中から、自己啓発的に読まれた寓話『かもめのジョナサン』、こういった本がそれぞれ短いコメントと共に紹介されている。

現在、こうした類の本は書店の精神世界の棚に行けば、リストアップしきれないほど並んでいるが、『ザ・メディテーション』誌が「精神世界」という語を用い始めたのが一九七七年と言われる。精神世界と呼ばれる知識が流通し、セラピスト、ヒーラー、チャネラー、グルらと、ワークショップを遍歴する人々（クライアントやオーディエンスたち）から構成されるネットワークが本格的に出現するのは一九八〇年代に入ってからだろう。このブックリストは、その直前に出されたものであるが、アダムスキーからクリシュナムルティまでを含めた、そのセレクションには、「序」に謳われたとおり、自らと社会を成長させようという理想と意気込みがうかがえる。げてもの扱いされる分野から、実践的な知恵を引き出し、自日常倫理から限界を越える超心理までを含めて「こころ」を考えようとしていた彼らは、今ならオカルトというよりスピリチュアルと形容できるだろう。

新しい霊的な運動は、一九六〇年代のアメリカにおいて、ドラッグ経験と学生運動の敗退から、東洋宗教や西欧の魔術、あるいは霊的な心理療法へと若者たちが向かったことから始まると言われているが、当初はニューエイジという言葉もなく、オカルト、スピリチュアルといった語が一般的であった。日本においても、高学歴のエリートが対抗文化あるいは学生運動を経て、人民の中の代替知を発見したという図式で語られることもある。一九六〇年代までの、マルクス主義、実存主義などで固めた学生たちの教養が解体し、山岸会などのコミューンへの参加などを経て、その後の新霊性運動が用意されたともいわれる。もっとも、ここで紹介した『オカルト・ブック・リスト』を編集した学生たちは、そうした「教養」の風土とは無縁の場から出てきた。

一九七〇年代半ば、ユリ・ゲラーやデニケン、桐山靖雄の密教、コリン・ウィルソンの『オカルト』などによるオカルト・ブームに触発されて、いくつかの大学にUFO超心理の研究団体が誕生し、このサークルもその一つであった。一面ではアメリカの流行に合わせて筍のように出現した流行であり、交流していた団体や能力者たちも若者が多かったが、サークルの周囲には昭和三〇年代の円盤ブームから続く研究団体や円盤カルト、戦前からの歴史を持つ心霊研究協会など、古くからの「場」も存在していた（当時、インドのグル、ラジニーシのグループが数少ない交流の拠点となっていたが、そことは一線を画し交流もなかった。ラジニーシの集団は対抗文化の名残を色濃く残していた）。

このサークルは二重構造になっていた。中核にはブックリストを編んだ求道者的な学生がいたが、周辺には好奇心から参加した学生たちがいた。今から振り返ると、前者の学生たちは、意識と文明の進化を信じ、科学と宗教の合致する地点を探り、組織に属することなく、個々人の自由な自己実現による精神運動を目指したという、まさに島薗進のいう新霊性運動の典型例であった（『精神世界のゆくえ』東京堂出版、一九九六年参照）。

魚座の時代から水瓶座の時代へ、物質的な世界から精神的な世界へ、が彼らの標語であった。それに対して、後者はESP実験の統計処理を行う科学主義者とブッキッシュな実証主義者たちの集団で、いわばスケプティカルな学生たちといえる。時に後者の学生は、前者の学生の説教臭さに鼻白むこともあったが、しかし、いずれにしても世間離れしたサークルであったのは間違いない。

スピリチュアルな学生たちは、決まったグルがいるわけでも、アメリカでのヒッピー体験などがあるわけでもなく、ネットワークの中を浮遊しながら、わずかな出版物と口コミから情報を積極的に吸収し、霊媒と宇宙人とヨギの哲学で自己を形成しようとしていた。先に挙げたブックリストでよく読まれたものは、アダムスキーが金星人から伝えられた宇宙哲学、エドガー・ケイシーのリーディング（催眠状態での霊的メッセージ）、そしてベアード・T・スポールディング『ヒマラヤ聖者の生活探求』などであった。スポールディングは、今も読まれ続けるベストセラーだが、日本の仙人よりもヒマラヤの行者への憧れが先行していたのは、インド、ネパールが精神的に高い土地であるというイメージが流布していたからだろう（ちなみに「精神世界」という語は、最初はインドとネパールを指して使われていた）。

彼らは、その後、サークルとは別の組織を作り、小さなミニコミ誌を刊行し、本格的に新しい精神運動を開始しようと試みた。そのまま進めば、グル不在のまま、自分たち自身が求道者から導師へと成長していったかもしれないが、中心メンバーの就職が決まり卒業すると、組織は簡単に解消していった。

さて、スケプティカルな学生たちはどうしたかと言えば、やはり卒業し就職していった——で、話は終わらない。正直に書いてしまうと、現在、この文章を書いている私も、その一人であった。とはいえ「回心」したわけでもない。他人事のように言えば、歴史に対象を求めることで、スケプティカルとスピリチュアルの間の曖昧なスタンスを保ったまま、現在に至る、ということである。ただ、「間」にいることで得られる視点もあり、中には有用なものもあるかもしれない。

ともかく、数年間、自称円盤コンタクティーや自称超能力者たちと会話した経験から、私が興味をもったのはこういうことである。宗教でもなく、束縛もないが、一定の傾向をもった知識が流通し、各自がそれぞれに合わせて知識を採取し編集し、時には共鳴者を獲得できるような場（宗教社会学で「カルト的場《カルティック・ミリュー》」と呼ばれるが、ここでいうカルト的とは狂信的集団のことではなく、セクトと対比して組織化されない状態を指す）——それはニューエイジ、精神世界、あるいは島薗進のより包括的で普遍的な用語を借りて言えば新霊性運動と呼ばれるものの原型——に、私は偶然参入する機会を得たわけだが、この場は、どこからどう発生してきたのだろうか。その先行形は何であったのか。もちろん欧米からの輸入品がその大枠をなすにしても、何らかの日本的なものに接木して定着したはずであるが、その根は何であったのか。そして、ニューエイジ、精神世界を「新しさ」から切ることが出来るならば、逆にそのような霊的な運動を「古さ」から切ることも出来ないか。そこに、歴史条件に関係ない、人間的な状況の馬鹿馬鹿しさと、その中の希望と美しさとを見ることが出来ないのか。以来、そう考えてきた。もっとも、それは長い話になる。ここでは日本におけるカルト的場の概要を、世界観と歴史と現代にわたって簡単に説明してみたい。

2 世界観

まず、どういう思想が、このような場の背景に想定されるのか、欧米の場合を簡単におさらいしておくと——。

「秘教」〈esotericism〉と総称される、十九世紀より前のヨーロッパ大陸における、占星術、カバラ、薔薇十字主義、錬金術、メーソンなどの思想と行法が、まず核としてあるとされる。十八世紀は革命と理性の時代の裏側で、秘密結社を場として、さまざまな秘術が盛んに行われた。自然の中の潜在力を認め、そこに操作的に関与することで自らを変容させるような術と知識が蓄積された時代であり、とりわけ影響力の大きい人物がスウェーデンの神智論者（聖書の幻視的解釈を行う者）スウェーデンボルグと、ウィーンの医師で催眠現象の発見者メスマーである。前者は天界や地獄に往来し、天使と会話したことで有名であり、いまだに彼の霊界記録は読まれ続けている。後者は催眠現象の発見者であるが、彼の体系は動物磁気という生命エネルギー流体を基礎にした疑似物理学的なものであった。

十九世紀中葉以降、アメリカで新たな霊的運動が発生する。スピリチュアリズムと神智学とニューソートである。霊媒による死者霊との交信を中心とした素朴なスピリチュアリズムの信仰体系は、簡便さ、開放性の点で、それ以前の秘教的伝統から大きく変わった。神智学は、ヘレナ・P・ブラヴァツキーとヘンリー・S・オルコットが一八七五年にニューヨークで結成した神智学協会に始まる。スピリチュアリズムから出発した運動だが、急速に秘教的色彩を強め、七九年に二人がインドへ移ると東洋宗教を加え、ブラヴァツキーは、西洋と東洋の宗教と秘教の百科事典的な（しかし理解し難い）知識体系を構築した。ニューソートは、精神の操作による治病法として始まったが、治病だけでなく、健康法、精神修養法、成功哲学として展開し、積極的思考などの大衆的心理学もその末裔に当たる。さらに一八九三年の世界宗教大会を期に、インドのヨガが直接紹介されるようになる。この時評判を呼んだヴィヴェーカナンダがヴェーダンタ協会を設立し、急速に支部を増やしていく。二〇世紀はじめのニューソートとヨガの流行は、当時のアメリカ人が身体と心理的操作技法をいかに渇望していたかを示している。

二〇世紀初頭までに、アメリカでは、通信教育と出版によって、こうした秘術や秘教が市場に流布し、カードはすべてテーブルの上にさらされていた。その中でこれらの思想は自由に再編集され、さらに新たな霊的な思想をもたらした。それはメタフィジカル思想と総称されているが、二〇世紀前半、西海岸を中心に非常に多くの霊的、オカルト的出版物が一般向けに出されている。カルマ、輪廻、複数の身体、意識の進化、超人の存在、オーラなどの神智学系のアイディアは、そうした出版物を通してさらに一般に広まっていった。このようなアイディアがニューエイジに受け継がれたことは言うまでもない。アメリカの新宗教研究者J・ゴードン・メルトンは、ニューエイジは結局この「オカルト・メタフィジカル」思想に根ざすと、指摘している。現在でも、書店の分類で、日本の「精神世界」に当たる棚は、西海岸では〈metaphysical〉、東海岸では〈occult〉となる場合が多い。

このメタフィジカル思想が、ニューエイジの場を提供したのであり、日本の精神世界の場もその流れを引いていると考えることができる。さらに言えば、その思想上のコアは十八世紀から現在まであまり変化せずにきたように思われる。そこから基本的な三つの特徴を取り出して、日本と欧米の差異について少し触れておきたい（厳密には、アントワーヌ・フェイブル『エゾテリスム思想』、田中義廣訳、白水社、一九九五年、一一七頁以下、エゾテリスム思想の四要素を参照のこと）。

第一の特徴に「照　応《コレスポンデンス》」あるいは「感応」と呼ばれる原理がある。AとBとの離れた存在の間に、何か因果的には説明できない作用が働く。時間的に働く場合は予言ともなり、空間的には魔術や、超心理学でいうテレパシーにもなる。

西欧の霊的な思想では、このような世界観を説明する際に、「不可視の流体」で説明することがある。もちろん、逆に、そうしたメカニズムを立てずに、因果論とは別のルールが宇宙の根本には働いているのだという説明も可能であり、ユングのシンクロニシティはその例である。しかし、そうした少数の例を除いて、何らかの疑似因果関係を想定する場合が多い（そのようなものを秘教史学者ハネグラーフは区別して「オカルティズム」と呼んでいるが、これは彼独自の用語である）。特に「流体が充満した宇宙や人間社会」は頻繁に出てくる。たとえば、大気電流を吸収する永久機関を製作した十九世紀の霊媒J・M・スピア、戦後、大気中に充満するオルゴン・エネルギーを操作する機械を製作した精神分析医ウィルヘルム・ライヒに至るまで、ほとんど形をかえずに繰り返されている。

ところで、いくつかの文献を読んで気づかされることは、欧米のメタフィジカル思想では流体のメカニズムが重視されるのに対し、日本の宗教思想ではその点があまり重視されないことである。日本の新宗教には、「生命主義」と総称される特徴があり、大いなる存在から人間に向かって生命が流れているといった信仰がある。しかしその生命の流れについての細かな論は不在で、むしろ生命の源泉の存在それ自体が救済となり感謝すべきものとされる。ハネグラーフは、西欧ではデカルト的哲学によって一旦脱神秘化された世界観との対決が、秘教思想の方向に影響を及ぼしたと指摘している。要するに、近代科学の宇宙観では万物はばらばらになっている。これがどういう仕組みでつながるか、何か説明原理が必要とされる。一方、日本では、霊的思想とデカルト的な批判的思考が同時期に流入してきたが、近代以前の宇宙観が残存しているために、「つなげる」部分の説明が不要になっているのかもしれない。

第二の特徴は、人間の神性である。ニューソート、神智学などに大きな影響を与えた超絶主義者ラルフ・ウォルド・エマソンが有名であるが、霊的な思想では、一般的に、人間の霊性には神的な部分があると説かれる。しかし人間の内面が神的なものだけでないことは、誰でも知っている事実であり、むしろ神性は獲得しにくいものである。神智学は、人間の身体=意識の連続体を七層で構想し、その上位部分のみに神性を置くことで、この欠点を克服しようとした。この人間観は、現代のトランスパーソナル心理学者K・ウィルバーに至るまで続く。

ところでこのような内的神性の発想は、人の原罪を強調し、神と人との断絶を重視する主流派キリスト教、とりわけカルヴィニズムとは対立する点である。ところが日本においては、この発想は大乗仏教の本覚思想（あらゆる存在に仏性があるという説）や、さまざまな形の精神力主義などを経て、戦前のメインカルチャーの一部になっている。現在では、これが脱力して、「そのままの悟り」といった表現で続いている。さらに視野を広げれば、自然物に霊性を認めるアニミスティックな発想につながり、この思想の裾野は広い。その点は、日本とアメリカの大きな相違である。

第三の特徴は、他の教義に対してキリスト教のように排他的ではなく、包含的という傾向である。神智学の場合は、超古代に存在した一つの真理が現在さまざまな形で発現しているので、逆に世界の宗教や哲学を比較研究することで、その真理に至るとされる（ちなみに欧米の秘教思想では、古代の真理の中心はエジプト、インド、チベットなどが多く、一方戦前の日本では、外国に真理の中心を置くことはなかった)。

思想の比較は類似物の結合につながる。発見の喜びと驚きとともに、一つの思想は類似した他の思想をもたらす。その結果、最初のブックリストにも挙げたように、沈没大陸と超心理と円盤といったさまざまなカードが机の上に散乱することになる。そうした場に、ときおりカリスマが現れて、テーブル上に線を引き、カードを集め、そこに形を与え、全体を意味あるものにする。線がはっきりしていれば、その体系は安定するが、想像力の躍動や驚異の念は薄れていき、最終的には天使の数を数えたスコラ学のように、「霊的な」という形容詞だけが残り、内閉し、退屈な知識となる。霊的な思想全体が、物質主義的な世界観の代替パラダイムとされることは多いが、実際には、その中でも小さなパラダイム交替が常に生起している。

さらに、もう一点。アメリカでは、ニューエイジャー、キリスト教ファンダメンタリスト、科学主義的な懐疑論者の三者が鼎立しており、ファンダメンタリストと懐疑論者のニューエイジ批判は、日本では考えられないほどに凄まじいものがあるが、しかし日本では、懐疑論者が育つほどには、批判的思考も魅力あるものとは思われていない。そのために自己意識も境界線もはっきりせず、文化全般に、そうした傾向が広がっている。そのような点も、アメリカと日本の似て非なる部分かもしれない。もっともそれは最初からそうであったが。

3　歴史

日本に欧米の秘教思想が伝わったのはかなり古い。神智学協会は一八七九年インドに本部を移し、会長オルコットは翌年からスリランカで仏教復興運動を起こして大成功を収めている。明治一九年に彼の『仏教問答』が邦訳されたことが契機となって、低迷していた日本仏教界を改革するために、京都の平井金三が、明治二二年、オルコットを招聘する。もっともこの時、彼は仏教護教者の役割に撤し、神智学を伝えたわけではない。

明治二〇年、これも京都であるが、西本願寺の普通教校に反省会という組織が出来ている。明治最初の組織的な仏教改革運動である。この会の関係者が、接触に成功した海外「仏教徒」からの寄稿を集め、月刊誌『海外仏教事情』を創刊している。海外の仏教者とは、ほとんどが神智学徒に他ならなかった。実は戦前、戦後を通じて最も多くの神智学文書が翻訳掲載された雑誌は、この『仏教事情』と『反省会雑誌』であった。また、秘教的スウェーデンボルグ主義者フィランジ・ダーサ（スウェーデン系アメリカ人のペンネーム）の主著『瑞派佛教学《スウェーデンボルグ・ザ・ブッディスト》』が明治二六年に翻訳されているが、この一種の対話編は、スウェーデンボルグはチベット仏教徒であったという前提で、さまざまなオカルト文献を混ぜ合わせた一大オカルト奇書である。しかし、これらの翻訳はいずれも跡形もなく忘れ去られている。

もっともその影響はすべて消えたわけではなく、影響を受けたと思われる人物の一人が鈴木大拙である。大拙は、渡米後に、別の秘教的スウェーデンボルグ主義者と知り合い、帰国してからは、明治四三年から立て続けに四冊の翻訳と一冊の研究を出版することになる。さらに、その大拙訳『天界と地獄』をかなり忠実に利用したのが、出口王仁三郎の『霊界物語』である。特にその四七、四八巻には、この書の影響が色濃く見られるという（この項、出口三平氏のご教示による）。

ともかく、明治二〇年代は、仏教復興と同時に、井上円了が妖怪学研究と迷信撲滅を開始した時期でもある。当時はクリティカルな思考、科学的思考が、新しい思想であり、魅力で輝いていた。それが変り始めるのは明治三〇年代後半から四〇年代にかけてであった。

その一つの表れが、催眠術の再流行である。当時催眠術は心身全般の病気の治療法として効果を挙げていたが、中でも霊術家の元祖と言われる桑原俊郎（天然と号した）は、治病から一歩進んで、精神力によって物理的な現象を起こすことにも成功し、彼の弟子の内一人は念を凝らして家屋を震動させることも出来たという。明治三六年から『精神霊動』などの著作を出版しているが、その思想は大正の霊術時代を予兆するものとして触れておく必要がある。

まず、個人の精神の内奥と大きな我が同体であるという理論に立つ。これは霊術一般に共通の精神観である。そして、それまで流体的、疑似物理的であったメスメリズムの説明枠組みを、日本的なアニミスティックな枠組みに置き換えて、換骨奪胎する。催眠術は精神が精神を操作する術であるが、無生物にも意志があり、その意志を操作することで物理現象を起こすと彼は説明している。「物、皆共通の精神あり、大活動心あり……此の精神は万象一如である」（『精神霊動　第二編』開発社、一九〇三年、一九六頁）。

先に述べたように、欧米の近代の秘教思想には、デカルト以後の宇宙観がその出発点にあり、それとどう対決し、どう解体していくかという戦略があった。対して桑原の場合は、いまだ魔術的な世界観が残存している。彼が超克すべきは自らの前近代ではなく、押しつけられた近代性であり、それは西欧の最新科学によって克服できるとされる。

「西洋的物質的研究の為におおわれて、説けば迷信と言われ、語れば愚と評せられて、東洋の哲学宗教は維新以来、我が国では屏息して居った。その迷信と云ったことが事実となって、今、西洋で驚き始めたのである」（『精神霊動　第二編』、

二〇三頁）

何ゆえに、戦前の日本の霊的思想は、日本の外に真理の中心を求めなかったかは、この一文でも分るだろう。日本こそ霊的思想の中心という説は、たとえば大本時代の浅野和三郎が、神智学を評して九分九厘まで正しいが、大事な一厘が欠けていると評したように、その後も根強く続く。これを最終的に総括したのは、敗戦後、日本は物質で負けたのではなく精神力で負けたと評した鈴木大拙である。

ところで日本の場合、そのような奇跡的現象を専らとする修験や行者などの職能者は存在していたわけである。天然は、専門外の者であっても煩瑣な儀礼がなくても奇跡的現象は可能であり、それは単に精神力によるのだ、と喝破している。桑原の功績は、要約すれば、催眠術の限界を広げ、こころを超えた領域にまで踏み込み、心身の技術を一般に開放し解体、再構築したことである。宗教臭さ、迷信臭さのない、論理的、主知的な解説文、書籍を購入するだけで誰にでも実践可能な方法、こういった点が彼を霊術という近代的な心身技法の祖としているのである。

もう一つの時代の変化を告げるものは修養の流行である。現在、修養と言えば、日常的な倫理、精神的な態度の涵養に過ぎないが、当時はそこに身体の操作法も加わっていた。学問と身体の作法を統一的に学ぶ儒学の伝統がよみがえったとも思われるが、ともかく、明治末年にかけて、新渡戸稲造、松村介石などの精神訓話と同時に、岡田虎二郎の岡田式静坐法、二木謙三、藤田霊斎の腹式呼吸法、さらに参禅会が、教師、学生などの間に大流行を見た。

とりわけ岡田式は実業之日本社から出た解説本が大ベストセラーとなり、明治四四年で入門者二万人に及んだといわれる。静坐法は、禅とも儒教の静坐とも異なり、彼独自の方法であった。興味深いことは、呼吸法を行っていく最中に、身体が自動運動を起こし、座敷を跳ね回る者が続出したことである。さらに、呼吸法をしていると千里眼などの能力が発揮されるとの噂もあった。おそらく、宗教的ではないが霊的というような場が成立したのは、この静坐法からではなかったかと思われる。岡田は教義を体系づけることはなかったが、岡田の語録を読む限り、単なる病気治しでも、精神の問題でもない、しかし今までの宗教では表されない何か、日常を越えて本来的な自分（内的霊性）を発揮していく方向を示唆していた。

こうした予備段階の上に、本格的にカルト的場が形成されるのは、心霊、霊術、霊学という相通じ合う三つの言葉が流行した大正年間になってからであろう。

心霊研究関係の著作が多数出版されたのは、明治末から大正終わりにかけて、欧米で再流行した心霊研究が遠因となり、明治四三年の福来友吉の千里眼事件が直接の契機となっている。先に挙げたように大拙がスウェーデンボルグの翻訳を開始するのが明治四三年であり、ブラヴァツキーの『霊智学解説』も同年である。心霊哲学者、高橋五郎も同年から多数の著作を出版している。オリヴァー・ロッジ、H・カーリントン、メーテルリンクなどが翻訳され、哲学、思想系の指導的学者たちが寄稿していた『丁酉倫理』誌には、早稲田の岸本能武太による岡田式静坐法の連載記事と、欧米の動向として心霊研究関係の記事も盛んに紹介されていた。

実際の心霊研究は、二〇年代に神智学を紹介した平井金三が、明治四〇年に道会というキリスト教と東洋宗教の折衷的な新宗教を興した松村介石と共に設立した「心象会」がその嚆矢である。欧米の心霊研究の方法に倣って、特殊な能力者ではなく、普通の人々の透視やテレパシー能力を実験していた。福来友吉が大学の職を辞してからは、大学人で彼の後に続く者は消えてしまい、日本の心霊研究は、霊媒と交霊会中心のいわばイベント指向の研究（もしくは実践）が主体になっていく。科学的研究を旨とする心霊研究は乏しく、オーソドックスな研究方法を取った平井金三の心象会はむしろ稀有な例に属する。日本の霊的思想の背景にある、対決すべき自然科学的世界観の不在という点がここにもうかがえる。

霊術は、その術と体系において、桑原天然を祖と考えていいだろう。典型的には、催眠術を応用したプラグマティックで近代的な修法と、内的霊性と大霊の一致といった生命主義的な体系とを利用して、治病や超能力獲得を謳う療術師たちが霊術家である。その中で最も勢力を誇ったものが、田中守平の主宰する太霊道である。手先に起こした自動運動を患部に移すことによって治療を行うという単純な方法、国家主義的な倫理、ことさらに漢字を多用した宣伝文句などによって多数の信者を集めた。彼以外にもさまざまな治病を行う術師が存在し、昭和三年に発行された『霊術と霊術家』には、霊術師が一一三名が収録され、全国ではさらに三万人いたとされる。もちろん、今となってはその痕跡はほとんどない。僅かに、中村天風は精神訓話と積極的思考として残り、臼井式霊気療法はアメリカにわたったことで生き残り、そのお手当て療法は今では大流行を見ている、あるいは中国の外気功が太霊道の影響を受けた可能性も示唆されている（井村宏次『新・霊術家の饗宴』心交社、一九九六年、付章参照）。

大正期には、これらに加えて、大本教の霊学が盛んに信者を集めていた。大本教の神学は、出口なおの神言と、出口王仁三郎の習得した言霊学と鎮魂帰神の法といった霊的技術（つまり霊学）とが複雑に絡み合ったものであるが、大正年間は鎮魂帰神の法が布教に多用された。審神者《サニワ》が神主（霊媒）に神を憑依させ、神と交信し、神の正邪を判断する技法である。これは維新の頃に国学者の本田親徳が完成させ、長沢雄楯に伝え、それを出口王仁三郎が受けついだものであり、霊術や心霊が無視していた「神」を復活させたことは重要である。内的な霊性ではなく「私ではないもの」が直裁に出現することは、霊術や静坐法で同様の自動運動には慣れ親しんでいたとしても、衝撃的であったろう。しかし、霊学は、変成意識状態を管理する点、神々が人格的というよりは機能的である点で、必ずしも前近代的なものではない。さらに神智学などの西欧の霊的思想との親和性が高いことも、この神道霊学の系譜の特徴であった。

一時大本に入信した浅野和三郎、谷口雅春、友清歓真らは、終末予言の期限となっていた大正十年前後に離脱し、それぞれ日本心霊協会、生長の家、天行居を興す。彼らはいずれもアメリカのメタフィジカル思想に親しみ、神智学のリードビーターの思考形態論などを知っていた。またいずれの著作にも、先端的物理学の話題が登場してくるが、彼らは、一方でオーラなどの超物質的な身体観を、ニュートン後の物理学で検証する可能性を探り、他方で神道的霊魂観との接合を探っていた。しかも、このような魔術的なオカルト生理学や心理学と同時に、谷口のように、悟りの風光が共存している点は日本的であろう。

このような大本系の霊的思想家たちの間で構成された知識の場は、戦後は生長の家を中心として、関口野薔薇や十菱麟といった人物によって、さらにメタフィジカル思想やエドガー・ケイシー、アダムスキーなどの思想を加え次代に伝えられていったが、ここでは細かな点にまで立ち入る必要はないだろう。要は、メタフィジカル思想が、細々と続いていた日本の霊的思想の、アイディアの供給源であり続けたということである。冒頭のブックリストにあった、スポールディングの「ヒマラヤ聖者」が、メタフィジカル思想を仮託して語るための代物であり、彼らが自己形成のよりどころとしたものは、インド思想ではなくて大戦前にアメリカで生み出された霊的な思想だったことを指摘すれば充分だろう。

ただし、『オカルト・ブック・リスト』に一つ新しい要素があるとすれば、たとえば大陸書房であったかもしれない。アメリカでも、発生当初のUFOサブカルチャーはSFや探検秘境ものと同じく男性向けパルプ雑誌のジャンクヤードにいたように、日本でも秘境と沈没大陸とオカルトは大陸書房が専門で出版していた。大陸書房に代表されるような、そうした不思議現象への好奇心や力への信仰、実験への蛮勇と突破への意志といったものを特徴とする男性的サブカルチャーの存在が、当時のカルト的場の特徴であった。

4　その後

歴史の話は以上で終わる。
ところで大学生の私はどうしたか、少し話の続きを書こう。
当時、私たちのサークル以外にも、いくつかの場があった。『S』という小さな幻想文学誌の手伝いをさせられていたせいで、そうした場の隅にも身を置いたことがある。『遊』や『迷宮』や『ヘブン』など、当時のサブカルチャーと連動した場には、時にはラジニーシの人たちもやってきていた。ニューアカデミズムが流行する直前である。当時は、それほど情報が少なかった。もちろん幻想文学とオカルトで自己形成することは、あまり勧められたことではないが、精神世界の棚に並ぶ本だけで自己形成できてしまう状況と比べてどちらがいいか、明言できない。

一九八〇年、私はグルジェフを特集した手書きのコピー誌を発行し、三〇〇部があっという間に売れた。グルジェフは、それまでの停滞した霊的思想状況に革命を起こした、シュタイナーなどと並ぶ、二〇世紀を代表する霊的思想家の一人である。神智学などのそれまでのオカルティズムの脳天気さを批判した点が、その時はしっくりきたのかもしれない。ともかくそれで私の冒険は終わった。以後二〇年、古本の埃の中に埋没してきたので、現場がどうなっているか、ほとんど知識は持ち合わせていない。とても批評などというおこがましいことは言えないが、ただ、狭い知見からの私見に過ぎないというお断りをさせていただいた上で、二、三の事柄について書いておこうと思う。

一九八〇年代以降には、霊的思想の先鋭化と拡散という、正反対の動きがあった。先鋭化していったのは、意外にも、『ムー』『トワイライト・ゾーン』という子供向けオカルト雑誌であった。一九八〇年代半ば以降、こうした雑誌の内容は、実はかなり高度なものになっていた。クローリーやグルジェフなどの西欧秘教について、信頼性はともかく、内容の濃い記事がいくつも掲載されており、そのレベルは海外のオカルト雑誌と比べても遜色ないものであった。一九七〇年代わずかに入ってきた秘教的知識は雲散霧消するかと思っていたが、むしろ先鋭化していたのである。そこでは、スケプティカルなオタクたちと、スピリチュアルな求道者たちが微妙に交錯していた。ともかく、こうした雑誌を背景に出現したオウム真理教が高い知識を集積できたのも、さほど不思議はない。

これらの雑誌以外にも、日本の霊学・霊術を復刻した八幡書店を始め、国書刊行会、たま出版、工作舎、春秋社など、それまでと一変して出版社が増え、労せずして本格的な情報も集まる時代になった。最近ではこの傾向がインターネットによってさらに強まっている。わずかな手間をかければ、細かい情報まで入手できるのである。しかしこの利便性は、裏を返せば、どんな思想や情報もクリックで出現する状況になり、情報の間の重要性が区別できないフラットなパースペクティヴの中に、思想が置かれる危険性が出てきたということである。スピリチュアルな思想は最終的には、個々人のものであり、逆に言えば、一つ一つの思想にはその思索者の人間的深みが背後にあるはずだが、そうしたニュアンスはホームページからはうかがえない。それだけではどの情報を取り、どれを捨てるべきか分らない。しかも情報は多量に溢れている。個人個人が宗教や秘教思想をパソコンの前で自由に編集できる時代になって、つまり素人が簡単に専門家になれる時代だからこそ、おそらく改めて切望されているのは、どのカードを捨てるべきか教えてくれる信頼できる人格の力だろうと思う。

拡散という点では、シャーリー・マクレーンとチャネリング（宇宙的存在との霊的交信）の流行がある。これはスピリチュアリズムの伝統の強さと、ニューエイジが対抗文化ではなくなったことを示していた。考えてみれば、日本にも芸能人心霊物というジャンルはあり、それらとシャーリー・マクレーンの間に本質的にはそう差はないのかもしれないが、ともかく、これによってアメリカだけでなく日本の一般家庭の主婦にまで霊的思想が広がった。さらに、西荻窪のプラサード書店が、手書きのミニコミ誌と洋書のペーパーバックが詰まった濃密な空間を、ハーブと石の置かれたおしゃれな空間へと改装し、一九七〇年代にヒッピーたちのものだったエコロジーと自然食は、今では中年の主婦のものになっている。私が現在住んでいる田舎の小さな町にさえ、主婦たちが自主的に運営する自然食の販売組織がある。地域共同体がほころび、ケアが金銭で買われる時代に、そうした場に集まる人々の理想と志は、希望をつなぐに足るものである。しかし、こうした組織を経由して「陰陽食」「Oリング」の類も入ってくる。それらの効果と理論はどうなのか、超心理実験を手伝った経験からいえば、科学的宇宙観を越えることはそう簡単ではないが、主婦たちは葛藤もなく、一片の効能書きでひょいとまたいでしまう。効能書きを保証するものが、近代科学であろうが、陰陽理論だろうが、何でも構わない。

このような効果優先の発想は、日本の霊性思想の特徴かもしれない。途中で判断を停止してしまい、あるがままを受け入れる。漢方薬でも鍼灸でも、私たちは、現実が正統科学といささかずれていても気にしない。効けばいいのである。それは現実の複雑さを受けとめる上で欠かせない、実に健全な態度ではある。しかしそれだけでいいのか。

バブル期には、即席の効果を求めたせいか自己啓発セミナーが流行している。セミナーに集中的に通い、そこで何らかの経験を得て、自らを積極的に変えていく。目的と限界がはっきりしている点で、スピリチュアルとは似て非なるものであった。不安定さと自由さに欠け、トレーニングの場の権力構造に固着しやすい。こうしたセミナー・トレーニングと、たとえばグルジェフのような秘教的ワークとの違いは何か、効果からすれば同じようなものではないか。ずいぶん以前、たまたま来日したアメリカ人のグルジェフ主義者にｅｓｔ（セミナー・トレーニングの一種）との差を尋ねたことがある。その時の回答は、「あれは弱い」というものだった。何が弱いのか、ずいぶん後になって気がついた。確かに一瞬の即効性はあっても持続性がないために、繰り返し通わなければならない。また逆に手段が自己目的化していく。グルジェフが弟子に向かって過酷に「もう結構」と切り捨てたように、関係を止める瞬間がないからか（師匠が責任を持って関係を切らなければ、いつ弟子は弟子であることを止めて人になるのか）。しかし、こんなことでさえ分ったのは、ライフ・スペースのような事件が起こった後のことであったが。

一九八〇年代、九〇年代とトランスパーソナル心理学が、オーヴァーグラウンド化してきていることも大きな変化だろう。それは二〇世紀までの秘教的伝統を非聖化し、近代化させた体系と見ることもできよう。伝統的技法を近代化して一般的に運用されている手法といえば、シュタイナー教育や、日本では吉本内観がそうである。内観法は吉本伊信のものに限らず、さまざまな変形が新宗教団体で使用されている。現在では「こころの時代」や「癒し」というネーミングのもとに、さらにさまざまな技法とワークが流通しているが、しかし、そうした心理療法は、スピリチュアルなものが経済原則に支配され、生産性強化だけを目的に再編されかねない危険性を孕んでいる。

九〇年代の風景を眺めてみると、「こころ」それ自体の訓練よりも、ヒーリング・グッズとしての宝石類や風水などが流行してきたように思われる。「占い」も同じく流行しているが、これらの示すところは、努力せずにスピリチュアルなエネルギーを引き込もうという態度である。「修行するぞ」という叫びから、「そのまま」という慰撫へと、バブルがはじけ、低成長時代に入った社会を背景にしているとはいえ、あまりに分りやすい反応ではある。しかし、「もの」に込められた霊性をあらためて発見する機縁になったわけである。「もの」というメディアは、時にライヒのクラウドバスター（彼の考案した雨降り機械）のような奇矯さと、オタク的な固着の危険性を孕みながらも、何かの可能性を示唆しているようにも思われる。

オウム事件については詳細な研究が多数出ており、不勉強な私はコメントする立場にない。ただ、大きな流れを見ると、スピリチュアリティの主役が女性に移行したことによる霊性文化の変化が、その背後にあったように思われる。つまり突破していくようなスピリチュアリティから、包み込むようなものへと、明らかに変わってきている。オウム真理教は、男性系文化の末裔に属し、女性的な霊性の包囲網の中でよけい焦り、先鋭化していったのではなかろうか。アナクロな、七〇年代の霊性サブカルチャーの中に萌芽としてあった夢想を悪夢として現実化してしまったのかもしれない。しかし、これは雑駁な感想にすぎない。

昨年、グルジェフの翻訳者であるA氏とほぼ二〇年ぶりで会った。彼は変わらずにワークを続けていた。ワークを求めて来るものは拒まず、去る者は追わず、しかし続ける人はそう多くないようである。彼は気負いもなく、背伸びもせず、世間の中にいて、仕事をし、生活をしながら、ただ当たり前のように、さらりとワークを続けていた。そういえばそれがグルジェフの示した第四の道であったか。七〇年代も捨てたものではなかったのかもしれない——私は、そう思った。

共同性・文化・スピリチュアリティ
レイチェル・ストーム／葛西賢太・伊藤雅之 訳

宗教が社会全体を覆いつくす屋根、「聖なる天蓋」として働いた時代もあった。現代の「スピリチュアリティ」としての宗教は、社会制度であるというよりは一つの文化運動なのだ。それは「聖なる天蓋」よりさらに徹底して個人の内側まで踏み込みながらも、編み目のように薄く、人びとを包み、つなぐ。レイチェル・ストームは、まずスピリチュアリティの運動として広く知られてきた「ニューエイジ」の全体像を高みから俯瞰させる。ついで、この世から隠されたもの（オカルト）と文化（カルチャー）とを併せて、オカルチャー〈Occulture〉という彼女独自の造語を用いる。オカルチャーというのは占いやまじないのことではない。インターネットという地下道に棲息する、前衛芸術やサイバーパンクやレイヴなどの高度な文化運動である。（訳者）

世界の多くの地域で「既成の」宗教が凋落し、代わって宗教制度の外側で個人化した形態のスピリチュアリティが隆盛していることが明らかとなってからしばらくたつ。この「非制度的スピリチュアリティ（non-institutional spirituality）」とは厳密にはいかなるものであり、それは新しい形の共同性においてどのような意味を持つのだろうか。本章では、非制度的スピリチュアリティの現場、つまり「出会いの場」が、現在ではますます社会制度よりも文化様式によって形づくられている可能性のあることを考察していきたい。以上を念頭に置きつつ、ニューエイジとオカルチャー（Occulture）という二つの非制度的なスピリチュアリティ運動について検討する。

非制度的スピリチュアリティとは何か？

本章では「非制度的スピリチュアリティ」という用語を、教会（あるいはそのほかすべての既存の宗教「制度」）にも行かず、また自分自身を宗教的であると述べたりもしないが、それにもかかわらず、自分自身をスピリチュアルと捉えたり、または、スピリチュアルな体験をしたことがあると主張する人びとのスピリチュアリティを記述するときに使用する。

この特定の人びとの集合体を記述する語として、これまでいくつかの相異なる用語が使用されてきた。たとえば、筆者は『ニューエイジの歴史と現在』において、主として二〇世紀後半に立ち現れてきたオルタナティブなスピリチュアリティの広がりを指す包括的な用語として「ニューエイジ」という言葉を使用した。このニューエイジのスピリチュアリティは、コリン・キャンベルの用語「カルト的環境（cultic milieu）」に多くの点で類似している。キャンベルによれば、カルト的環境とは、あらゆる逸脱的な信念体系を含む文化的地下世界を表象するものであり、社会の不変の特徴の一つとして存在する。しかしながら、今日では、ニューエイジの思想と実践の多くは、次第に主流に流れ込んできており、もはやオルタナティブで逸脱的な「地下世界」として位置づけることはできない。ヴァウター・ハネグラーフが論じるように、「ニューエイジは、カルト的環境と同義であるが、それ自体が多少ともまとまった『運動』を構築していることに自覚的になってきている」（Hanegraaff, 1996: 17）とはいえる。

ポール・ヒーラスによれば、ニューエイジの特徴的な性質は、個々人の「自己」との関係性にある。「ニューエイジ運動を新宗教運動（NRM）の一つと捉えている人もいるが、そうではない。それはいくつかの新宗教運動の集合体でもない。……ニューエイジの基本的な考え方によると……自己に内在するもの、すなわち「直観」や「符合」や「内なる声」によって体験されたものが、日常生活のために必要な判断、決断、そして選択を手助けしているのである。つまり、「個人」が彼／彼女自身を導く源泉となっているのである」（Heelas, 1996: 23）。ヒーラスは「自己スピリチュアリティ（self-spirituality）」という用語をニューエイジと交換可能なものとして使っている。彼のニューエイジ分析は、エミール・デュルケムの「人間崇拝（cult of man）」と対比できるだろう。デュルケムによれば、「近代」という状況において、特に社会の構造分化が進んだ場合には、個としての人間は社会を扱う公分母となり、そしてついには、宗教的性質をもつようになる。つまり、人間自体が聖なるものになるのである。

社会が拡大し高密になるにつれ複雑性が増していく。職業は分化され、個々人の差異も増大し、人間集団のメンバーたちの間に唯一残された結束は、彼らがすべて人間であるということだけになってしまう瞬間が到来する……。
（Durkheim, 1897/1970: 336）

「人間崇拝」が到来するという予言の含意で重要なのは、この考え方が主流文化の諸特徴をますます表わすようになることである、そうフランシス・ウェスレイは論じる（Westley, 1978: 139)。前述したように、これはニューエイジに関しても当てはまる。

ウェイド・クラーク・ルーフは、一九六〇年代の「ミー・ジェネレーション」のなかから立ち上がってきたナルシスティックな文化が、きわめて私的なスピリチュアリティを助長し、個人的な宗教的探求を仕立てあげてきたと指摘する。この傾向は、外側の制度でなく、内側の「自己」に「権威」を宿した「自分のことは自分でする」的な宗教へと向かっているという（Roof, 1991)。もちろん、この動向は、ベラーらの「シーライズム（Sheilaism)」という「私自身の小さな声」を重視する宗教によく似たものである（Bellah et al, 1985)。

より最近になると、ルーフは「内省的スピリチュアリティ（reflexive spirituality)」という言い方をする。彼は、「宗教共同体の内側でも外側でも、スピリチュアルな自分づくりのために、当事者がみずから時間も気持ちも注ぎ込んで努力することが勧められるような状況」（Roof, 1999: 75）があると考え、それを記述しようとする。「内省的」であるということは、自分の見方から距離をとり、違う見方もありえないかと見直すことを意味する。内省的スピリチュアリティは、自己理解や自己管理を通して、現代人が自らの私生活に宗教的意味をもたらすことを可能にする一つの方法である。

ロバート・ウスノー（Wuthnow, 1998）は、現代の「何でもありのスピリチュアリティ」、すなわち「自分が第一」的な宗教について言及し、これが（信条、教義、社会的慣行を重視し、地元の教会に基盤を置く）一九五〇年代的な「安住のスピリチュアリティ（dwelling spirituality)」から移行したものであり、小集団に見い出されるような、個人主義的で、非制度的であり、また高度に折衷主義的な「探求のスピリチュアリティ（seeking spirituality)」であると論じる。しかし、それは神学的に深いものではないという。ウスノーの議論によれば、アメリカ人は一つの場所に根を張っていると感じることはない。その結果たいていは、深みよりも広さ浅さを特徴とするスピリチュアルな探求に取りかかるのである。共同体の喪失は、この新しい形の宗教に向かうことと深い密接な関係があると思われる。探求のスピリチュアリティの信奉者は、スピリチュアルな故郷を求めてさまよう「探求者」あるいは「求道者」となるのである。

一九七〇年代にブライアン・ウィルソンが論じたのは、すべてが「絶対的に重要とはいえない消費財」であるような「信仰のスーパーマーケット」を近代世界が生み出したということである（Wilson, 1975: 800）。信仰のスーパーマーケットからカートになにも考えずに放り込んで混ぜ合わせて自分だけのスピリチュアリティを作り上げようとする「消費者」……非制度的スピリチュアリティはこんな風に描かれがちである。それは「カフェテリア・スタイル」のスピリチュアリティであり、「軽めの神秘主義」であり、また「プロテウス的人間」の宗教である。強制力を持たず、（いつもとはいわないがしばしば）奇抜である。この種のアプローチにおいては、歴史的伝統が新しい形のスピリチュアリティよりも暗黙の裡に好まれる傾向にある。言い換えると、関心から侮辱までさまざまな偏見を持った分析の対象になることは、非制度的スピリチュアリティの場合しばしばあったのである。

ニューエイジという語をやめて、「表現的スピリチュアリティ（expressive spirituality）」という用語を使うことに、ヒーラスは二〇〇〇年には決めていた。「あれ〔ニューエイジという語〕はスピリチュアリティの一つの形態を表現するのに有用だったかもしれないが、現在ではこの語には否定的な評価が伴い、メリットより問題の方が多い。分野によっては、ある種の信念や実践を、それが本物ではない、些細だ、表面的だ、消費主義的だなどとレッテルを貼って否定し去るために、論争的に用いられるようになっている」（Heelas, 2000: 250）。

筆者がおこなった多くのインタビューからわかったことだが、非制度的スピリチュアリティの支持者には一貫してもたれているテーマがある。そこから判断するに、明らかに彼らは自分たちのスピリチュアリティが些細なものなどとはけっして捉えていない。むしろ、そのスピリチュアリティは、彼らの自己アイデンティティの中心にあり、「主要な役割」（Parsons et al, 1961: 251）を担っている。信奉者にとって、スピリチュアリティの源泉は自己の内側で経験されるのであり、「ショッピング」もすでにそこに在るものを表出し展開させる一つの方法なのである。

現代の「スピリチュアルな場面」に関する諸研究は、人びとの内面生活という、非常に理解が難しい領域に光を当てることにはたしかに成功した。しかしながら、それらの研究が概して避けてきたことがある。このようなタイプのスピリチュアリティ——すなわち、制度的枠組みの外部にあって、自身をスピリチュアルな存在であると考えたり、スピリチュアルな体験を持っていると考えること——に強い関心を抱いている人びとがどんな存在なのか、明確で論証可能な特徴を究明するという課題である。

非制度的スピリチュアリティは「体験」から始まり、さまざまな「テクニック」と実践はその体験を探求し、開発し、最終的にはそれを理解するために用いられる。しかし、体験こそが優先されるのである。バーガーの言うように、「……形はさまざまでも、この核となる体験こそが、宗教現象のあらゆる探求の最終目的であるはず」(Berger, 1979: 54) なのである。

スピリチュアルな体験報告の増加

過去五〇年ほどにわたり、スピリチュアルな体験の報告数が注目に値するほど上昇していることは、今や多くの調査が示しているところである。一九六二年にギャラップがおこなった世論調査により明らかとなったのは、アメリカでは、「突然の宗教的目覚めや洞察の瞬間といった『宗教的あるいは神秘的な体験』をこれまでに経験したことがあるか」という質問に対して、三〇〇〇人以上のサンプルのうち二〇%をやや上回る人びとがイエスと答えたことである (Back and Bourque, 1970)。一九八九年、千人以上のサンプル (一二三六人) に同じ質問をしたところ、五三%がイエスと答えている (Back and Castelli, 1990)。

一九八七年に、ゴードン・ヘラルドとデビット・ヘイは、イギリスにおけるスピリチュアルな体験についてのアンケート調査の結果を出版した。その結果によると、全国的なサンプルの四八%の人びとが、生活のなかでこの種のことを体験したと自分では感じていた。一三年後の二〇〇〇年、ヘイとハントは同じ質問への調査結果を得た。これによると、国民の七六%以上がスピリチュアルな、あるいは宗教的な体験をしたと主張している。つまり、一〇年もたたないうちに、スピリチュアルか宗教的かの体験をしたと主張する人の数が目を見張るほど増加したのである。

このスピリチュアルな体験はどのように理解できるだろうか。近代のある宗教理論 (体験表出的 experiential-expressive な理論とされているもの) によれば、根源的な宗教体験 (たとえば、オットーいうところの、畏れさせつつ魅惑する神秘的なもの) が存在し、それは宗教の外的特徴のなかにあらわれる。たとえばこのことはニューエイジャーにとっては、自己そのものの体験やなにかと一体になった体験が、「精神世界」の本から水晶や旋舞まで、いかなるもののなかにもあらわれるということを意味するだろう。

この体験表出的理論とは対照的に、ジョージ・リンドベッグは (マルクス、ヴェーバー、デュルケム、ヴィトゲンシュタイン、ギアツの系統に連なるという) 文化言語理論 (cultural linguistic theory) を提唱する。この文化言語的な視点では、宗教は「包括的な解釈体系であり、たいていの場合、神話や物語のなかに具現化されている……。この枠組みが、人間の体験と自己や世界の理解の仕方を形づくる」ものと見なされる (Lindbeck, 1984: 32)。したがって、体験表出的アプローチは宗教体験が神話、物語、儀礼などの宗教の表現に先立つものと見なすが、文化言語的アプローチは宗教の表現とコミュニケーションに用いられる象徴体系から宗教体験が派生すると捉える。このように、コミュニケーションに用いられる象徴体系が実際には体験をつくるのである（たとえば、教会では、賛美歌や聖書の講読などがコミュニケーションのための象徴体系に含まれるだろう）。文化言語的な立場では、言語が人間の内面、つまり、ウィリアム・ジェイムズのいう「主客未分化の混沌」をまとめあげ、私たちの社会的現実を構築する。私たちは日常生活のなかで私たち自身が紡いだ意味の網の目に住んでいる、とするバーガーとルックマンの理論と、実のところこの考え方はそれほど異なってはいない。これらの網の目は、「語彙によって秩序づけられている。このように、言語は社会における〔個々人の〕生活の座標を示し、生活を意味ある対象によって満たすのである」（Berger and Luckmann, 1972: 36）。バーガーは別のところで、「たとえそれがほかに何であれ、宗教は人間によって構築された意味の宇宙であり、この構築は言語という手段によってなされている」と論じている（Berger, 1967: 175）。

「現代文化の危機」の重要な原因は、〔第一原因〔神〕をめぐる思索や終末論など〕個人と超越的概念を関連づけることを可能にする言語の欠落にある、とダニエル・ベルは論じた（Bell,1996: 86）。非制度的スピリチュアリティを支持する人たちは、「共有できる」言語を提供することによりこの溝を埋めている。この共有言語は文化運動から生じる。そして、個々人のスピリチュアルな体験が生じるのは、〔悲しむべきシーラが考えたように〕孤立してではなく、同じコードに関わり精通した他者との集まりにおいてである。それゆえ、非制度的スピリチュアリティのなかには、いろいろな文化運動から生み出されたいろいろなスピリチュアル運動が存在することになる。今日、非制度的スピリチュアリティの領域のなかで、文化に根ざす二つのスピリチュアル運動がきわだっている。一つは広くニューエイジと呼ばれるものであるが、もう一つはオカルチャーである。

文化とその影響

文化は、世俗化の影響力に対する最後の砦と理解されることもあり、ますます宗教学者の研究テーマとなりつつある。デビット・マーチンによると、文化を社会的な影響の及ばないところにおくと、宗教は元通りにできないほど端に追いやられ、単なる余暇活動として捨て去られてしまう可能性がある（Martin,1990）。しかし、カルチュラル・スタディーズにおいては、文化を比較的自立性をもった領域であり、社会システムを再生産するために最も重要なものととらえる共通テーマがある。その再生産はアイデンティティや主体の形成プロセス、および権力を正当なものとして位置づけるプロセスを通してなされるのである。

実際、マックス・ヴェーバーによれば、主知主義と生活の合理化が発展する状況のもとでは、「芸術は自らの権限によって立つ独立した価値の宇宙であると、ますます考えられるようになる。芸術は、この世における救済の機能を引き継ぐ……。この救済機能を行使することで、芸術は救済宗教と直接に競合し始める」のである（Gerth and Mills, 1991/1948: 342）。

バーガーにとって、世俗化は「文化的生活と観念作用の全体に影響し、芸術、哲学、文学における宗教的内容の減少のなかに認められうる……」（Berger, 1967: 107）。芸術と文学のなかでの「既成の」宗教的内容は減少しているかもしれないが、非制度的スピリチュアリティは文化の内部で明らかに華やいでいる。一つだけ事例を挙げると、アメリカ書籍産業システム諮問委員会で公認されたカテゴリーとして、幻視小説（形而上学と超自然的テーマを結びつけたスピリチュアルな小説）の発生を指摘することができる。

もし人びとが自由に扱える言語によって個々人の内的生活が実現され伝達されるのなら、書物や教育や読書は現代のスピリチュアリティをさらに理解するために重要な調査領域となることは明白だと思われる。世俗化の議論のなかでは、これまでヴェーバーのいう近代性の「鉄の檻」に関心の焦点が置かれてきた。それは社会の合理化、官僚化、産業化の増進の結果であり、世界の脱魔術化を促進させるものである。しかし、産業化はまた、印刷技術の発展を引き起こし、書物の大量生産に導いただけではなく、大衆教育や識字率の拡大、また余暇の増加にもつながった（それによって書物を読んだり議論したりする時間が与えられた）。さらに、産業化とともに、文学・芸術的な「文化」は大きな喜びを与えうる源泉として広く普及するようになる。この結果、ピエール・ブルデューの言葉を使えば「文化資本」と「教育資本」（Bourdieu, 1984）の豊かな人びとは「スピリチュアルな体験」が自然に増えていくと予想されるだろう。

一九六一年、小説家マルガニア・ラスキーはスピリチュアルな体験についての独自の調査をおこなった。その調査は、彼女が小説で書いていたエクスタシー体験が、現実の世界で体験されているかどうかを調べるためのものだった。三年間にわたり、ラスキーは友人や知り合い六三人のサンプルに、「超越的なエクスタシーの感覚を味わったことがあるか」という質問に答えてくれるよう頼んだ（1961: 9）。「超越的な」という語の意味の説明を尋ねられたときには、彼女は「あなたが意味すると思ったとおりでけっこうです」と返答した。六三人の返答者のうち、六〇人がイエスと答えた。フッド、スピルカ、ハンスバーグ、ゴーサッチは、この肯定的返答の高い割合に対し、「……おそらく、ラスキーの友人が高学歴で文学的素質を持っていたためである（六三人中二〇人が作家であった）」と説明した（Hood etc. 1996: 233-4）。ロンドンの労働者階級の地域の郵便ポスト百カ所に質問表を配布して、ラスキーの調査を再び試みたところ、一一の返答を得て、「今までこの世のものとは思えないエクスタシーを感じたことがあるか」という問いに、イエスと答えたのはたった一件だった。結局、ラスキーは、超越的なエクスタシーというひとまとまりの神秘的体験は、それを描写するのに用いる言語によって定義され輪郭を与えられている、と結論した。ラスキーの研究は仮説的ではあったが、興味深い点をいくつか持っていたといってよいだろう。

一九七六年の宗教体験調査の結果をまとめているうちに、ヘイとモリシーはつぎのようなことを見い出した。すなわち、「宗教体験は明らかにより高い社会階級で報告されることが多い……。一九歳を超えてからも教育を受け続けた人の半分以上はそのような体験を報告しているが、一五歳で学校に行かなくなった人びとの間では、その数は三分の一以下に落ちる」（Hay and Morisy, 1978: 25）。四カ国の調査にまたがって社会階級間の体験を比較したヘイの報告は、ほとんどの宗教的体験は専門職／中流階級、すなわち「教養」階級のなかで一貫して報告されていることを示している（Hay, 1990: 83）。

ヘイは、自らが一九九九年におこなった宗教体験についての質問紙調査の結果をつぎのように説明している。「私の推測では、現実には、過去数年間で、人びとが生活のなかでスピリチュアルな次元と出会う回数に大きな変化はない。変化したと思われるのは、そのような体験を社会的に許容する度合についての人びとの感覚である。依然として、多くの人に深く当惑した感情はあるが、どういうわけか（おそらく、ポストモダニズムの影響だろうが）、そのような意識を認めようという気分が高まってきている」（Hay and Hunt, 2000: 14）。現代のスピリチュアルな状況についてのヘイの分析は、人びとはスピリチュアリティについて語る言語を獲得しているということであると、いってしまってよさそうだ。文化言語理論に基づいてスピリチュアル体験を理解するならば、この言語にアクセスすることこそ、個々人を体験そのものに接近させることになるのである。

読書とスピリチュアル体験

一九世紀のイギリスでは、教育の向上によって非識字者がほぼ消滅へと導かれた。本を大量生産する新しい方法と、本を貸し出す図書館の増加とが結びつくことにより、読者層の大幅拡大への道が切り開かれることになった。「より多くの言葉がより大きな人間を育む」（たとえばRose, 2001参照）という考えが広く受け入れられ、これら「新しい読者たち」は自己改善のための会をつくりあげたのである。

二〇世紀初頭、エルンスト・トレルチは「教養ある階級の秘密宗教」について述べている。トレルチによれば、この『秘密宗教』のメンバーにとっては「文学、詩、そして個人的な印象を重視する小グループの形成が、礼拝の場での古い仲間意識にとって代わった……」(Troeltsch, 1931, Vol.2: 795)。この「秘密宗教」は、直接的な宗教体験をきわめて重視する「急進的な個人主義」の一形態にルーツを持つ神秘主義の一種である。そこに参加する者は、制度のなかにではなく、不可視の教会という概念のなかに仲間意識を見い出すが、それは完全にスピリチュアルな仲間意識なのである。

一九六〇年代以降のスピリチュアリティの状況を概観したうえで、コリン・キャンベルはトレルチのスピリチュアルで神秘的な宗教を指して、「〔新しい宗教性の特徴である〕宗教経験の重視に結びつけることによって、世俗性と既成宗教との両方に対抗している状況をうまく捉えた概念」(Campbell, 1978: 147)であるとした。トレルチの分析を現在の研究状況に当てはめると、それがすぐれた予見であったことがわかると、キャンベルは評価している。トレルチによれば、「もちろん近代においては、それ〔神秘宗教〕の拡大は、粗野な生存競争にかかわらずに生きることができ、そして自身のために人ピリチュアリティの洗練を探求することができるような階級の存在に依拠している……。そのうえ、宗教的な解釈をとる場合には、近代科学的な自律的理性の洗練とも関係している。この領域において、今日神秘宗教は近代における普遍的個人主義を反映しており、事実それはさらに力を得つつあるのだ」(Troeltsch, 1931: 816)。

トレルチにとって、ロマン主義(とりわけ審美的個人主義と理想主義との強調)は「秘密宗教」(Troeltsch, 1931/1911)のなかに深く浸透している。彼の分析によれば、宗教的ロマン主義は、直接的な宗教生活の輝きはあらゆる人間が持っているものであると捉えている。したがって、秘密宗教の支持者にとっては、宗教共同体、つまり教会はその重要性をすべて失う。実践的な倫理関心が強い「アングロ・サクソンの国々においては〔「秘密宗教」が〕ほとんど理解されない」とトレルチが考えていたと、キャンベルは指摘している(Troeltsch, 1931: 795)。しかしながら、キャンベルが論じているように、「イギリスとアメリカの教養ある階級が実存主義とドイツ観念論を好み、伝統的なプラグマティズムを徐々に放棄しているために、戦後の時代はロマン主義の復興が起こっている。その結果、秘密宗教の未来やその起源に関するトレルチの見解はいまや広く『ポスト産業化社会』の教養ある若い世代に適用できるのである」(Campbell, 1978: 156)。

ニューエイジのロマン主義者たち

一九七〇年代の教養ある若者は、いまでは中年にさしかかっている。当時、宗教的ロマン主義に似た「教養ある若者の秘密宗教」の支持者たちは、ニューエイジ運動の中核を形成していた。あるニューエイジの書店は、「私たちの客の七〇％は女性です。彼女たちは高所得者層のベビーブーマーで、人生の謎に対する答えを探し求めています」。ほかの書店も「支持者はいろいろな階層に広がっていますが、ほとんどは女性です」と語ってくれた。また、「彼らのほとんどは三五―四〇歳から五五―六〇歳までの女性で、すでに多くのことを探求してきています。彼女たちは人生にアプローチするためのオルタナティブな方法を探し求めています。支持者の多くは高い教育を受けており、本を買うためのお金も持っています」と話してくれた書店もある。さらに別の人は、「私たちの客はたいていオルタナティブな道を探し求めている女性です」と述べる。これらの見解にカレン・ハリソンは同意する。「彼らは三五―六〇歳で、教養が高くすべてのことに関心を持っています。年収は三五〇〇〇―四五〇〇〇ドルだと思います」（Langstaff: 2000）。こうした調査結果は、オルタナティブ・スピリチュアリティは一九六〇年代から七〇年代にかけて成人した人たちを特に惹きつけるという、ケンダール・プロジェクトのイギリス調査の結果と一致する。

ヒーラスによれば、「……〔彼がニューエイジ運動と同義とする〕現代における自己スピリチュアリティの重要テーマのすべてが、ロマン主義の作品のなかには見い出される」という。「スピリチュアリティに傾倒するロマン主義から現代的な運動の言説に至るまでにはわずかなステップしかない」とヒーラスはつけ加える（Heelas, 1996: 42）。（ニューエイジ・スピリチュアリティのように）ロマン主義は自己に関する極端な擁護を表明する。自己は超越的で無限になり、また神聖な場となり、さらに個人の経験は合理性よりも高く評価される。ミシェル・フーコーにとって、一八世紀後半は、自己概念の発展においてきわめて重要な時期であった。すなわち、個人が「自己のうちで、しばしば無意識レベルで、自己自身、自己という主体、自己の価値観において、世界のなかでの自己の行動すべてをジグザグに突き抜けるような何かが起こっている」と新たに感じるようなエピステーメーが現れた点においてである（Foucault, 1970 [1966] 82-3）。

ニューエイジ運動は、したがって本質的にはロマン主義的な倫理の一つの表現である。ほとんどのニューエイジの文献や引用された典拠を参照してみても、そこにはほぼ必ずロマン主義詩人に対する偏愛がみられる。たとえば、マリリン・ファーガソンの『アクエリアン革命』には、ブレイク、コールリッジ、ワーズワース、アメリカの超越主義者たち、（あるいはときにアメリカのロマン主義者として知られる）エマーソン、ソロー、ホイットマン、スティーブンズの参照で溢れている。ピーター・ラッセルは『ホワイトホール・イン・タイム』でエマーソンに言及し、ベストセラー作家マイケル・ベイジェントとリチャード・リーは『死海文書の謎』のなかでブレイク、コールリッジ、ワーズワース、ゲーテにふれている。オルタナティブ運動を支持する、イギリスの最も広く知られたニューエイジ・センターの一つである、ピカデリーの聖ジェイムズ教会も、ウィリアム・ブレイク協会を後援している。一九九〇年代初めにランカスター大学で開催された「結合する力――組織のなかでスピリチュアリティとともに働く」会議は、ニューエイジ思想をメインストリーム・ビジネスへ導入しようとしており、また、そこにはブレイクとゲーテの思想を探求するワークショップが含まれていたのである。

文化産業

大衆が一斉に読み物に接近しようとしたときに古い教養ある階級がとった態度と、大衆が大挙して彼らの「秘密宗教」に接近したときにこの階級のとった態度とのあいだには、多くの興味深い並行関係が引きだされる。何が「真の文学」を構成するのかという疑問が生じたように、何が「真の宗教」を構成するのかという疑問も生じたのである。古い「教養ある階級」（特にフランクフルト学派）が、大量生産は必然的に文化レベルの低下をもたらすという悲観的予測をおこなったのと同じように、ニューエイジは、マーケティングの犠牲者と見なされる支持者たち、すなわち精神のない消費者を伴う、宗教の「堕落」バージョンであると捉えられることが多い。しかしながら、ニューエイジの書籍の多くは、マーケティングや宣伝キャンペーンの産物であるというよりはむしろ評判の口コミによるものである。いくつか例を挙げるだけでも、リチャード・バックの『かもめのジョナサン』、パウロ・コエーリョの『アルケミスト――夢を旅した少年』、ジェームズ・レッドフィールドの『聖なる予言』、ルイーズ・ヘイの『こころがやすらぐ本――自分の力を信じよう（You can heal your life）』、ヘレン・サックマンの『奇跡の道（A Course in Miracles）』がある。

古い教養ある階級の領域が、新たに教育を受けた人びとによって侵食されるにつれて、古いエリートの多くは文学的嗜好をフューチャリズム、モダニズム、前衛芸術運動《アヴァンギャルド》、あるいは単に「こむずかしい」ものへと移した。同時に、ある人びとにとっての宗教的嗜好は徐々に秘教的なものへと変容し、宗教的ロマン主義を捨て去って「共通性」の少ないオカルト領域に向かった（たとえば、象徴派の人びとがオカルトに魅惑されていたことが想起できる)。

ニューエイジが隆盛し続ける一方、今日の教養ある若者は、教養ある階級の新しい秘密宗教から流れ出る別の文化運動、すなわちオカルチャーから影響を受けている。

オカルチャー

ニューエイジ運動のロマン主義的な倫理を支持する人びとにとって自己は超越的なものである。しかし、オカルチャーの前衛的な倫理に従う人びとにとっては、自己は脅威にさらされている。二〇世紀の後半において、グローバリゼーションとテクノロジーの進歩は、広く自己の境界を脅かすものと見なされている。人びとはなじみがあるものや伝統的なものに逃げ込んだり、自己の境界を確認したりする。二〇世紀的視点から見ると、ニューエイジとは伝統主義の現れ、つまり自己とはひとまとまりのものであるとする考えを保持したい欲望と見なされるものだった。他方、オカルチャーは自己のリアリティをその「社会的」境界を越えることで確認しようとする試み、たとえば、音楽と芸術の最前線をさらに押し広げる試みに表現される行為である。念入りに続けられる越境行為を通して自己を確認せねばならないと、オカルチャリストたちは強く感じていた。これは現代芸術において広く受け入れられているテーマなのだが、オカルチャーにおいてはもっと大衆的に表現されている。ニューエイジャーにとって、「想像力」は、キーワードである。しかし、オカルチャリストの場合、想像力は「意志」へと変容される。コールリッジとクロウリーを対峙させると、このことがわかるだろう。

ニューエイジとオカルチャーの自己像が異なっているのは、それぞれ異なった社会的環境とテクノロジー的環境を背景としているからだ。(初期の)ニューエイジのロマン主義的な「自己」は、産業革命への応答といえる一面がある。またオカルチャーは、古くは、速度と技術に魅せられた未来学者にまでさかのぼりうるものの、技術・サイバー革命への応答という面がある。ロマン主義者(とニューエイジャー)は、反ユートピア的な産業主義の影に覆われて暮らし、(空想のうえだけでも、湖沼をたたえる詩人たちやニューエイジのコミューンという)田園へと隠遁したが、オカルチャリストにとっては、そうした逃避さえない。テクノロジーはあらゆるところに届いているからである。結果として、あからさまな反ユートピア主義に加え、ときには黙示録的な待望が、オカルチャーにしみわたっている。コミュニケーションとテクノロジーは、自己を救済することもあり破壊することもありうるというのがオカルチャリストの理解である。自己を確かめるための越境に取り組みながら、信奉者たちは急速な変化についていかねばならないというプレッシャーを感じている。自己の限界を広げるという恩恵を個人にもたらしたテクノロジー。しかし、その自己が人間を超えた領域へと入るのはどこからだろう？　オカルチャーが直面しているのはこうした類いの問いである。

印刷技術は、市民階級のコミュニティを創造することを助け、最終的にはニューエイジの創造をも助けた。他方、オカルチャリストの場合は、インターネット文化に実に深く根ざしている。テクノロジーはもっぱらオカルチャーのなかで実存的関心の象徴として機能するが、印刷されたことばである文学は、こうしたスピリチュアリティを運ぶ重要媒体にとどまっている。シェリー・タークルによれば、「コンピュータが、文化の運び手として重要な役割を果たすようになっていて、また私たちが何者であるかという問題への取り組み方をかなり変えようとしていることを、正しく評価しさらに深く探求していかないなら、私たちは危険な目隠し状態であるということになる」（Turkle1980: 15）。オカルチャーは、テクノロジーの日常生活に及ぼす影響と同じくらい、テクノロジーという思想自体にも関心をはらっている。コンピュータとはさまざまに文化的に解釈できるロールシャッハテストであるとタークルは見る。彼女によれば、重要なのは情報テクノロジーに社会的に与えられた意味であり、テクノロジーの発達それ自体ではない。オカルチャーにおいては、テクノロジーそれ自体が神聖な自己の象徴となるのだから。

ＴＯＰＹ（Thee Temple ov Psychick Youth・心霊主義青年寺院）にとって、テクノロジーは魔術で、魔術はテクノロジーである。この魔術は、多くのネオペイガンサークルの場合と異なり、実践者が宇宙との「正しい関係」に入ることによって自然界に働きかけようとするものではない（Adler1986参照）。むしろ、テクノロジーは、「神や悪魔にかこつけて神秘化してごまかすようなことはしない、現代の異教哲学である」。（http://www.sacred-texts.com/eso/topy/intrview.txt）。

さらに重要なのは、それは、「人間の脳が本来もっている力」による魔術であり、「一つの機能」であるということである。テクノロジーは魔術と見なされ、そして自己もテクノロジーの体系、すなわち魔術と捉えられる。それは神経言語プログラミング（NLP）の実践によって今や広く受け入れられている自己への態度である。動機心理学のグルであるアンソニー・ロビンズによれば、「私たちはこの地上に、使い放題のすばらしいコンピュータを持っているが、不幸なことに、誰もマニュアルをくれないのである」（Robbins, 1991: 120）。ロビンズの「テクノロジー」では、神経接続を自ら断って、「新しく自分にもプラスになる選択にふさわしい感じ方や行動へと、自分をつなぎ直す」ことで新しい道を見つけるという神経言語プログラミングのテクノロジーを利用する（ibid: 127）。見方を変えれば、テクノロジー社会で生き残るための唯一の方法は、自らテクノロジーの一部になることである。

深夜に放送のないチャンネルを選んで、明るさとコントラストを全部最大にすることで、テレビを「サイキックＴＶ」に変える。つまり、テレビの画面を水晶玉として使うことで、ＴＯＰＹのメンバーは、「テレビ魔術」に参加した。「まず画面を微生物のように走る小さな点を注視してみよう。突然、知覚も時間感覚もともに変性する。無数の点の振動によって、意識と潜在意識とが調和し合うつかの間のトランスへと導かれていくだろう。テレビの「つぶ」の頻度と拍子が、他の儀式（ダルウィーシュの旋舞やチベットの魔術など）によって生じるものと一致することも大いにありうるだろう。ここにあるのはテレビというメディア／霊媒〔訳注＝ともにmedium〕を用いての、現代の魔術儀礼なのだ」（Neal, 1987: 32）。しかしながら、今日、オカルチャリストの興味はインターネットに集中している。

指導的なオカルチャリストであり、生き生きした叙述で国際的に知られた小説家でもあるアラン・ムーアは、オカルトは革命的なものと捉えている。この見方は、ティリヤキアンがオカルトを、「芸術、政治、そして科学においてさえも生じている変化とイノベーションの源となる文化の苗床」（Tiryakia, 1972: 446）とする立場を支持する。ムーアによれば、

「アイデアは、地下世界を通して、私たちの地上の世界に出てくるものである。私が思うに、地下が果たす役割は、つぎのような機能である。そこでは、私たちの文化が夢想を醸成することができるし、奇妙な考えも拘束を受けずに展開することができる。そして、遅かれ早かれ広範な大衆の大規模な目覚めへと広がっていく。オカルチャーは、おそらく最後の革命的要塞である」（http://www.uncarved.demon.co.uk/23texts/occulture.html）。

地下の流れを形成するというよりは、ハンターいうところの、文化戦争における「進歩主義」的立場をみた方が、オカルチャーがよりはっきりと見えるかもしれない。そして、進歩主義は、「高級芸術」の言説と手を組んでいる。ハンターによれば、「古典的な社会的主題を新しい芸術的な形態で示すというよりも、社会がどれだけのものを許容できるか試みるような行動や理念を象徴的に示すことが『前衛《アヴァンギャルド》』たることなのだと、進歩主義は暗黙のうちに前提している。しばしばこれは、世に広まっている社会的コンセンサスの立場からは『へそ曲がり』あるいは『罰当たり』といわれるようなこと、すなわち、キャロル・イアノーンがいう『人間経験の禁じられたフロンティアへの、執拗かつ進歩的芸術的な探求』を受け入れることを意味する」（Hunter, 1991: 237）。

オカルチャーは、ロマン主義と同様に、越境的で革命的で

あろうとする。両者は、主流文化の技術的、経済的、および通信面や教育の発展、そしてオカルチャーの場合はマスメディアの発展によって、可能にされ正当化されてもいる。越境的なグループの場合は、マスメディアからは否定的に報道されがちである。なぜなら、マスメディアは何が正常であるかという境界を管理することに手一杯で、現状維持に夢中になっているからである。他方、文化的価値の審査官のように振る舞うマスメディアの芸術部門は、越境的な芸術については、逆に、正当なものであると推奨することが多い。ハンターが言うように、「現代批評は芸術を、『聖なる木』、隔離された宇宙、自己充足している独立国と見なしている。作家ウラジミール・ナボコフのいうように『他の誰に対しても責任を負わず、自分自身に対してのみ責任を負う』のが芸術家」ということなのだ（Hunter, 1991: 238）。

一九八一年にジェネシス・オリッジがＴＯＰＹを設立する時には、彼はすでに、ロンドンの現代芸術協会で品のない展示をしたとして、コージィ・ファニ・トゥッティとともに叩かれていた。大衆タブロイド紙が「こいつらは文明の解体業者」と報じる一方、高級文化の守護者であるデイリー・テレグラフ紙はこの番組の芸術家を「今もっとも耀く現代の賢者」と宣言した。また、ヴィクトリア・アンド・アルバート博物館の館長は、過去二〇年においてそのショーは、最も意義深い展示の一つであったと宣言した。「ありとあらゆる権威者がまったく混乱した」瞬間であった（Ford, 1999: 145）。

オカルチャリストは自分自身で前衛的な芸術作品を創造しなくとも、自身のものとして吸収する。アナンケは、一九九九年にロンドンで行われたオカルチャリストのイベントであるが、ここで前衛写真家のロバート・メイプルソープの作品が見られた。シンシナティの現代芸術センターはメイプルソープの作品を展示することで卑猥さの基準に挑戦しようと試みた。展示されたメイプルソープの作品は「意味の探求」を示している点で芸術といえ、世界と自分の居場所を解釈しようというメイプルソープの探求を象徴的に表現しているのだと、専門家は宗教的すぎるほどの用語で「芸術」を定義しながら論じていた。ハンターにとって「芸術についてのその論争が、聖についての二つの異なる概念の間の緊張と関係がありそうだと理解することは、事実とそれほどかけ離れてはいない」（Hunter, 1991: 246）。ハンターによれば、現代芸術のプロジェクトに取り組むことは、人生の意味についての言明、つまり人生は自己創造の過程であると言明することであるといえる。オカルチャリストにとって、それは、自己創造の過程という前衛的な考えであり、聖なるものとを一つにまとめあげている考えである。

いろいろな規範

一九七〇年代以来、「アイデンティティの断片化」は、特に文学上の規範などの文化の断片化と対応しており、また新宗教運動の広がりをも伴っていた。「文化の規範」に異議がはさまれると、普遍的な自己の優位というロマン主義的な考えにも同時に異議がはさまれることになる。ロマン主義の特質としての「創造的エッセンス」は徐々に分節化された表現をとって形になっていく。文化エリート主義と規範形成は継続しているものの、以前ほどあからさまに特定の階級に限定したものではなくなっており、それは少なくとも部分的には大学教育を享受する者が増加したことによる。アンドリュー・ミルナーによると、「近代的な大学システムが急速に浸透し、時を同じくして組織宗教の権力と威信とが衰え、両者が連動して、新たに登場した俗人の伝統的知識階級に、少なくとも聖職者に与えられているのと同程度の自律性を確保する結果となった」(Milner, 1996: 195-6)。急進的な知識人は、階級というよりも社会的範疇を安定させることにおいて影響力を持ってきたとミルナーは続ける。「新しい社会運動において知的訓練を経た人びとの優位性によって、彼らが運動のアイデンティティを構築することが可能になったし、またそうすることが求められてもいた。このアイデンティティは、階級を基盤にすえたアイデンティティに対して、ますますあからさまな対抗を示すようになっていた」(前掲書)。またミルナーは、フェミニズムやゲイ解放運動のような運動を組織したり、リーダーシップをとったりするときに知識人がなした中心的な役割に言及する。知識人は(すでに示唆したが)ニューエイジ運動のみならず、オカルチャーを構築するうえでもまた重要な役割を演じてきたのであった。

一九六〇年代に登場したカルチュラル・スタディーズは、大衆文化と「サブカルチャー」の研究に熱心に取り組んできた。一九六四年に設立されたバーミンガム大学の現代文化研究センターを端緒とし、のちに様々な高等教育機関の講義を通して姿を現した。文学の規範がいかにして学校や大学のなかで独立した授業科目として確立され、またおそらくはその結果、支配者層がヘゲモニーを行使するモードとして確立されるに至ったかという問題に、レイモンド・ウィリアムズのおかげで関心が向けられるようになった。しかし同時に「カルチュラル・スタディーズ」は、それ自身の規範を形づくっていた。この当時「dwems」(死んだ白人ヨーロッパ人男性dead white European males)ではなく、(たいていは)白人で労働者階級の男性の研究が重視されており、そこにはリチャード・ホガートとレイモンド・ウィリアムズのような創始者たちの状況が反映されていた。地下社会におけるサブカルチャーという、社会の周縁を暴こうという野心を持った人びともまた研究資金を得た。実際、現在ではカルチュラル・スタディーズの英雄は、「労働者階級という集積回路《チップ》を肩に埋め込まれ、ポストモダンという生体回路《バイオチップ》を脳に埋め込まれた若々しく男らしい英雄」（Ross, 1991: 152）といった、サイバーパンクの英雄と似ていなくもない。

レイヴというトランス・ダンスを扇動したのはジェネシス・オリッジであると広く認められている。レイヴはオカルチャーの非エリート主義的、民主主義的、包摂主義的な精神を体現しているといわれることが多い。オリッジによれば、サイキックTVのトランス音楽をBGMに、「過呼吸とサイケデリックなアルファ波体験に至るまで、人びとは身体を揺らし、ぐるぐる回りつづける。……彼らはもともとの身体の過剰の状態から、完全に超え出る。型にこだわらないダンスがハイテク・シャーマニズムへと向かうように、この実に異教的なエネルギー受信は進行していく」（Strauss, 1989: 84）。元TOPYメンバーのジョン・エデンはこう主張する。「『踊り明かしに出かけることの魔術性』は、太古の秘儀的呪術的諸実践を脱神秘化するための一つの方法である。目的は体験に『すべての人がアクセスできるようにし、また過去の堅苦しい学派的束縛から逃れること』である」（http://www.uncarved.demon.co.uk/23texts/index.html）。レイヴは霊的で文化的な「規範はずし」であり、そのプロセスにおいて分節化ぬきの合一感が達成されると、支持者たちは考えている。似たような説明は、テクノロジー発展の民主主義的（といわれている）精神についても引用されることがある。現在までレイヴの社会的意義をおそらく誰よりも強調してきたといえる人物、ダグラス・ラシュコフによると、「電子音楽は、インターネット共同体が本来もっていた中心的価値を具象化し増幅する。そこにはボスはおらず、誰でも参加でき、そして世界中の参加者が寄与してよりよいものになっていく。レイヴは広がりのある幸福に満ち溢れた瞬間が提供される。ふつうの文化運動では、インターネットのユートピア的な夢には及ばないんじゃないだろうか」（前掲アドレス参照）。ラシュコフにとって、レイヴ・シーンは「精神の解放と進化に貢献する、芸術、ドラッグ、そして科学技術のうえに集約された、新しい部族主義」（既出アドレス参照）の一側面なのである。また、文化（高級文化）はその担い手に、最高の自己と一つになることを可能にする、というマシュー・アーノルドの信念を非凡にも模倣するなかで、彼はつぎのように主張する。「レイヴ・シーンは一種の再生と、私たちの最も良質な衝動から生み出される霊的合一とを約束する」と（既出アドレス参照）。『教養と無秩序』（1869）のなかで、アーノルドはつぎのように主張している。「私たちの日常的自我においては……私たちは個人として分離しており、戦争状態にある……しかし、至高の自我においては、私たちの個別性は消され、調和のもとに合一させられるのである」(Arnold, 1960: 95)。

ジェンダー間の平等性を進めるうえでも、レイヴが貢献したといわれることが多い。「レイヴ文化は、スピード狂の先祖モダン・ソウルやノーザン・ソウルと同じように、性と無関係である点が際立っている。ダンサーが腰をくねらせたりくるくる回ったりするのは自己のナルシスティックな喜びのためであって、性のお相手をしてくれそうな人を見つけるためではない」と、サイモン・レイノルズとジョーイ・プレスはいう(1995: 64)。しかし彼らはつぎのように付言している。「この『両性具有性』は、とりあえず現実の女性なしですますために、女性であることの可能性と喜びを剥奪しようとする、潜在意識からの試みである」(前掲書)。アンジェラ・マクロビーによれば、「女の子を男の子と比較した場合、チラシ配りからイベント企画やDJにいたるレイヴ文化の生産に女の子が加わることは、男の子と比べて少ないように思える。したがって、性の政治に関して広く生じている変化の趨勢が、レイヴにも機械的に反映されていると断言することには迷いが残る」(McRobbie, 1994: 168)という。

オカルチャーにおける「自己」は、レイヴのようなポピュラーな形式であれ、あるいはウィリアム・ギブソンにみるようなサイバーパンク小説であれ、本質的には男性的な自己である。サイバーパンク小説と同様に、レイヴにおいても、身体性の超越に力点が置かれる(伝統的に身体は「女性」と結びつけられており、それは「男性」が精神と結びつけられるのと対照をなす)。同様に、ワーズワース流の「人間の精神」は、その身体性、そして死すべき定めさえも否定する。ロマン主義における理念が、自然への同化を通じて自然に「入り込む」のと同様、サイバーパンクの中心的なテーマは、テクノロジーと交わることを通してそこに「入り込む」というものだ。サイバーパンク小説の草分けといえる例であるJ・G・バラードの小説『クラッシュ』(1975)では、人体と交通事故で衝突した自動車との相互浸透に性的関心が向けられている。

ウィリアム・ギブソンの『ニューロマンサー』では、サイバーカルチャーにおける心身の分裂が徹底的に掘り下げられている。ギブソンによれば、「ケース(主人公)の人格に迫る鍵は、彼が身体性(肉)に疎外感を覚えているという点にある」(ギブソン 1992)。ケースにとって、肉体は文字通り自らを苦しめるものである。彼は雇い主から盗みを働いたために罰せられる。その結果、サイバースペースに「ジャック・イン(接続)」することが物理的に不可能となってしまったのである。「サイバースペースで身体性の無いことを楽しむためにこそ生きてきたケースにとって、この事態は地獄である。それまでカミカゼ仕事師として居酒屋の常連であり、エリートとしての彼は、肉体を持った人びとを見下しながらくつろいだのだった。身体は肉に過ぎない。ケースは、自分自身の肉体というその獄に閉じこめられてしまったのである」(Gibson: 1984: 6)。

もう一つ別のサイバーパンク小説を挙げる。パット・キャディガンの『シンナーズ』のなかで、ビジュアル・マークは、自身の精神を世界規模のコンピュータ・ネットワークに直接プラグ・インし、「再生」する。「探索しきれないほど、周囲に茫漠たる空間が広がっているという感覚——九ヶ月かけて子宮から姿を現した赤ん坊はきっと同じ感覚を味わうに違いないと彼は考えた』(Cadigan, 1991: 232)。ビジュアル・マークは神に並ぶ意識を持った存在へと成り代わる。意識を人工知能へと流しこむことで、以前の恋人を眺めながら「自分の内部に知識の宇宙が存在しているように」思う。「ジョーイは彼のなかに流れ込んできた。彼女が自分と接続状態になくとも、彼女の深みを見通すことができるように」(Cadigan, 1991: 331)。早晩ビジュアル・マークは気付くことになる。「たしかに私は自身をより大きくすることができた。けれども私は決して孤独感から逃れることは出来なかった」(Cadigan, 1991: 235)。ビジュアル・マークは人間的な共感を捨てることによって電気的に超越する道を求めたのであった。

さて、メアリー・ダグラスが論じたように、私たちがコミュニケーションし、とりとめのない経験の流れを意味あるものとするためには、境界が必要である(Douglas, 1966)。オカルチャーは、(イデオロギー的に)究極のコミュニケーションを探求するなかで、越境/超越を目論んでおり、それゆえにコミュニケーション不能に陥るリスクをも抱え込んでいる。差し迫った破滅の予感、破滅の種が創造の時点で埋め込まれていたという感じが、オカルチャーにははらまれている。フレドリック・ジェイムソンにとって、サイバーパンクは分節化されていない世界という巨大な妄想の表現である(Jameson, 1991: 38)。オカルチャーにはもちろん、境界は用意されている。『リアリティのアトリエをかきまわす』と題された書物の著者であるラリー・マキャフリィによると、「彼らアーティストを束ねているもの……それはおそらく共通の『態度』と呼びうるものかもしれない。文化的、美学的規範をはみだしてみようという態度、合理主義の言語を信じ込まず、資本主義の法的・政治的・消費的な諸側面において用いられるあらゆる言説形態を信じ込まないという態度なのだ」(McCaffery, 1991: 288)。

マスメディアに登場する進歩的でリベラルな文化価値を体現した権威者と同様に、伝統ある教育の領域からも、サイバーパンク運動は正当と認められるにいたっている。その理論を代表する作家として引き合いにだされるのは、ウィリアム・ギブソン、パット・キャディガン、ルーディ・ラッカーであり、映画では『ブレードランナー』(高級文化に入るし、またそれにふさわしい作品だとデビッド・デッサーはいう(Desser, 1991: 64)と映画『鉄男』といった作品が際立っている。

スコット・ブカトマンは、『鉄男』について、「人間(男性)を、強大なパワーとコントロール能力を持つ存在という座に再びおこうとする」戦略の一環であるという(Bukatman, 1993: 308)。オカルチャーは、無法者の白人男性に高い価値をおいている。その価値をロスは「山師的・道楽者的な個人主義の末に到達する、創造力をもった一匹狼という境地」として描いている(Ross, 1991: 162)。

文化と共同性——結論にかえて

現在ニューエイジやオカルチャーに活気を与えている文化運動は、世界についてのモデルのみならず世界のためのモデルを提供し、特にある種の内的体験、それに伴う「自己」観、個々のジェンダーアイデンティティ、社会への関わり方を導き、また喚起する。文化運動はスピリチュアリティの運動に「社会的なきずな」を提供する。自分が「帰属している」と思うためには、顔の見える共同体が必須というわけではない。むしろ参加者は互いを、文化的類似性——特に文学的・言語的類似性——を通して認識する、あるいは自身の言語コードを通じて認識し合うのである。

ニューエイジとオカルチャーは想像の共同体、すなわち解釈の共同体といえよう。そこでメンバーがお互いについて知るのは、成員同士の顔の見える関係や、結婚やそれぞれのかけひきを通してというよりも、媒介者となる一つの文化を共有している、自分たちと似た他者を思い描くことによってである。また知識人たちは例にもれず、この種の共同性を生み出すうえで、決定的な役割を演じてきたのであった(この点は、いつも明白に認識されているとはいえない)。

したがって、ニューエイジとオカルチャーによって埋められた社会空間は、概して一つの文化空間だといえる。ウィルソンにとって、「世俗化とは共同体の衰退のことであり」そして「共同体には見知った者同士の顔の見える関係が実際に必要とされる」(Wilson, 1976: 264)。非制度的スピリチュアリティは、トーマス・ルックマンの「萌芽中の新しい宗教」と見なしうるような、社会全体に広がった見えない宗教をつくっている。さらに、非制度的なスピリチュアリティにもとづく共同性は社会全体に拡散しているが、それは、社会集団というよりは、意味深い物語によってつなげられるネットワークなのだ。「私たちの人生はどれも物語になる。そうでなければ生き抜いていくことができない。……私たち三人が今までの生活を捨てこの砂漠にやってきた理由は、物語を語り、私たち自身の人生を語るに値する進行中の物語とするためなのだ」（Coupland, 1991）。

引用文献

Adler, Margot. *Drawing Down the Moon: Witches, Druids, Goddess-Worshippers and other Pagans in America Today*, Boston: Beacon Press, 1986.

Arnold, Matthew. *Culture and Anarchy*, Cambridge: Cambridge University Press, 1960/1869.（マシュー・アーノルド『教養と無秩序――政治・社会評論』、多田栄治訳、岩波書店、一九六五年）。

Back, K. and Bourque, L. 'Can feelings be enumerated?' *Behavioural Science 15*, 1970: 487-96.

Baigent, Michael and Leigh, Richard. *The Elixir and the Stone: Unlocking the Ancient Mysteries of the Occult*, Harmondsworth: Penguin, 1998.（マイケル・ベイジェント、リチャード・リー『死海文書の謎（ポテンティア叢書18）』、高尾利数訳、柏書房、一九九四年）。

Ballard J. G. *Crash*, London: Triad / Palladin, 1973 / 1990.

Bell, Daniel. *The Cultural Contradictions of Capitalism*, New York: Basic Books, 1996 [1976].（ダニエル・ベル『資本主義の文化的矛盾』、林雄二郎訳、講談社、一九七六年）。

Bellah, Robert., R. Madsen, W. Sullivan, A. Swidler, S. Tipton. *Habits of the Heart*, London: University of California Press, 1996 (orig. 1985).（ロバート・ベラーほか『心の習慣――アメリカ個人主義のゆくえ』、島薗進・中村圭志訳、みすず書房、一九九一年）。

Berger, Peter. *The Sacred Canopy: Elements of a sociological theory of religion*, Garden City, NY Doubleday: 1967.（ピーター・バーガー『聖なる天蓋――神聖世界の社会学』、薗田稔訳、新曜社、一九七九年）。

――*The Heretical Imperative: Contemporary Possibilities of Religious Affirmation*, Anchor Press, 1979.（ピーター・バーガー『異端の時代――現代における宗教の可能性』、薗田稔・金井新二訳、新曜社、一九八七年）。

――*The Desecularization of the World*, Grand Rapids: Eerdmans, 1999.

Berger, Peter L. & T. Luckmann. *The Social Construction of Reality*, Harmondsworth: Penguin, 1972 (1966).（ピーター・バーガー&トーマス・ルックマン『日常世界の構成――アイデンティティと社会の弁証法』、山口節郎訳、新曜社、一九七七年）。

Bourdieu, Pierre. *Distinction: A Social Critique of the Judgement of Taste*, Cambridge MA: Harvard University Press, 1984.（ピエール・ブルデュー『ディスタンクシオン――社会的判断力批判』、石井洋二郎訳、藤原書店、一九九〇年）。

Bukatman, Scott. *Terminal Identity: The Virtual Subject in Postmodern Science Fiction*, Durham NC: Duke University Press, 1993.

Cadigan, Pat. *Synners*, New York: Bantam, 1991.

Campbell, Colin. 'The Cult, the Cultic Milieu and Secularization', in *A Sociological Yearbook of Religion in Britain 5*, 122-124, 1972.

Coupland, Douglas. *Generation X*, New York: St. Martins Press, 1991.（ダグラス・クープランド『ジェネレーションX』、黒丸尚訳、角川書店、一九九五年）。

Douglas, Mary. *Purity and Danger: An Analysis of the Concepts of Pollution and Taboo*, London: Routledge & Kegan Paul, 1966.（メアリ・ダグラス『汚穢と禁忌』、塚本利明訳、思潮社、一九八五年）。

Dresser, David. 'The New Eve: the influence of Paradise Lost and Frankenstein on Blade Runner' in J.B. Kerman (ed). *Retrofitting* Bladerunner: *Issues in RidleyScott's* Blade Runner *and Philip K. Dick's* Do Androids Dream of Electric Sheep? Bowling Green: Bowling Green State University Popular Press, 1991.

Durkheim, Emile. *Suicide,* Toronto Free Press: Toronto, 1966/1897.（エミール・デュルケーム『自殺論』、宮島喬訳、中央公論社、一九八五年）。

Durkheim, Emile. *The elementary forms of the religious life* (6th ed J. Swain trans) London: Allen and Unwin, 1968/1912.（エミール・デュルケーム『宗教生活の原初形態』、古野清人訳、岩波書店、一九七五年）。

Ferguson, Marilyn. *The Aquarian Conspiracy: Personal and Social Transformation In Our Time*. Los Angeles: J.P. Tarcher, 1987.（マリリン・ファーガソン『アクエリアン革命――80年代を変革する「透明な知性」』、松尾弌之訳、実業之日本社、一九八一年）。

Ford, Simon. *Wreckers of Civilization: The Story of COUM Transmission and Throbbing Gristle*, London: Electa, 1999.

Foucault, Michel. *The Order of Things: An Archaeology of the Human Sciences* (trans A.M.Sheridan Smith), New York, Random House, 1970 / 1966.（ミシェル・フーコー『言葉と物――人文科学の考古学』、渡辺一民・佐々木明訳、新潮社、一九七四年）。

Gallup G. and Castelli J. 'Gallup Religion Poll' Los Angeles Times syndicate 7th September, 1990.

Gibson, William in Rudy Rucker, R.U. Sirius and Queen Mu (eds). *Mondo 2000: A User's Guide to the New Edge*, New York: Harper Collins, 1992.

Gibson, William. *Neuromancer*, New York: Ace, 1992.（ウィリアム・ギブソン『ニューロマンサー』、黒丸尚訳、早川書房、一九八六年）。

Hanegraaff, Wouter J. *New Age Religion and Western Culture: Esotericism in the Mirror of Secular Thought*, Leiden: E.J. Brill, 1996.

Hay, David and A. Morisy. 'Reports of ecstatic, paranormal or religious experience in Britain and the United States: a comparison of trends.' *Journal for the Scientific Study of Religion 17*, 255-268, 1978.

Hay, David and Gordon Heald. 'Religion is good for you' (report on a Gallup national Survey of religious experience) *New Society*, 17th April, 1987.

Hay, David. *Religious Experience Today*, London: Mowbray, 1990.

Hay, David and K. Hunt. *Understanding the Spirituality of People Who Don't Go to Church*, 2000.

Heelas, Paul. *The New Age*, Oxford: Blackwell, 1996.

——'Sources of Significance Beyond Church and Chapel' in S.Sutcliffe and M. Bowman (eds). *Beyond New Age: Exploring Contemporary Spirituality*, Edinburgh University Press: Edinburgh, 2000.

Hunter, James. *Culture Wars: The Struggle to Define America*, New York: Basic Books / Harper Collins, 1991.

Jameson, Fredric. *Postmodernism, or, the cultural logic of late capitalism*, London: Verso, 1991.

Langstaff, M. 'Whatever it's called--alternative spirituality, conscious living - retailers agree that the category is soaring' in *Publisher's Weekly*, 15th May 2000.

Laski, Marghanita. *Ecstasy: A study of some secular and religious experiences*. Bloomington: University of Indiana Press, 1961.

Lindbeck, George. *The Nature of Doctrine: Religion and Theology in a Postliberal Age*, Philadelphia: The Westminster Press, 1984.

Luckmann, Thomas. *The Invisible Religion*, New York: Macmillan,1967.（トーマス・ルックマン『見えない宗教――現代宗教社会学入門』、赤池憲昭、ヤン・スィンゲドー訳、ヨルダン社、一九七六年）。

Martin, David. *Tongues of fire, the explosion of Protestantism in Latin America*. Oxford, UK: Basil Blackwell, 1990.

McCaffery, Larry. *Storming the Reality Studio: A Casebook of Cyberpunk*

and Postmodern Fiction, Durhanm, N.C: Duke University Press, 1991.
McRobbie, Angela. *Postmodernism and Popular Culture*, London: Routledge, 1994.
Milner, Andrew. *Literature Culture and Society*, London: UCL Press, 1996.
Neal, Charles. *Tape Delay Harrow*, England: SAF Ltd, 1987.
Parsons, Talcott, E.Shils, K.Naegele and J. Pitts. *Theories of Society: Foundations of Modern Sociological Theory*, New York: Free Press, 1961.
Reynolds, Simon and Joy Press. *The Sex Revolts: Gender, Rebellion and Rock'n' Roll*, London: Serpent's Tail, 1995.
Robbins, Anthony. *Awaken the Giant Within: How to take Immediate Control of Your Mental, Emotional, Physical and Financial Destiny*, New York: Summit Books, 1991.
Roof, Wade Clark. *Spiritual marketplace: Baby boomers and the remaking of American religion*, Princeton: Princeton University Press, 1999.
Roof, Wade Clark. Address given at the 1991 ESMHE Annual Meeting in Los Angeles, 1991.
Rose, Jonathan. *The Intellectual Life of the British Working Classes*, Yale: Yale University Press, 2001.
Ross, Andrew. *Strange Weather: Culture, Science and Technology in the Age of Limits*, London: Verso, 1991.
Russell, Peter. *The White Hole in Time*, London: Aquarian / Thorsons, 1992.（ピーター・ラッセル『ホワイトホール・イン・タイム』、山川紘矢他訳、地湧社、一九九三年）。
Strauss, Neil. 'Tripping the light Ecstatic: Psychic TV and the Acid House Experience' *Option 25* March / April, 1989.
Tiryakian, Edward. 'Toward the Sociology of Esoteric Culture' *American Journal of Sociology 78*: 401-12, 1972.
Troeltsch, Ernst. *The Social teaching of the Christian Churches*, Vol II London: Allen & Unwin, 1931 (orig 1911).（エルンスト・トレルチ『古代キリスト教の社会教説』、高野晃兆、帆苅猛訳、教文館、一九九九年）。
Turkle, Sherry. 'Computers as Rorschach' *Society*, 1980.
Ward, David. "Alternative spirituality 'rising fast'" *The Guardian*, 18th June, 2001.
Weber, Max. 'Science as a Vocation' in Gerth, H.H. and Mills, C.W. (eds). *Max Weber: Essays in Sociology*, Oxford: Oxford University Press, 1981.（マックス・ヴェーバー『職業としての学問』、尾高邦雄訳、岩波書店、一九九三年）。
Williams, Raymond. *The Long Revolution*, Harmondsworth: Penguin, 1973.（レイモンド・ウィリアムズ『長い革命』若松繁信他訳、ミネルヴァ書房、一九八三年）。
Wilson, Bryan. 'The Secularisation Debate' *Encounter 45*: 77-83, 1975.
Wilson, Bryan. *Contemporary Transformations of Religion*, Oxford: Oxford University Press, 1976.（ブライアン・ウィルソン『現代宗教の変容』、井門富二夫・中野毅訳、ヨルダン社、一九七九年）。
Winston, K. 'The Good News on Fiction' *Publishers Weekly*, 8th November, 1999.
Wuthnow, Robert. *After Heaven. Spirituality in America since the 1950s*, Berkeley and Los Angeles: University of California Press, 1998.

付記　本論文の翻訳は、前半を伊藤、後半（「オカルチャー」以降）を葛西がおもに担当して最終訳を完成した。なお、本稿の下訳および引用文献リスト中の邦訳文献の検索は、赤田達也、浅川泰宏、市田雅崇、宮坂清（以上、慶應義塾大学大学院社会学研究科の大学院生）、門伝仁志の各氏にご協力いただいた。

霊性の信心決定《けつじょう》
――スピリチュアル・アビューズ批判

藤田庄市

祈祷師宅六人変死事件[1]

この二〇〇二年五月、福島地裁で祈祷師宅六人変死事件の判決が下された。

事件は、オウム真理教事件が数ヶ月を経てもなお社会を震撼させていた一九九五年七月、福島県須賀川市の祈祷師宅で男女六人の変死体が警察に発見されたことから明るみに出た。オウム事件と重なり、新たに世間を仰天させた宗教事件であった。

変死者は、「悪霊祓い」のために幾人もから太鼓のバチで叩かれ、半年間にわたり順次殺された信者たちだった。その死体群と犯人やその子どもらは、なんと同じ家屋内で暮らしていた。

主犯の祈祷師江藤幸子（事件当時四七歳）と共犯三人は殺人、傷害致死などの罪に問われ、判決を迎えた。判決は、しかし、事件から宗教性を排除。幸子の性的男女関係、金銭欲求、教祖的地位の確保といった俗世の個人的な嫉妬心や憎しみ、欲望を殺人の動機と認定し、死刑を宣告した。他の共犯者三人についても、自分が殺されないための自己保身の犯行とし、二人に無期懲役、ひとりを懲役一八年とした。判決は「宗教事件ではない」とする検察の主張にほぼ沿うものであった（自らも瀕死の重傷を負った共犯者の一人は、分離公判において一九九七年三月、仙台高裁で懲役三年執行猶予五年の判決を受けている）。

宗教性を無視し、娑婆の論理のみで断罪することは一般的には理解しやすいだろう。

しかし、この事件の実相を探り、少しでも経緯を知ると、実は濃厚な宗教世界での出来事であることを感ずる。が、ここではあえて事件の全体の情況にふれることはせず、事件のごく一断面、被害者の様相を見てみよう。

奇妙なのは、被害者は、「御用」と称した「宗教的」暴行に抵抗も逃亡も試みていないのである。被害者は、深夜、何時間も正座をさせられ、数人からバチで太股部や上腕部、背部などを叩かれ続ける。睡眠も食事も水も制限され、トイレにも行かせてもらえない。「御用」は十数日から二十日以上続く。そして信者の全身は内出血におおわれ、筋組織も潰され、循環障害を起こし、やがて死に至った。医学的には挫滅症候群という死因だった。

では、逃亡が不可能だったのかというと、そうではない。祈祷師宅は隣りと軒を接しており、前にも家がある。被害者たちは家屋内に監禁されていたわけではなく、いつでも逃げようと思えば逃げ出せる環境にいた。例外的に被害者の一人が逃げたことがあるが、また戻っている。加えて、江藤の指示で、一人で何キロも歩いて神社などに参っていた者もいた。が、逃げることはなかった。

慄然とするのは、被害者が、殺される直前まではバチを振るっていた加害者であったり、その関係も夫婦や親子、姉妹もいたことだ。「御用」のあと夫婦がともに風呂に入っていたことすらあった。その際も恨みごとは出なかったという。

それにしても、なぜ被害者たちは、あたかも身を差し出すように殺されてしまったのだろうか。

まず被害者自身、なかなか治らなかった子どもの病気や、自分の病気が江藤の祈祷によって好転したという実感をもっていた。江藤自身も、それまでの新宗教遍歴から一定の宗教言説を使うことができ、ことに「神懸《かみがかり》」は迫力があった。また、行方不明者に江藤の霊をつけるといって実際に発見したり、蛇の霊がついているとされた信者が彼女の命じるまま蛇の動作をする現象も見せた。このなかで江藤は、自分には神々や霊を操れる「主神《すしん》」が入っており、信者のことはどこにいても見通すことができ、霊を使えば、幸福も災厄ももたらすことができると告げていた。

こうした江藤の宗教世界の住人になった被害者たちは、悪霊がついているからそれを追い出すためとの宗教言説のもと、「御用」に身を晒し、生命を失っていった。一方、バチを振るう側だった分離公判の共犯者は、悪霊を祓うのだから「御用」は良いことだと思っていた。

スピリチュアル・アビューズとは 2

この祈祷師宅六人変死事件を瞥見するだけで、信仰による呪縛、信じ込むことがもたらす宗教病理の怖さというものが迫ってくる。いま、「呪縛」であるとか「信じ込む」という社会に流布された言葉を用いた。あるいは「盲信」「狂信」という語も宗教事件のたびに多用される。それはそれでよいのだが、宗教事件、とりわけ八〇年代半ば以降、猛威をふるったいわゆるカルトの諸事件をみる時、従来からいわれた「盲信」「狂信」「呪縛」という言葉ではとらえきれない何かがある。それは何なのだろうか。最近、「霊性」すなわち「スピリチュアリティ」という言葉が台頭してきた。言葉自体は新しくないのだが、現代日本の宗教・精神状況の変容をみるにつけ少なからずリアリティを感じる。小池靖は、霊性を「超自然的な力や存在に自己が影響を受けている感覚」[3]と定義しているが、宗教に反応する人間の心性をあらわすのに言い得て妙である。

カルトはこの霊性＝スピリチュアリティにその宗教システムをもって、独特の働きかけ方をする。結論を先にいえば、その働きかけ方というのは「アビューズ」である。アビューズの語は、「(地位、行為などを) 濫用する、悪用する」であり、「虐待」をも意味する。誤解を恐れず簡単に定式化すると、次のようになるだろう。

宗教的なものにひかれる者は、なんらかの救済を求めている場合が多い。そこでは、神仏や霊などの超自然的存在に自分が影響を受けているという感覚、すなわちスピリチュアリティはすでに感じやすくなっている。そこに教祖やリーダーが宗教的な絶対的優越的地位を濫用し、宗教言説と、修行、儀礼などの宗教行為をもってスピリチュアリティに働きかけ、精神を操作する。その方向性は恐怖感による圧迫、焦燥など切迫感が基軸となる。そのもとで、地獄、罰、ハルマゲドン、カルマなどの語が、スピリチュアリティにどう機能するか、容易に想像できる。これは目に見えない虐待＝アビューズであり、それ故にスピリチュアル・アビューズと呼ぶ。つまり、スピリチュアル・アビューズがカルト信者の生成と維持の根底に横たわっているといえよう。

こうしてカルトは徐々にあるいは一気に精神を呪縛し、メンバーに引き入れる。カルト信者を行動に駆りたてるのは恐怖感、圧迫感などだ。使命感も宗教的切迫感に裏打ちされる。だが恐怖感などをもたらす地獄や霊などの宗教言説の客観的検証は不可能であり、さらに信仰をやめることは罪悪であるからいっそうの罰をうけることになり、自ら離脱することは困難となる。だから彼らは他からみると異様な行動をし、場合によっては犯罪も犯してしまう。結果、カルトは信者を精神的肉体的及び財産的に様々な形で収奪する。さらに、教団や集団の枠をこえて社会に累を及ぼすのである。

この定式からすれば、祈祷師宅六人変死事件は、スピリチュアル・アビューズが原始的かつ凄惨な姿となって立ち現れたものだ。

病気などの災厄から宗教的に救われたいと願う人々を、江藤は祈祷や神懸りによってひきつけた。現象的あるいは主観的に事態が好転したと感じた時、江藤を媒介として、人は超自然的存在と自分との結びつきを実感し信者となった。江藤は自分には「主神」が入っていると宣言、そこで信者に対し圧倒的優位性を確保する。幸いのみならず災厄をもたらし、信者のことはお見通しという宗教的恐怖感が信者の心を呪縛する。

　この上で、悪霊の働きをもち出し、宗教的恐怖感を煽り「御用」を命じた。信者がバチで叩くことにためらえば、「あなたにおつきの神様があなたの肉体を通して御用をするんだから、思うがままに任せてやりなさい」と、宗教的正当性と使命を説いた。その江藤の宗教言説は、信者の常識を眠り込ませた。「御用」により死者が出ても布団に寝かせ、死んだのではなく「魂だけ抜いて、その魂が神様のところへ行って、説教されている」だけだから、また起きあがると語って、信者の心理的葛藤を押さえた。

　こうして信者のスピリチュアリティは弄ばれ、虐待され、陰惨な結末を迎えたのである。事件が発覚したのは、分離公判になった共犯者の親族が祈祷師宅に乗り込み信者を救出したことからだった。内部の告発ではなかった。だが救出後もその信者は、内出血のうえ高熱にもかかわらず、「今は毒が出ているからこれが出れば治るから」と江藤の教えを口にし、入院を拒んだという。恐怖心が消え、呪縛が解けたのは三ヵ月後、江藤の起訴状を手にした時であった。

　祈祷師宅六人変死事件のスピリチュアル・アビューズは、まだ原始的であり組織立ってはいなかった。しかし、多数の被害者を出したカルトは、組織的にスピリチュアル・アビューズを行い、信仰心をつくりあげ、信者を呪縛してきた。

　ことは理屈ではない。いくつかの事象を実際に見てゆくことにしよう。

法の華――天に見られている[4]

「最高です！」

　この言葉を大声で吐かせ、過酷な肉体的修行で精神を昂ぶらせ、大金を出させてしまう。宗教法人・法の華三法行（以下、法の華）は、活動を開始した八六年から教祖福永法源（本名輝義）らが詐欺容疑で逮捕される二〇〇〇年五月まで、少なくとも二万二〇〇〇人から約八七〇億円を集めた巨大な宗教詐欺組織であった。現在、福永ら四名の罪を認めない幹部の裁判が続いており、意図的に作られた宗教の姿が検察側証人によって明らかにされつつある。検察側は宗教性に踏み込むことなく詐欺事件として断罪しようとしている。だが、信者の内面に注視する時、ことはそう単純ではない。ここでは足裏診断から「人間法源生きざま修行」において、スピリチュアリティがいかに刺激、操作され、信仰心がつくられていったかをみてみよう。とりあえず一人の元信者に沿って話をすすめる。[5] が、ほかの現役あるいは元信者や民事訴訟の原告（被害者）、刑事事件の証人の証言を聞くと、彼らは足裏診断から修行を経てなんらかの天納金を納めさせられるまでは、呆れるほど画一化された道を辿っているのである。

法の華の場合、信者となるきっかけの多くは、教団系出版社の書籍雑誌である。中年の中山和江もそうであった。一九九一年秋のこと、挟み込まれていたアンケートハガキを投函すると、しつこく電話がかかってくるようになり、福永の足裏診断を勧められた。和江は長年にわたり病身だったこともあり、足裏診断に出かけた。まず書かされたのは「カルテ」であった。住所、氏名、生年月日のみならず、来訪の目的、経済状況などをこまかく記入するようになっていた。この時点で、和江の悩みの具体的状況や貯金額などまでの情報を、早くも法の華は握ったことになる。と、福永は和江の足を見るなり「これはひどい」と顔をそむけた。ついで彼は和江の頭に手を当て「天行力（宇宙エネルギー）」を通す動作をとったが、ほとんど通らずあと数年で死ぬと暗にほのめかした。

福永はカルテになにやら書き込んだ。それは四泊五日の修行に参加せよ、との内容であり、別室で法の華の職員は修行を執拗に勧めた。参加せねば病気は治らないとの選択肢の強要でもあった。「観《おも》いの定め」と称した修行代は約一二〇万円。それも二四時間以内に納めよとのことだった。迷いながらも和江は、病気からの解放への期待感も相俟って修行を決意する。誓約書の中央上には「天」と書かされた。翌日、送金をすると吹っ切れた気持ちになった。

書籍によって法の華に共感した和江のスピリチュアリティは、足裏診断において脅迫的に修行に向かわせられた。そこには、天行力、観いの定め、修行、天など超自然的存在への回路が用意されていた。じつはこの時点において、法の華はまだ自らの名も出さず、ましてや宗教であることも隠していた。「ゼロの力学」なるフロント組織を名乗っていたのだが、和江のスピリチュアリティはもう充分すぎるほど刺激されてしまった。

修行は静岡県富士市の天声村の天地堂が根拠地だった。スケジュールは一切知らされず、私語は禁止。指導員に従うほかない状況である。部屋の窓には厚いカーテンが張られ、一種の密室状態だった。そこで七観行を声を張り上げ、怒鳴り続けた。

「1、健康あふれた楽しい毎日です。2、家族全員がゆたかで明るい毎日です。3、希望に満ちあふれた繁栄一筋の毎日です。4、よろこびがいっぱいの毎日です。5、感謝にみちた幸せな毎日です。6、いつも楽しく三法行をやらせていただく毎日です。7、親切あふれた生かしあいゆるしあう毎日です」

言葉をくり返し唱えることで暗示にかけるなどと安易なこ

とはいいたくない。だが、オウム真理教による地下鉄サリン事件のなかで、麻原彰晃が帰ってきた実行犯たちに、マントラと称して「シヴァ大神ともろもろの真理勝者方に、ポアされてよかったね」と一千回唱えさせたことを想起する時、反復続唱の心理効果（操作か）の過小評価は決してできない。

七観行だけでなく、頭上に本を載せ両腕を伸ばした格好で「般若天行」を唱えた。あるいは「お父さん、お母さん、最高です」と叫びながらの雑巾がけ。これが夕食をはさんで深夜まで延々と続くのだった。

数時間の睡眠後、二日目は静岡市内に出かけた。やることは見知らぬ通行人に写経をしてもらうことと、七観行を大声で唱えることのくり返しであった。それも夜更けまで、人通りの多い場所へ移動しながら続けられた。参加者同士または指導員との交流はなく、心は異様に昂ぶっていた。

三日目が天地堂での「苦の行」である。法の華では、苦悩は「血液を濁らせた結果、天行力の通りが悪くなって喜べなくなったから」とする。そのため福永から直接に天行力を通してもらい、身体のパイプの大掃除をするのが、この苦の行であった。

事前の法話で福永はこうも語った。一人一人に天行力を通した後（傍点筆者）、「特別の部屋で皆さんひとりひとりに天行力を送り（傍点筆者）、生きざまのチェックをしていきます」

苦の行の環境もまた異常であった。まっ暗にした部屋で、はちまきできつく目隠しをして坐るのである。福永がやたらボリュームを上げ般若天行を響かせながら、各人の頭に手をおき天行力を通していった。その後は、幹部職員のリードで深呼吸をくり返した。その間、三時間。福永が個々に天行力を送り、生きざまをチェックするといった時間帯に、部屋はあたかも狂乱の様相を呈した。泣き出す者、踊り出す者、うめき声を発する者。暗黒の中、その不気味さは尋常ではなかった。一方では異常な昂揚感をもつ者もいた。これでは精神的に異常をきたす者が出てもおかしくはない。富士市消防本部によれば九三年〜九六年の四年間に死亡事故三件、傷害事故六件が救急車出動記録に残されている。修行との因果関係を今となっては厳密に明らかにすることはできないが、搬送先をみると、単なる過酷な修行のせいだけでなく、スピリチュアリティに触れたところでの異常さがみてとれる。和江の場合は時間が経つにつれ冷静になり、自分の過去に思いを巡らしていた。

「苦の行」のはじめに福永が各人に天行力を送り生きざまをチェックすると宣言したことは、この行を終えたところで、参加者個々に天行力や福永の超自然性、超能力をリアルに思いしらせることとなった。

「苦の行」の次は「二四時間行」が待っていた。文字通り二四時間（あるいはそれ以上）、「人に観いを向ける」ぶっ続けの行である。場所は東京の渋谷駅界隈。サンドイッチマンよろしく身体の前後にゼッケンをつけ、異様な行動で人目をひき、話題になったものだ。ゼッケンには人に伝えたい観いを書いた。例えば、「人間になれないなら、人間をやめてしまえ!!」とか「命なくなっても成れ!!」とか、である。法の華の鋳型にはめられて、心が昂ぶっているのがわかる。行は盛り沢山だ。七観行の叫び、土下座、御法行、成行《せいぎょう》、辻説法、華の行など。御法行というのは通行人に七観行や般若天行を写経してもらうもの、成行は福永の著書を千円以上もらって頒布すること、華の行は参加者同士が「励まし」の叱咤、怒鳴り合いをすることである。座って休むことは許されない。こうした常軌を逸する行動の数々を、日本有数の繁華街でさせられるわけだ。

羞恥心や理性は失われている一方で、天など超自然的存在の影響の実感は増している。季節によっては、明け方の寒気も辛い。

五日目、渋谷の街頭で夜を明かし、早朝六時に緊張して集合。福永が天行力を送る時刻である。参加者にとってもう天行力は実在と充分に感じられる。天声村へ戻るバスの中でも七観行を叫び続けた。もはや声はガラガラどころか、出ないところへいっそう叫びを指導員から強制される。

修行の最後は判定会だ。参加者の前には福永をはじめ判定員や指導員が並ぶ。その彼らに向かい、「最高です！」をはじめ思いのたけを叫ぶのである。だが、極端な睡眠不足、体力の消耗のなかで意識は朦朧。なかなか合格は出ない。福永が脅し文句で声を張りあげる。

「こんなんじゃ人間やめてもらうしかないね。人間にならなければ一歩だって外へ出すわけにはいきませんよ」

和江は、不安と緊張につつまれた。そして、ようやく合格。しかし、これで終了でなかった。天声が待っていたのである。天地堂の「尊師の間」で福永が自ら書いた天声を読みあげた。天声とは今さら説明するまでもなく、福永ただ一人に下りるとされる天の声である。三日目の「苦の行」のときに天行力を通してみると、と天声（福永）はいう。和江の家系は生きざまによる血の濁りの結果、「やはり頭がついておりこのままいけば人生終われなかった。……五代前からの生きざま・死にざまの大掃除……をしなさい」

読み終えると福永は「おめでとう」と握手の手をさし伸ばしてきた。和江は思わず「最高です」と手を握った。続けて職員の説明があった。それによると、なんとこの天声は、「家の中心」という掛け軸を三三三万円を「天納」して「授けてもらう」ことだった。それもまた二四時間以内にである。和江はそんな金はないと思いながらも、はや「天が言っているのだからあるかもしれない」との思いが湧く法の華の「行者」になっていたのである。

和江はこの後、「天行力仏舎利」に二千万円を要求された際には、「天は何をせよといっているのか」と発想し、借金のため「人に頭を下げる行」をせねばならないと考え実行した。さらに、一九九七年五月に地球上の人間生命体の三分の一が消えるという天声にも縛られて活動に走ったのだった。

和江が法の華の足裏診断から修行を経て熱心な行者になるプロセスは特別なものでない。関西のある支部長も、修行に誘い込まれ自分の人生が変わったような気になり福永の教えを信じ込んだ。そのため、活動をしないと天が自分を見ていてどんな不幸に襲われるかもしれないと恐れ、やめることもできなかった。結果、天納金のための借金で自己破産し、民事裁判では、支部長活動ゆえに被告席に座るはめに陥ったのである。

統一教会――サタンと地獄

現代宗教カルトの元祖ともいえる統一教会は、一九六〇年代後半に「親泣かせの原理運動」として有名になり、反共活動、霊感商法など幅広く活動を展開してきた。

信者はその先兵となり、熱烈に献身的に働く。信者獲得のための布教方法は、約四〇年の間に変遷はあるが、ここで検討するのは八〇年代から始まった正体を隠してビデオセンターへ誘い、本人の知らぬ間に統一教会信者に仕立てるという、現在も行われているやり方である。

法の華が五日間の暴力的スピリチュアル・アビューズによって一気に精神を呪縛するのに比べ、統一教会の場合は数ヶ月かけて、巧妙に霊性に働きかけ、彼らの信仰を布教対象者の内心に堅実につくりあげてゆく。ここでは入口の、占いから献身者に至るまでを見ることにしよう。[6]

武田久美がアルバイト先の先輩に誘われ、ビデオを用いる「大田教育センター」（以下、ビデオセンター）を訪れたのは一九九一年の初夏、二十歳代後半のことだった。彼女は東京の生活に疲れ、心にポッカリと空洞が空いていた。「人生について学ぶ」所というので、「宗教ですか」と問うと、先輩は違うときっぱりと否定した。ビデオセンターの所長は、アメリカで発祥した自己啓発セミナーをもとに日本で開設したものだと説明した。しかし、じつはビデオセンターは統一教会が正体を隠して人々を勧誘し、信者をつくりあげるための統一教会の機関であった。街頭でアンケート調査や手相を見るなどと声をかけ、誘い込むのである。久美のように知人に誘われて来るほうが少数である。

ビデオセンターは明るい喫茶店のようで、まずアンケート用紙に記入させられた。住所、氏名、年齢、電話番号、最終学歴、職歴はもとより関心事、悩みごと、占いへの興味の有無、家族構成から貯蓄額に至るまで細かいものだった。占いに興味があるというのをとらえて、スタッフが久美の姓名判断をした。

「今まさに、人生の転換期を迎えています」

「あなたの人生は下降していきます」

久美はドキンとした。が、これは「転換期トーク」といい、マニュアル通りのものなのだ。そんなこととは知らず、運命という超自然的力に反応する久美のスピリチュアリティは刺激され、心は不安にさせられた。この後、戦争や餓死する子どものビデオを見せられ、「今、幸せ?」と問われた。久美はビデオセンターに入会した。

ビデオセンターの内容は、ビデオ学習とツーデーセミナー、スリーデーセミナーの組み合わせである。教義注入の学習は多岐にわたるが、久美が最も影響を受けたのは「霊界」における先祖のことであった。入会早々に参加したツーデーセミナーで、講師はこう断定した。

「皆さんがここに来たのは偶然ではありません。先祖の功労によって、ここに来ることができたのです」

そして、自分にはこの部屋に何十万という先祖の霊が講義を聞こうと「うじゃうじゃ」詰めかけているのが見えると大仰に語った。久美は背筋がゾクッとしたのを覚えている。

彼女が教え込まれた霊界は次のようなものであった。霊界は「天界」「中間霊界」「地獄界」の三つから成るが、「天界」はまだだれも入っていない。「中間霊界」は世界や社会のために働いた人々がおり、イエス・キリスト、釈迦、マホメット、マザーテレサすらここである。では、普通の人々はどこにいるのかというと、みな「地獄界」であった。地獄界は何層もあり、とりわけ恨みや無念の思いをもっていた人、自殺者はより低い場所にいるという。結局、先祖の霊はみな地獄にいることになる。その姿はまっ黒で、人間の身体を失くし、檻に入れられ、苦しい日々を永遠に送っているのだ。

だが先祖は地獄に堕ちているだけにとどまらない。自分がより高い霊界に上がりたいがため、この世の子孫に「協助」してくる。その低い霊界の先祖に協助されたらどうなるか。交通事故、病気、死など不幸に襲われる。その時、その不幸を感謝するならば霊の怒り、悲しみ、痛みは消え先祖はそれまでより高い霊界に行かれる。逆に先祖の願いに応じなければ彼らは救いの道が絶たれてしまうゆえ、子孫が霊界へ墜ちた時、袋だたきにされてしまう。つまり、この世の人間は霊界から全ての行動をみられているだけでなく、先祖を救う立場にあるのである。こうした霊界観が久美の心に浸透し、使命感を伴う恐怖感が植えつけられていった。

霊界とともに久美の心を捕らえたのは「サタン」の存在だ

った。聖書によれば人間の始祖はアダムとエバである。ところがビデオセンターでは、エバはアダムとの前にサタンと性交したゆえ、「あなたの中に、堕落したサタンの血が流れているのです」と久美に迫るように説いた。だから人は悪心を持ち、自分本位の行動をとるのだという。また、世界はサタンの支配下にあり戦争、飢餓、自然災害が頻発するのだとも教えられた。

さらにイエス・キリストが悲惨な死に方をし、それを見ていた神がどれほど悲しい思いをしたかと、スリーデーセミナーでは講師が涙ながらに異様な雰囲気をつくりあげるなかで語った。このサタンの行為やイエスの死は統一教会の「堕落論」「復帰原理」「イエス路程」という教義なのであるが、そのことは隠蔽されたまま久美のなかに霊界の教えとともに根を張ってしまっていた。加えて、スリーデーセミナーの頃になると、聖歌が歌われ、祈りがなされたが、久美はいつの間にかそれにも抵抗を感じなくなっていた。セミナーの終わりに、ここが統一教会であること、教祖文鮮明が再臨のメシアであることが明かされた。ここに至るまで、久美を誘ったアルバイト先の先輩は、手紙や電話でひんぱんに励ましてくれ久美も感激したものだが、これも信者獲得のマニュアルに沿ったものだった。ほかの受講者との交流は先輩とスタッフによって遮断され、疑問が生じても彼らに吸いとられてしまった。

ビデオセンターのカリキュラムはここまでであり、久美もこれで終了するかと思った。しかし、ビデオセンターは統一教会の献身者を仕立てる導入部にすぎなかった。先に何があるかを教えられることなく、先輩の強い勧めで久美は初級トレーニングとフォーデーセミナー、実践セミナーへと踏み込まされてゆく。

初級トレーニングは一ヶ月にわたる合宿だった。場所はビデオセンターが入っている同じビルの六階。一日のスケジュールは次のようなものだ。午前六時に起床、朝拝をしてからそれぞれ会社や学校へ出かけ、夕方に戻ると文鮮明夫妻の写真にあいさつをする。夜八時から講義を受け、トレーニングに即した日記をつけた。反省会と祈祷会の後、一二時ぐらいに就寝した。

信仰生活講座の中で、久美の日常生活そのものを規制したのは「アベル・カイン問題」であった。アベル＝上司、カイン＝部下と説明され、カインはアベルに報告・連絡・相談（報連相《ほうれんそう》）を怠ってはならず、指示には絶対服従というのがそれである。具体的には、久美は昼休みと仕事が終わる前に、必ず班長（アベル）に電話をすることを義務づけられた。すると、「今日は何か神様を感じましたか」「仕事はどうですか」から始まり、「今どんなことを考えていますか」「気持ちがサタンに奪われていないですか」などと聞かれた。買い物をしたい時も、帰りが遅れる時も報告をせねばならなかった。帰ると、その日の出来事を班長に報告した。ほかの修錬生が、バス賃がなく困っていた時、回数券が落ちていたのを見つけそれでトレーニングに来られたと話すと、「すごいね。それは神様が働いたのよ」と班長は答えた。その日のことを話すことで、それが神に近い行動や出来事だったのか、あるいはサタンが働いたものだったのかを班長は宗教的に意味づけをし、久美たち修錬生もそうした思考をするようになってゆくのだった。

この班長への服従生活を久美たちが受け入れた背景に復帰原理の教えがある。すなわち、カインが神に通じるにはアベルを通していくしかなく、アベルに従い、アベルを敬うことによってこそ成長し、神と出会えるというものだ。教義が現実の生活を具体的にどう呪縛するのかわかりやすい例だろう。

ほかに信仰生活講座では「アダム・エバ問題」もあった。堕落論は、この世の人間にはサタンの血が流れているゆえ愛も自分本位であり、恋愛感情はサタン的情であると説く。だから恋愛感情を持つこと自体が最大の罪なのである。これが、文鮮明が信者同志の結婚相手を指名し、血統転換のための合同結婚をさせる宗教的理由なのであるが、久美にしてみれば、さきの「アベル・カイン問題」もこの「アダム・エバ問題」も、これまでの考えや生活が一八〇度ひっくり返され、すべて間違っていたと思わされるものだった。

また、久美はアベルである班長から「罪」について考えるため、これまでの人生について正直に書くように指示された。嘘を書けば霊界ではみな分かってしまうとの思いがあり、誰にも話したくないことも神に告白するつもりで彼女は筆をとった。このことで統一教会は個人の最大の秘密を握ることになる。久美は「許せない自分」があると書いた。そこをとらえ班長は面接で、それはアダム・エバが堕落したときから遺伝されてきたものと指摘した。次いで、嫉妬や恨み、憎しみなどの感情もアダム・エバの堕落時に人間に悪の心が入り込んだから生まれたものであり、そうした感情自体が悪なのだと教えた。ここで久美にとって、「許せない自分」と嫉妬などの感情が、アダム・エバ以来というレベルで自己の罪として結びついたのだった。

この局面だけを善意に解釈すれば、あたかも倫理性を高める宗教的指導のように錯覚しかねない。だが現実には、久美は毎日のように罪のことを班長から言われ、精神的に追いつめられていった。そして、罪を清算する方法、水行や断食など（久美自身は明言していないが、統一教会ではよく行われる）を行った。祈りも含めて、久美の生活は統一教会の教義にすっかり染まってゆき、分刻みの状況のなかで先のことを考える余裕は失われていた。

初級トレーニングの一環として、三泊四日のフォーデーズセミナーがあった。セミナーの中心テーマは文鮮明の歩みと国際情勢だった。このなかで講師はこう激しく強調し続けた。

「原理を知ってこの道（統一教会員として歩むこと）を行かなければ、それがどれほどの罪になり、先祖・あなたの氏族・子孫までが永遠に苦しむことになるのです」

原理（真理）を知ったにもかかわらず、この道を進まなければ、原理を知らない者よりももっとひどい地獄に堕ちるということである。久美の前には「神の血統転換に選ばれた者の使命」が、口をあけて待っていた。セミナーが終わった時、彼女はメシア文鮮明と共に原理の道を歩む気持ちになっていた。そして、突然聞かされたまま実践トレーニングに入ってゆくのである。

実践トレーニングは、責任者を隊長と呼ぶごとく軍隊調の厳しいものだった。祈りも歌も伝道目標の唱和も、激しく気合が入っていた。講義は少しで、ほとんどは会社や学校から戻ると訪問伝道や街道伝道に出かけた。ロールプレイで訓練の後、伝道では統一教会であることを決して言わないよう注意された。理由は「初めから統一教会の伝道であるといえば、それだけで真理から遠ざかってしまう人がいるから」だった。これは言わないというより、最初のビデオセンターの例でわかるように嘘をつくことと一体である。宗教言説による嘘の正当化も久美たちの内に醸成されていった。

このトレーニングは「実践」の名が示すように、「伝道」の意味づけが久美に重くのしかかった。「真理を知って、実践しなければ、知らなかった人よりももっと罪が重くなり地獄に行く」といわれ、フォーデーズセミナーの時よりはっきりと伝道が中心義務として浮かび上がった。伝道をしなければ、霊界ではすべてわかってしまう。

「とにかく恐ろしかったです。（霊界では）自分の心の思いまでが暴かれてしまう。やめることもできません。今やめたらどうなってしまうのか？と考えることすらも恐ろしく感じていました。私は真理を知った者として、前に進むしかありませんでした。そうしなければ、もっと霊界の人に非難され、私が死んだときは誰よりも低い霊界に行くことになるのだと思っていました」そう久美は回想する。自ら脱会を選ぶ思考回路は閉ざされてしまった。統一教会以外の道はもはや久美には見えなかった。

実践トレーニングの終わりごろ、スタッフ（チャーチマザー）による面接があった。マザーはいつもとはうって変わって真剣な表情をし、雰囲気は重苦しかった。

「武田さんは今後どうしますか」

「この道を行くしかないと思っています」

「神様が喜ばれるのは、武田さんが献身の道を行くことです。献身できますよね」

久美は答えた。

「献身します」

季節は秋になっていた。初夏に始めてビデオセンターに誘われてから、四ヶ月ほど後のことである。

オウム真理教――聖無頓着とマハームドラー

スピリチュアリティ、すなわち「超自然的な力や存在に自己が影響を受けている感覚」がアビューズされつつ宗教心が形成されていった時の危険性が、現実に幾多の凶悪犯罪をひきおこしたのがオウム真理教（現アレフ）であった。彼らの宗教心がいかなるものだったのか。最古参幹部であり、殺人と死体損壊の罪に問われている大内利裕被告の例を垣間見ることにする。[7]大内が教祖の麻原彰晃（松本智津夫）にはじめて出会ったのは一九八五年末。三三歳の時だった。それまで精神世界や宗教を遍歴してきた彼は、すでにスピリチュアリティが無防備に露出していた。「泣き叫ぶほど霊的指導者であるグルを捜し続けていた」大内は麻原に出会い感激する。そして、解脱悟りを求めて、グル麻原を絶対の前提とし、「心を明け渡し」てしまった。彼は元来、人情味が厚く、優しい人物だった。が、麻原はそこを突きながら、大内のスピリチュアリティを制した。

「彼が解脱できるかどうかは、この情の引っかかりから抜け出せるかどうかにかかっているといえる。とにかく四無量心の瞑想をやり、これを乗り越えることである」[8]
大内は出家の際、情を断ち切るとして妻と離婚させられた。「親と子供の情、人と人の情、人と共感する心というものは執着であるから、切り捨てられるべきもの」というのだ。
「時折、松本（麻原）氏に疑問が生じたことがありました。……しかし『絶対的服従』という教えに呪縛され、その都度『下から上は見えないのだ』『これはマハームドラーである。観念崩しである。』とか『グルには深いお考えがあるのだと考え、盲目的な帰依をし続ける訓練をしました』」
マハームドラーであると、極寒の二月に富士の本栖湖に裸で飛び込めと麻原からいわれ、大内は何度も飛び込んだこともあった。
こうした大内がどういう人間になったか。それを看取できる事象がある。一九九三年、大内をオウム真理教から救出しようと反対活動をしていた実兄が変死する事件がおきた。大内は裁判でこの兄の死について弁護人から問われ、まず当時の自分の精神状況をこう証言した。[9]
「それまでに（四無量心の）聖無頓着の修行をしてました。わかりやすくいえば、何ごとがあっても無視できることです」
マハームドラーとして、情を切る修行をしたとも証言を続けたのち、こう語った。

「兄が死んだと知った時、兄のことを思うと悲しいのですが、（悲しみが心の中に）入らない。ここまで〔と両手を三〇センチほど前に出して――筆者注〕悲しみのバイブレーションが押し寄せているけれど、自分は見ているだけです」

つまり、目の前にものすごい悲しみがあるのに、それが内側に入ってこないから大内自身の意識は悲しくない、というのである。彼にとってこれは初めての経験だった。それを大内は「情が切れた状態」だととらえた。

「修行が進んだと思いました。（悲しみに）巻き込まれないのですから、修行が成就したかと。麻原やオウムはすごいと考えました」

と、この尋問に関する証言をしめくくった。実兄の死の悲しみが実感できなくなっているばかりでなく、そうなった自分は修行が進んだととらえ、さらに麻原賞賛へと展開する精神構造。これがオウムで培われた当時の大内であった。心を破壊された、心を失ったといえよう。

大内の証言に出てきた「聖無頓着」と「マハームドラー」について、他のオウム真理教幹部の証言を引用しながら、彼らのいう実践や修行がいかに精神を無機質で傲慢にしたかを見てみる。大内のケースが例外でないことが理解できるだろう。


聖無頓着は麻原が九六年四月、自分の初公判の際に意見陳述でこう語っていた。

「今の私の心境ですが、これら三つの実践（聖慈愛、聖哀れみ、聖賞賛）によって、私の身の上に生じるいかなる不自由、不幸、苦しみに対して、一切頓着しない心、つまりウペクシャー、聖無頓着の意識」

この後、麻原は一切口を開こうとしない。また上祐史浩もこの麻原の言葉を受け、九七年二月の自分の裁判で起訴事実について証言を拒否する理由に聖無頓着をもち出している。

「私は偉大なる予言で生きていると初公判で申し上げたが、その中で私の現在なすべき実践は聖無頓着、つまり外的条件に心を動かされることがない、という実践です。その関係上、お話しすることはない」

地下鉄にサリンを撒き、一挙八人も殺した林泰男被告は、ごく最近の控訴審で聖無頓着についてこう証言した。[10] 薬物修行で死んだ幾人もの信者の名をあげたのち、弁護人から、そうした所業を行うオウム真理教の精神構造を問われ、被告は答えた。

「冷淡と一口にはいいづらく、教義に根ざしている。私たちはそれ（教義）にのっとって聖無頓着の修行をしてきた。（その修行によって）してはいけないことまで肯定できる状態になってしまう。殺すとこまでやってしまうのを許す教義が存在しているから、相手がどう考えているとか、どう感じているとかを考えなくなる」

――無頓着になれと
「ええ」

――相手の苦しみに無頓着になる
「それが慈悲だといわれた」

一方、マハームドラーとは本来の意味はともかく、オウム真理教では麻原が弟子の煩悩が浮き彫りになるような状況に追い込み、煩悩をあらわにさせる。そして、それが苦であると悟らせたり、煩悩の破壊の仕方を教える。弟子によってやり方は異なり、プライドが高ければそのプライドをひどく傷つけるというものだ。そこから、無理難題を与えられても、心を動かさず遂行することにより修行が進むとされた[11]。オウム真理教事件の法廷で、被告たちは「これはマハームドラーだと思った」と頻繁に語る。彼らは、犯罪行為までも宗教上の修行だと自分を納得させて実行したのである。林郁夫元被告は、地下鉄にサリンを撒く役を与えられた時、幹部の故村井秀夫から「これはマハームドラーの修行なんだからね」と、聞かされた。そして、宗教的意味を与えられることにより、こう反応した。

「なにかホッと心が軽くなり、のしかかっていたものがはずされて、救われたような気持ちになったのです[12]」

背筋が凍るとしかいいようがない。

大内も林も相当な求道心と人々の救済を願ってオウム真理教へ入信した。しかし、結末は犯罪者であった。それも普通の意味合いの犯罪者ではない。スピリチュアリティをアビューズされながら、自らも作り上げてきた信仰心、宗教心のなせる犯罪者であった。

おわりに――スピリチュアリティ・アビューズの深層

以上、具体的に記してきたように、カルトはスピリチュアリティを触発し、刺激し、そこを突き、アビューズしながら信者のうちに信仰心、宗教心をつくりあげてゆく。その底には、精神的昂揚感を伴いながらも、不安感、恐怖感、切迫感が流れている。そして人格は呪縛されている。

つまりは、「精神の自由」を侵害しながらカルトは成立する。人格が呪縛されたが最後、信仰を自ら批判的に検証する道はない。疑う先は地獄、離脱は困難、という精神構造になっていることはくり返すまでもないだろう。この離脱を困難にするカルトの精神構造は、オウム真理教が「アレフ」として依然存続し、活動を続けていることに象徴される。

ここで「精神の自由」という耳慣れない言葉を用いたのにはわけがある。カルトは批判に対して、なにかと「信教の自由」をもち出すからだ。

「こちらには信教の自由がありますから」

これはオウム真理教の上祐史浩が一九八九年一〇月三一日、坂本堤弁護士との交渉決裂の際に吐いた言葉である。

「他人を不幸にする自由はない」

坂本弁護士はすかさず応じたという。[13] 坂本一家が殺されたのはこの四日後（十一月四日未明）だった。統一教会の元信者が同教会を訴えている「違法伝道訴訟（青春を返せ裁判）」においても、統一教会側はやはり「信教の自由」を主張している。[14] 法の華三法行も民事訴訟で、「信教の自由」をもって自己正当化しようとした。[15]

「信教の自由」とは何だろうか。

問題にしているのは、むろん政教分離原則と一体の国家と宗教の問題ではない。にもかかわらず、「信教の自由」の名のもと、野放図な宗教活動が許されるという錯覚に、これまで社会全体が、それこそ呪縛されてきたのではないか。その揚げ句がオウム真理教事件であり、法の華三法行の事件であり、延々と続いている統一教会の霊感商法と「違法伝道」だ。

スピリチュアル・アビューズは「信教の自由」と重なりながら、その基礎である布教伝道の方法とそれを受ける国民全体の問題であり、入信後には信仰育成と訓練を施される信者の問題でもある。そこでこれまで報告したような精神蹂躙、精神破壊が行われ、そこから生存の自由（財産、身体、精神）を脅かす事態が生じているのである。スピリチュアリティは心の内奥に位置するゆえ、そこを侵され、つくられた信仰は容易に崩れはしない。その信仰を宗教システムを用いて、恐怖感あるいはそれと不可分の使命感、救済感で衝く時、宗教システムは銃や刃物以上の凶器となる。また、周囲の援助により脱会できたとしても心の傷はとてつもなく大きい。活動からの脱落者であれば、問題の整理もつけられず、苦しみ続けることになる。「精神の自由」の侵害というのはそういう意味なのだ。

だがしかし、カルトのこうした所業に対して、ごく一部を除き宗教者の反応はない。

何故か。それは、彼ら自身、信心の決定がないゆえに、信仰を問い詰められないからだ。カルトの〈熱烈さ〉に圧倒され、彼らが精神の自由をどう侵害し、そのシステムによって人間全体をどう収奪しているかに気づかないのである。信心決定がなく、自己の信仰を問い詰めていない者に、カルトの霊性、信心決定、精神性のさまを見きわめられるはずもない。[16]「布施」「献金」問題ひとつで混乱するのがオチである。

今、カルトを根底から見据えようとするなら、このスピリチュアル・アビューズ、霊性虐待によって信仰をつくりあげ精神を呪縛することを問題にすべきだ。そのためには「信教の自由」について問い返し、「精神の自由」というものをあらためて考える必要がある。それは新しい自由の領域、新しい人権の領域にかかわるものだろう。このことで、信教の自由、思想良心の自由はより広く、より深く拡大されるはずである。

（文中敬称略。一部仮名）

注

1 藤田庄市「『ライフスペース』の前にもあった『遺体カルト』」（「新潮45」二〇〇〇年一月号）。この記事執筆後も、事件についての裁判傍聴を適宜行った。

2 藤田庄市「カルトとスピリチュアル・アビューズ」（南山宗教文化研究所編『宗教と社会問題の〈あいだ〉――カルト問題を考える』青弓社、二〇〇二年）。なお、カルトに限らず、さらに広くこの問題を扱っているものに、パスカル・ズィヴィ、志村真『「信仰」という名の虐待』（いのちのことば社、二〇〇二年）。

3 小池靖「商品としての自己啓発セミナー」（河合隼雄・上野千鶴子『現代日本文化論8　欲望と消費』、岩波書店、一九九七年）。

4 藤田庄市「祈りの値段」（「新潮45」二〇〇一年七月号）

5 「心軽やかにな〜れ――（宗）法の華三法行体験を通しての真実と気づき」http://www9.plala.or.jp/kokorokaroyaka/　なお、福永法源被告らの公判の折に本人に会い、法の華の元メンバーであることを確認した。

6 ここで紹介するのは東京地裁に一九九九年に提訴された「違法伝道」損害賠償請求事件の原告元信者のうちの一人。本人の陳述書、インタビュー、公判での証人尋問の傍聴をもとにした。原告ほぼ完全勝訴の判決が二〇〇二年八月二一日に下された。統一教会側は控訴。

7 裁判傍聴による。また降幡賢一『オウム法廷』朝日文庫十巻まで（一九九八年〜二〇〇二年三月）を参照、引用した。

8 麻原彰晃『イニシエーション』、オウム出版、一九八九年第三版

9 二〇〇二年七月一〇日、東京高裁における大内被告の本人尋問。筆者のメモによる。

10 二〇〇二年八月三〇日、東京高裁における林泰男被告の本人尋問。筆者のメモによる。

11 藤田庄市『オウム真理教事件』、朝日新聞社、一九九五年（絶版）

12 林郁夫『オウムと私』、文藝春秋、一九九八年。

13 坂本さちよ『仔山羊の歌をもういちど』、勁文社、一九九〇年。江川紹子『全真相　坂本弁護士一家拉致・殺害事件』文芸春秋、一九九七年。

14 藤田庄市「違法伝道」（「新潮45」二〇〇一年九月号）。

15 注4参照。

16 藤田庄市「苦しむ人の声に耳を」（「中外日報」二〇〇〇年五月一三日）。

エピローグ

スピリチュアリティをデザインしよう

樫尾直樹

常々、スピリチュアルな人になりたいと思って生きてきた。でも正直言って、なかなかスピリチュアルにはなれなかったし、いまもなれてない。こんな本を出したやつがスピリチュアルじゃないなんて、言行不一致だと非難されることはわかっているが、いまは素直にそれを認められるところまではきた。ただただ、スピリチュアルな人になりたいと思っていることはいまも変わらない。

ぼくがイメージするスピリチュアルな人というのは、具体的にいうと、マダム・ブラヴァツキーでもないし、ルドルフ・シュタイナーでもないし（尊敬してるけど）、グルジェフでもないし、ラジニーシでもない。じゃあ、いったい誰なんだ。というと、たとえば吉野大作（&プロスティテュート）の歌に出てくる「うしろ姿の素敵なぼくたち」にぼくはなりたい（本当は一番スピリチュアルだと思っているのはぼくの妻なのだが、妻にはなれないし、のろけだと言われるのがいやなのでここではやめておこう）。

「うしろ姿の素敵なぼくたち」というのは、ぼくなりに解釈すると、宗教的達人や霊的（スピリチュアル）達人といった求道者とはちがっていて、ごくふつうの生活者でべつに行とかやったりするわけではない。行とかやってる達人は立派だと思うけど、自分が行をするために費やすエネルギーがものすごい分だけそこに集中するから、そのときはけっこうエゴイスティックになってしまいがちだ。でもごくふつうの生活者である「ぼくたち」は、このフラットな世界の中でただたんたんと生きているから、仲間や家族に直接やさしさや思いやりをかけることができる。だから「ぼくたち」は「うしろ姿が素敵な」のだ。

人に対するやさしさが背中からにじみでている人。こんな人はとってもスピリチュアルだとぼくは思う。そんな人はきっと「目に見えないいのちのつながり」とか、「大いなる存在の連鎖」とか、カッコイイ言葉は使わないかもしれない。でも「うしろ姿が素敵な」人たちは、「目に見えないいのちのつながり」をつなげようと家庭や職場や学校や趣味といった日常生活の中で実践しているのだ。

＊

この本を編集しおわって、ふとこんなことを考えていると、この本をつくった「ぼくたち」はスピリチュアルだったろうか、読む人の魂をゆさぶるようなスピリチュアルな文章を書けただろうか、と反省の念がわいてくる。

初稿を提出したあとで、八月八日から十日まで、ぼくたちは、本書の対談で登場してきた吉野のネオ・ミュージアムで編集会議の合宿をした。上田信行さんがワークショップやカフェを開いているところだ。この合宿には執筆にあたってのテーマがあって、それは〈声と自分〉というものだった。この本が〈スピリチュアリティ〉をテーマにしているのだから、ぼくたちの執筆、編集作業もスピリチュアルなものであることが望ましい。論文集じゃなくて、読者が読んでおもしろい本をつくろう。これをクリアするためにいくつかの関門が設けられた。

①なぜ自分の選んだテーマが自分にとって大切なのか、その切実さを自分の実存をかけて示す。
②フィールドへの接近から書きおこして、フィールドの中の自分を出す。
③フィールドで出会った人たちの声をできるだけふんだんに出す。

これらの関門に基づいて確認したキーワードは、自己開示、本物、実存、現場の声から立ち上げられる共同性、多声性の五つだった。

こうして立てたぼくたちの目標が達成されているかどうかの判断は読者のみなさんにゆだねるしかないが、スピリチュアルに文章を書こうとするとき、そうした目標はどんなときでもとても大事じゃないかと思う。いまのこの時点で、ぼくたちがあまりスピリチュアルじゃないとしても、スピリチュアルになろう、スピリチュアルに生きようとする意志がすごく大切じゃないか。

合宿の最終日、ネオ・ミュージアムの茶室で紺色の毛氈の上で、吉野の銘酒〈ヤタガラス〉と桜餅という絶妙のとりあわせをいただきながら、右の目標の確認とあわせて合宿で話し合ったことをリフレクションしたとき、どうやったらスピリチュアルな感性を高めることができるかという話題になった。この課題は、スピリチュアリティの科学や哲学を志すぼくたちにとっては、〈スピリチュアリティを生きる〉という意味で一番重要な課題じゃないか。これは学問の実践的課題、応用科学のプロブレマティックだ。スピリチュアリティというものが少しずつわかってきたら、次にやらなければならないのはこの課題だ。

この課題を見つけたとき、ぼくたちはスピリチュアルな流体の中にいたのだ。スピリチュアリティが、これからの社会の絆、共同性にとってすごく大切なものだとすると、教育の現場でラーニングの〈はじまりのデザイン〉をするのとおなじように、スピリチュアリティをデザインすることこそが大きく社会と文化に貢献することなのだ。こうしたことがだんだんわかってきて、ぼくたちはそのことをシェアした。

〈スピリチュアリティ・デザイン〉！　これは社会と文化の〈希望のデザイン〉である。

＊

これからのラーニングと研究の方向性はこうして見えてきたが、もちろん、本書でとりあげることのできなかったとっても大切なテーマは山積みだ。プロローグで、スピリチュアリティは、医・食・教育の場面でもっともよく観察されるといったものの、医の面では近代医学ののりこえとして〈代替医療から統合医療へ〉というテーマ、食の面では〈自然食とエコロジー〉というテーマ、教育の面では〈家庭教育〉というテーマをとりあげることがまったくできなかった。これらのテーマについてもスピリチュアリティをキーワードにしてみんなでシェアして考えていこう。それからもうひとつ、これはどうしてもはずせないのが〈ギャンブル〉だ。じつに多くの人たちがギャンブルでワクワクドキドキしている。彼(女)らはきっと、見えないものとつながっているのだと思う。

最後に、おそらく世界でも類書を見ないであろうハチャメチャな本書の企画に賛同し、編集の労をとっていただいた、せりか書房の船橋純一郎さんに深くお礼を申し上げます。どうもありがとうございました。それから、吉野のネオ・ミュージアムを編集会議の場=〈スピリチュアリティ・カフェ〉として開放してくださった上田信行さんに深く感謝いたします。どうもありがとうございました。

この本ができるだけ多くの方々にシェアされて、スピリチュアルな世界建設になんらかの貢献ができますよう、よろしくお願い申し上げます。

二〇〇二年八月二八日

緑も燃やしてしまうさわやかな古都奈良の暑さの中で　樫尾直樹

ブックガイド

I

正直であること、仲間とあること（葛西賢太）

島薗進・田邊信太郎編『つながりの中の癒し』専修大学出版局、2002年。

現代社会で「癒し」や「ケア」がこれまでになく重視されるのは、人々が「つながり」を求めているからだ。


『無名のアルコール依存症者たち』ＡＡ日本ゼネラルサービスオフィス。

断酒会アルコホリックス・アノニマスのメンバーの体験談中心のテキスト。酒を飲まなくても学ぶところ大。


W・ジェイムズ『宗教的経験の諸相（上、下）』桝田啓三郎訳、岩波文庫、1979年。

古今東西の宗教体験を集めて比較分析した心理学書。体験談が小説のように読めて人間の勉強にもなる。


C・G・ユング『ユング自伝――思い出、夢、思想（上、下）』河合隼雄他訳、みすず書房、1972／73年。

自身の内面世界を徹底して見つめ語り通した、希有の自伝。スピリチュアリティを考える上で必読書である。


岡知史『セルフヘルプグループ――わかちあい・ひとりだち・ときはなち』星和書店、1999年。

セルフヘルプの広がりと魅力を「わかちあい・ひとりだち・ときはなち」を鍵にリアリティ豊かに見せる。

ネット恋愛のスピリチュアリティ（伊藤雅之）

リチャード・バック『ONE』平尾圭吾訳、集英社文庫、1996年。

『かもめのジョナサン』の作者が、自身の体験にもとづいて描く、愛とスピリチュアリティが織りなす純愛物語。


手塚治『火の鳥４　鳳凰編』朝日ソノラマ、2000年。

火の鳥シリーズのなかでも、人間の生きる意味や躍動する生命力を見事に描き出した手塚アニメの傑作。


ヘルマン・ヘッセ『シッダールタ』高橋健二訳、新潮文庫、1992年。

仏陀にかんする書物は多いが、本書は仏陀の悟りを開くまでの心境を実にみごとに再現し、リアルに伝えてくれる。


福永光司『荘子』中公新書、1969年。

本書は長年、老荘思想を研究してきた著者が、無為自然を掲げる荘子の解説ではなく、荘子本人になって世間、人間について語る魂を揺さぶる作品である。


村上龍『★69』集英社文庫、1990年。

1969年、著者自身の高校三年生の夏休みから学園祭にむけての日々を描く。彼のまわりでおこったエピソードを読むと、なぜか元気になる。

見世物一座で働く（門伝仁志）

カルロス山崎『オール見世物』珍奇世界社、1997年。

見世物小屋に飾る絵看板の写真集。ほかに戦後見世物世界が写真で開陳。見世物を擬似体験できる。珍奇原理主義。


『ドキュメント　又日本の放浪芸――小沢昭一が訪ねた渡世《てきや》芸術』（5枚組CD）、ビクターエンターテイメント、1973年。

小沢昭一「放浪芸」シリーズの二作目。テキヤ、見世物小屋、演歌師の話芸が収録。まつりの世界を耳で楽しめる。1999年再発売。

鵜飼正樹『見世物稼業』新宿書房、2000年。

「人間ポンプ」安田氏の一人称人生誌。その鮮烈な語り口は見世物稼業をリアルに伝える。著者の愛情溢れる一冊。

鵜飼正樹、上島敏昭、北村皆雄編『見世物小屋の文化誌』新宿書房、1999年。

複数の研究視座から見世物小屋に迫る。最新の文献目録を収録。見世物で働く者と研究者の出会いが産んだ作品。

森　浩二『最後の天幕』矢立出版、1992年。

天幕の住人たちの顔を真正面から撮影した一冊。眼差しはどれも静かで鋭い。見世物世界の現実をよく映し出している。

死を確かに後ろに感じながら生きる（樫尾直樹）

レイチェル・ストーム『ニューエイジの歴史と現在』高橋巌・小杉英了訳、角川書店、1993年。

神智学からエコロジー、コミュニズムまで、スピリチュアリティの覚醒者が地上天国を求める実践史を描く。

セオドア・ローザック『意識の進化と神秘主義』志村正雄訳、紀伊国屋書店、1995年。

人間はスピリチュアルに進化するという認識下、新たな交感とリアリティの可能性を模索する対抗文化の書。

ラム・ダス編著『愛という奇蹟――ニーム・カロリ・ババ物語』大島陽子・片山邦雄訳、パワナスタ出版、2000年。

スピリチュアリティの実践者ラム・ダスの師の言行録。意識変容の到達点が愛であると理解させてくれる。

ジャン=リュック・ナンシー『無為の共同体』西谷修・安原伸一朗訳、以文社、2001年。

バタイユから出発し、我々が何物も共有できないという事実を分有することが共同性の本質だと看破する。

鎌田東二『宗教と霊性』角川選書、1995年。

日本精神史に宗教意識の根幹であるスピリチュアリティを探り、その魔性も含めて自覚せよと警鐘を鳴らす。

Ⅱ

プレイフル／ピースフルからスピリチュアルへ（上田信行＋中牧弘允）

ドナルド・ショーン『専門家の知恵――反省的実践家は行為しながら考える』佐藤学・秋田喜代美訳、ゆみる出版。

2001年状況との対話にもとづく「行為の中の省察（reflection in action）」を重視する反省的実践家という新しい専門家像を提示する。

C・エドワーズ、L・ガンディーニ、G・フォアマン編『子どもたちの１００の言葉――レッジョ・エミリアの幼児教育』佐藤学・森真理・塚田美紀訳、世織書房、2001年。

北イタリアのレッジョ・エミリアという小さな都市で展開される世界で最もアヴァンギャルドな幼児教育のドキュメント。革新的な学びがここにある。

フットボール・世界化・自作自演（陣野俊史）

パトリック・ミニョン『サッカーの情念――サポーターとフーリガン』堀田一陽訳、社会評論社、2002年。

帯に「スタジアムの、あの『感動の共同体』の正体は何か？」とある。これがすべてを言い当てているのだが、スタジアムのあの熱狂って本当に何なのか、に迫る社会学者の執拗な筆には脱帽する。

宇都宮徹壱『ディナモ・フットボール――国家権力とロシア・東欧のサッカー』みすず書房、2002年。

東欧の国のサッカーチームには「ディナモ」を冠したチームが多いのはなぜなのか。そこに国家

権力の介入が垣間見える。フットボールと政治的力学の現場へ赴く著者の態度が抜群にいい。

ニック・ホーンビィ『ぼくのプレミア・ライフ』森田義信訳、新潮文庫、2000年。

運命的な出会いからイングランドのアーセナルの熱狂的ファンになってしまった著者の苦悩と悦楽の日々を描く。フットボールの地域主義のもっとも健全な発露がある。

野田努『ブラック・マシン・ミュージック――ディスコ、ハウス、デトロイト・テクノ』河出書房新社、2001年。

フットボールと一見、何の関係もなさそうだが、アメリカのブラック・ミュージックと政治の関係を歴史的に、しかもごく最近の現象まで書き込んだ画期的著作には、ある熱狂の共同体をどのように論じるべきかのヒントが隠されている。

エティエンヌ・バリバール『市民権の哲学――民主主義における文化と政治』松葉祥一訳、青土社、2000年。

かなり読みにくい本だが、途中に出てくる「ヨーロッパ人」の定義不能の定義は、興味深い。ヨーロッパという名前の共同体にどんなアプローチをするか。ヴァレリーもデリダも試みたことだが、いま新しくやってみる価値はあるだろう。

つながりに気づき、つながりを築く（大谷栄一）

龍村仁『地球《ガイア》のささやき』角川ソフィア文庫、2000年。

『地球交響曲』をめぐる人びとや風景との出会いやエピソード、龍村氏のライフスタイルを綴ったエッセイ集。

アルベルト・メルッチ『現在に生きる遊牧民《ノマド》――新しい公共空間の創出に向けて』山之内靖他訳、岩波書店、1997年。

社会運動から読み解く現代社会論。個人の日常的な経験に対する深い洞察に富んだ現代の診断書でもある。

花崎皋平『増補　アイデンティティと共生の哲学』平凡社ライブラリー、2001年。

「共生」をキーワードとする世界のオルタナティヴなヴィジョン。グローバル化時代の今こそ読まれるべき本。

天沢退二郎編『新編宮沢賢治詩集』新潮文庫、1991年。

スピリチュアリティに満ちた「心象スケッチ」の数々。詩人の言葉は宇宙や自然とのつながりを教えてくれる。

GAIASYMPHONY.COM（龍村仁公式ホームページ）http://www.gaiasymphony.com/

龍村仁ライブラリーや『地球交響曲』ガイドをはじめ、龍村氏の出演するイベントや上映会情報など、充実のコンテンツ。

すべてにいのちが……（弓山達也）

ジェームズ・レッドフィールド『聖なる予言』山川紘矢・山川亜希子訳、角川書店、1994年。

身の回りの不思議な偶然の一致に気づくことから始まる、霊的な目覚めや意識の進化へと読者を誘うニューエイジ文学の金字塔。

シャーリー・マクレーン『アウト・オン・ア・リム』山川紘矢・亜希子訳、地湧社、1986年。

ハリウッド女優の半ば自叙伝仕立ての形式をとり、彼女が実りのない恋愛から自分探しと意識変容の旅に出かけるという内容。

ジャック・マイヨール『イルカと、海に還る日』関邦博編訳、講談社、1993年。

映画「グラン・ブルー」のモデルである著者が、自らの素潜り体験、ヨーガ実践、そしてイルカとのスピリチュアルな交流を描く。

アンドルー・ワイル『人はなぜ治るのか　増補改訂版』日本教文社、1993年
代替医療の世界的権威による「癒し」「治療」の本質の解明。スピリチュアルな次元の治癒を示唆する。

島薗進『現代救済宗教論』青弓社、1992年
ニューエイジの出現を新宗教研究の見地から解明。姉妹編として『精神世界のゆくえ』（東京堂出版）もある。

Ⅲ

日本の霊的思想の過去と現在（吉永進一）

井村宏次『新・霊術家の饗宴』心交社、1996年。

霊術家を発掘した重要な本というだけでなく、随所に隠された厳しいメッセージをよく味わうべき。

島薗進『精神世界のゆくえ』東京堂出版、1996年。

学問的なパースペクティブを与えただけでなく霊性の断片にどう希望を見出すかという規範的な問題にまで踏み込んだ。誠実な本。

姉崎正治『新時代の宗教』博文館、1932年。

霊術と大本教の流行に対しての容赦ない批判の一方で、心霊研究に対する造詣の深さも出ている。

鎌田東二『神界のフィールドワーク』ちくま学芸文庫、1999年。

神智学、出口王仁三郎、仙境異聞、ラブクラフトと、横へ横へと進む議論は今でも刺激的でもある。

佐藤哲郎「大アジア思想活劇」http://homepage1.nifty.com/boddo/

明治仏教と神智学の関係については、もっとも詳しいホームページである。講談調の文章も快調である。

霊性の信心決定（藤田庄市）

フリードリヒ・エンゲルス『反デューリング論』寺沢恒信・村田陽一訳、大月書店、1970年
宗教への根源的批判を加える科学的社会主義の全体像を示す古典。霊性について強靱に考えようとするするならば必読。

ヘルマン・ヘッセ『デミアン』高橋健二訳、新潮文庫、1988年。

小説家ヘッセの代表作。自己の内よりひとりで出てくるものを生きようとした青年の物語。神であり悪魔であるアプラクサスに注意。

鈴木大拙『日本的霊性』岩波文庫、1972年。

「霊性に目覚めることによって始めて宗教がわかる」と大拙はいう。精神と物質の二元的世界の止揚に立つ宗教意識史論。

トーマス・カイザー、ジャクリーヌ・カイザー『あやつられる心』マインド・コントロール問題研究会訳、福村出版、1995年。

カルトのマインド・コントロールについて解明することに加え、カルト論争やディプログラミングについても言及している。

郷路征記『統一協会マインド・コントロールのすべて』教育史料出版会、1993年。

統一協会の布教、教育のプロセスを克明に分析し、それが信教の自由、思想信条の自由を侵害するものであることを明らかにする。

陣野俊史（じんの　としふみ）
1961年、長崎県生まれ。明治大学大学院博士後期課程単位取得退学。明治大学、早稲田大学他で非常勤講師。20世紀フランス文学を専門とするが、フットボールと、テクノやヒップホップ、現代日本文学に関する著作がある。主な著書に『ソニック・エティック』（水声社、94年）、『21世紀のロック』（編著、青弓社、99年）、『じゃがたら』（河出書房新社、00年）、『フットボール都市論』（青土社、02年）など。現在、日本とフランスのヒップホップの現在を取材中。数万単位で売れているヒップホップのマイナー・メジャーなシーンはかなり面白いと思う。

大谷栄一（おおたに　えいいち）
1968年、東京生れ。（財）国際宗教研究所研究員。東洋大学大学院社会学研究科博士課程修了。博士（社会学）。専門は宗教社会学。現在、ガイアネットワーク新宿の調査を継続中。スピリチュアリティと宗教の関係に関心をもつ。著書に『近代日本の日蓮主義運動』（法蔵館、01年）、『構築される信念―宗教社会学のアクチュアリティをもとめて』（共編著、ハーベスト社、00年）がある。

弓山達也（ゆみやま　たつや）
1963年、奈良県生まれ。大正大学大学院文学研究科宗教学専攻単位取得退学。博士（文学）。大正大学人間学部人間科学科助教授。専攻は宗教社会学。主著（いずれも共著・共編）に『祈る　ふれあう　感じる』（IPC）、『癒しと和解』（ハーベスト社）、『癒しを生きた人々』（専修大学出版会局）、『スピリチュアリティの社会学』（世界思想社、近刊）など。現在、宗教が社会問題化する状況をスピリチュアリティの目覚めとその危機ととらえて研究中。

西谷　修（にしたに　おさむ）
1950年愛知県生まれ。東京大学法学部卒業。パリ第VIII大学留学。研究分野は、戦争論、世界史論、ドグマ人類学、フランス現代思想（バタイユ、グラレショ、デュラス）など。現在東京外国語大学教授。主な著書に『増補新版　不死のワンダーランド』（青土社）、『離脱と移動』（せりか書房）、『世界史の臨界』（岩波書店）、『戦争論』（講談社学芸文庫）、『死の鼓動にふれる――戦争論講義』（東京大学出版会）など。

吉永進一（よしなが　しんいち）
1957年生。静岡県出身。専門はウィリアム・ジェイムズ、アメリカ新宗教史、日本の霊的思想史。共著に『オカルト・ムーブメント』（創林社）、『宗教心理の探求』（東京大学出版会）、『神々宿りし都市』（創元社）、『宗教の根源性と現代』第2巻（晃洋書房）。共訳にジョン・ベロフ編『パラサイコロジー』（工作舎）、ローレンス・ライト『悪魔を想い出す娘たち』（柏書房）、デイヴィッド・ケイヴ『エリアーデ宗教学の世界』（せりか書房）。現在、明治期日本の神智学に関する共著を準備中。

レイチェル・ストーム（Rachel Storm）
イギリスの文筆家。ロンドン在住。ヨーロッパの神秘主義思想、秘教主義史、ニューエイジに強い関心をもっており、彼女自身もニューエイジの実践者である。主著に『ニューエイジの歴史と現在』（原題『地上の楽園を求めて』）角川選書、1993年他。その他、宗教、スピリチュアリティ、神話学に関する著作が多数あり、国内外の多くの論集に寄稿している。

藤田庄市（ふじた　しょういち）
1947年東京生まれ。大正大学文学部哲学科宗教学専攻卒。フォトジャーナリスト。日本写真家協会会員。山岳信仰、祭りから新宗教、カルト問題まで幅広く宗教取材に従事。主な著書に『霊能の秘儀』（扶桑社）、『四国八十八ヵ所』（学研）、『行とは何か』（新潮社）、『神さま仏さま――現代宗教の考現学』（アスペクト）、『本朝霊域紀行』（新潮社）など。

執筆者紹介

樫尾直樹（かしお　なおき）
1963年、富山県生まれ。慶應義塾大学文学部助教授。東京大学大学院博士課程修了。早稲田大学、東京外国語大学助手を経て99年より現職。フランス国立宗教社会学研究所および同社会科学高等研究院共同研究員。スピリチュアリティの社会科学、「主婦と会社」人類学専攻。共著に『民俗宗教の地平』、『都市と文明』、『宗教学を学ぶ』など。政治文化論の立場から、宗教、カルト、主婦、会社といった集団が動くときのドライブ（エートス）とそのかかり方に関心をもって、取材、研究を続けている。kashio@flet.keio.ac.jp

葛西賢太（かさい　けんた）
宗教情報センター研究員。東京大学大学院人文社会系研究科博士課程修了、博士（文学）。今一番気になっているのは、教育の現場でいかに「スピリチュアリティ」が扱われているか、そこから子供たちはどのような生き方を受け学んでいるかということ。最近論文は、「『自分で理解した神』を受け入れる——Alcoholics Anonymousにおける宗教的文化資源とアイデンティティ」（宮永國子編『グローバル化とアイデンティティ・クライシス』、明石書店、02年）、「セルフヘルプのスピリチュアリティ——ささえあい文化の可能性」（田邊信太郎・島薗進編『つながりの中の癒し』、専修大学出版局、02年）。

伊藤雅之（いとう　まさゆき）
1964年生。愛知学院大学文学部国際文化学科助教授。ペンシルバニア大学大学院社会学部博士過程修了（社会学博士）。日本学術振興会特別研究員を経て、現職。専門は宗教社会学。現在は、現代日本人が死や死後の世界をどのように理解しているのかに関心をもち、いまのところ若者を中心に聞き取り調査を進めている。主要論文は、「入信の社会学」（『社会学評論』第48巻2号、97年）。「宗教・宗教性・霊性——文化資源と当事者性に着目して」（『現代宗教』創刊号、東京堂出版、01年）。

門伝仁志（もんでん　ひとし）
1972年宮城県に生れる。慶應義塾大学大学院社会学研究科後期博士課程単位取得退学文化人類学専攻、テーマは大衆文化論。目下、見世物小屋の一座でお化け屋敷の巡業に参加するほか、興行師、フリージャズ・サークル、ショッピング・モールの住人などスペクタクルな場をフィールドワーク中。論文に「興行師の肖像——ある見世物小屋親方のライフヒストリー」（見世物学会編『見世物　創刊第1号』、00年）がある。

上田信行（うえだ　のぶゆき）
1950年、奈良県生まれ。ハーバード大学教育大学院修了（Ed. D. 教育学博士）。甲南女子大学人間科学部教授。教育工学専攻。学習環境デザインとメディア教育の実践的研究を行う。実験的アトリエとして奈良県吉野川のほとりにネオ・ミュージアムをつくり、90年以来約50のワークショップを実施。〈プレイフル・ラーニング〉をキーワードに、学びを社会・文化的文脈に位置づける新しい試みを行なう。ワークショップに「Human-Powered Computing Experiment」「Playful Design」、共著に『新・教育の方法と技術』、論文に「Multimedia Unplugged: A Workshop on Learning Designs at the NeoMuseum, Japan」など。

中牧弘允（なかまき　ひろちか）
1947年、長野県生まれ。東京大学大学院人文科学研究科博士課程修了（文学博士）。国立民族学博物館（民博）先端民族学研究部教授。宗教人類学専攻。国内外で日本の宗教の調査に従事。特にブラジルでの調査経験が長く、民衆文化や先住民文化も研究。近年は日本の会社文化を宗教や博物館の視点から分析。民博展示では「越境する民族文化」（99年度）で「暦」と「アマゾンのシャーマニック・ヴィジョン」展示を担当。主著に『日本宗教と日系宗教の研究』、共著に『聖と俗のはざま』『会社じんるい学』、編著に『陶酔する文化』『社葬の経営人類学』など多数。

スピリチュアリティを生きる——新しい絆を求めて

2002年10月15日　第1刷発行

編　者　樫尾直樹
発行者　佐伯　治
発行所　株式会社せりか書房
　　　　東京都千代田区猿楽町2-2-5　興新ビル303
　　　　電話 03-3291-4676　振替 00150-6-143601
印　刷　信毎書籍印刷株式会社
装　幀　工藤強勝

ISBN4-7967-0243-1